REGINA WEISS

Das Gesetz im Sinne der Europäischen Menschenrechtskonvention

Schriften zum Europäischen Recht

Herausgegeben von

Siegfried Magiera und Detlef Merten

Band 24

Das Gesetz im Sinne der Europäischen Menschenrechtskonvention

Von

Dr. Regina Weiß

Duncker & Humblot · Berlin

Die Deutsche Bibliothek – CIP-Einheitsaufnahme

Weiss, Regina:
Das Gesetz im Sinne der Europäischen Menschenrechtskonvention / von Regina Weiss. – Berlin : Duncker und Humblot, 1996
(Schriften zum europäischen Recht ; Bd. 24)
Zugl.: Bochum, Univ., Diss., 1994
ISBN 3-428-08625-2
NE: GT

Satz: W. März, Tübingen
Druck: Berliner Buchdruckerei Union GmbH, Berlin
Printed in Germany

ISSN 0937-6305
ISBN 3-428-08625-2

Gedruckt auf alterungsbeständigem (säurefreiem) Papier
entsprechend ISO 9706 ♾

Meinen Eltern

Vorwort

Die Diskussionen um die Europäische Integration und den Bau des „Hauses Europa“ sind aktueller denn je. Es geht um die Grenzen zwischen Souveränitätsverzicht und Nichteinmischungsprinzip, aber auch um die vom Rechtsstaats- und Demokratieverständnis geprägte Schwelle, die die osteuropäischen Staaten auf dem Weg in eine Mitgliedschaft im Europarat zu überschreiten haben.

Die 1953 in Kraft getretene „Konvention zum Schutze der Menschenrechte und Grundfreiheiten“ ist ein Baustein im Prozeß der europäischen Einigung. Gerade im Hinblick darauf waren bei der Untersuchung des „Gesetzes im Sinne der Europäischen Menschenrechtskonvention“ naturgemäß die im einzelnen trotz der Beschwörung eines gemeinsamen Erbes an geistigen Gütern, politischer Überlieferungen, Achtung der Freiheit und Vorherrschaft des Gesetzes in ihrer Präambel bestehenden Abweichungen in dem Demokratie- und Rechtsstaatsverständnis der Mitgliedstaaten von besonderem Interesse. In Übereinstimmung mit der Rechtsprechung des Europäischen Gerichtshofs für Menschenrechte hat sich insgesamt gezeigt, daß die Konvention trotz aller Besonderheiten der nationalen Rechtsordnungen einen für alle Mitgliedstaaten geltenden einheitlichen Gesetzesbegriff und europäischen Standard vorgibt und insoweit ihre Aufgabe im Prozeß der europäischen Integration erfüllt.

Die Entstehung der Arbeit ist durch Anregungen und Hilfestellungen meines verehrten Lehrers, Herrn Prof. Dr. Dr. h.c. *Rolf Grawert*, entscheidend beeinflußt worden. Ihm spreche ich dafür meinen herzlichsten Dank aus.

Ferner bin ich Herrn Prof. Dr. *Hans D. Jarass* für die Mühe des Zweitgutachtens zu Dank verpflichtet.

Herrn Prof. Dr. h.c. *Norbert Simon* sowie den Herausgebern der Schriftenreihe, Herrn Prof. Dr. *Siegfried Magiera* und Herrn Prof. Dr. *Detlef Merten*, danke ich für die Aufnahme der Arbeit in die „Schriften zum Europäischen Recht“.

Bremen, im Sommer 1995 *Regina Weiß*

Inhaltsverzeichnis

Abkürzungsverzeichnis

a.A.	anderer Ansicht
Abs.	Absatz
AChRMV	Afrikanische Charta der Rechte des Menschen und der Völker vom 26. Juni 1981
AEMR	Allgemeine Erklärung der Menschenrechte vom 10. Dezember 1948
a.F.	alte Fassung
AGOSI	Allgemeine Gold- und Silberscheideanstalt
AMRK	Amerikanische Menschenrechtskonvention vom 22. November 1969
AöR	Archiv des öffentlichen Rechts
Art.	Artikel
BayVBl.	Bayerische Verwaltungsblätter
Bd. / Bde.	Band / Bände
BGB	Bürgerliches Gesetzbuch
Buchst.	Buchstabe
bzw.	beziehungsweise
CCPR	International Convenant on Civil and Political Rights = IPbürgR
ders.	derselbe
dies.	dieselben
DÖV	Die Öffentliche Verwaltung
DVBl.	Deutsches Verwaltungsblatt
EA	Europa-Archiv
ebd.	ebenda
EGMR	Entscheidungen des Europäischen Gerichtshofs für Menschenrechte (Bde. I–III, hrsg. von *Golsong / Petzold / Furrer*)
EMRK	Konvention zum Schutze der Menschenrechte und Grundfreiheiten vom 4. November 1950
ESC	Europäische Sozialcharta vom 18. Oktober 1961
etc.	et cetera

EuGRZ	Europäische Grundrechte-Zeitschrift
EuRat	Die Satzung des Europarates vom 5. Mai 1949
EvStL	Evangelisches Staatslexikon
f.	folgende
ff.	fortfolgende
FN	Fußnote
FS	Festschrift
gem.	gemäß
ggf.	gegebenenfalls
GH	Entscheidungen des Europäischen Gerichtshofs für Menschenrechte
GS	Gedächtnisschrift
GYIL	German Yearbook of International Law
G 10	Gesetz zur Beschränkung des Brief-, Post- und Fernmeldegeheimnisses (Gesetz zu Art. 10 Grundgesetz) (G 10)
Hrsg.	Herausgeber
HS	Halbsatz
IAGMR	Inter-Amerikanischer Gerichtshof für Menschenrechte
i.d.R.	in der Regel
i.e.S.	im engeren Sinne
IGH-Statut	Statut des Internationalen Gerichtshofs vom 26. Juni 1945
IPbürgR	Internationaler Pakt über bürgerliche und politische Rechte vom 19. Dezember 1966
IPwirtR	Internationaler Pakt über wirtschaftliche, soziale und kulturelle Rechte vom 19. Dezember 1966
i.S.d.	im Sinne des / der
i.w.S.	im weiteren Sinne
Jh.	Jahrhundert
Jura	Juristische Ausbildung
JuS	Juristische Schulung
JZ	Juristenzeitung
Lbl.	Loseblattsammlung
Ltd.	Limited
m.w.N.	mit weiteren Nachweisen
NJW	Neue Juristische Wochenschrift

Nr.	Nummer
OAS	Organisation Amerikanischer Staaten
OAU	Organisation für Afrikanische Einheit
ÖZöRV	Österreichische Zeitschrift für öffentliches Recht und Völkerrecht
prALR	Allgemeines Landrecht für die preußischen Staaten von 1794
Res.	Resolution
Rn.	Randnummer
s.	siehe
S.	Seite
Sec.	Section
u.a.	und andere, und anderswo
UN-Charta	Charta der Vereinten Nationen vom 26. Juni 1945
u.U.	unter Umständen
Var.	Variante
vgl.	vergleiche
V.K.	Vereinigtes Königreich von Großbritannien und Nordirland
VN	Vereinte Nationen (Zeitschrift)
VVDStRL	Veröffentlichungen der Vereinigung der Deutschen Staatsrechtslehrer
WVK	Wiener Übereinkommen über das Recht der Verträge vom 23. Mai 1969 – Wiener Vertragsrechtskonvention
ZaöRV	Zeitschrift für ausländisches öffentliches Recht und Völkerrecht
z.B.	zum Beispiel
ZG	Zeitschrift für Gesetzgebung
Ziff.	Ziffer
ZP	Zusatzprotokoll zur Konvention zum Schutze der Menschenrechte und Grundfreiheiten vom 20. März 1952
4. ZP	Protokoll Nr. 4 zur Konvention zum Schutze der Menschenrechte und Grundfreiheiten, durch das gewisse Rechte und Freiheiten gewährleistet werden, die nicht bereits in der Konvention oder im ersten Zusatzprotokoll enthalten sind, vom 16. September 1963
z.T.	zum Teil

Einleitung

Der Anspruch, den die Europäische Konvention zum Schutze der Menschenrechte und Grundfreiheiten vom 4. November 1950 (EMRK) einschließlich ihrer Zusatzprotokolle erhebt, ist, gemessen an den weltweit existierenden anderen Menschenrechtsschutzsystemen auf regionaler wie universeller Ebene, sehr hoch. Ein Vergleich mit anderen Übereinkommen läßt schnell erkennen, daß die Vertragsstaaten versucht haben, unter Berufung auf ihre gemeinsamen geschichtlichen und kulturellen Wurzeln die Hindernisse für eine auch tatsächliche Effektuierung des Menschenrechtsschutzes, die aus Souveränitäts- und ordre publique-Vorbehalten resultieren, soweit wie möglich zu überwinden. Das zeigt sich nicht nur daran, daß die EMRK inhaltlich Freiheitsrechte widerspiegelt, die auch in den Rechtsordnungen der Vertragsstaaten seit langem enthalten sind, es sind mit der Europäischen Kommission für Menschenrechte und dem Europäischen Gerichtshof für Menschenrechte darüber hinaus Einrichtungen geschaffen worden, um die „Einhaltung der Verpflichtungen, welche die Hohen Vertragschließenden Teile in dieser Konvention übernommen haben, sicherzustellen“[1].

Dennoch bieten diese formalen Sicherungen allein noch keine Garantie dafür, daß dieser hohe Anspruch auch tatsächlich umgesetzt werden kann. Denn die Qualität des Menschenrechtsschutzes zeigt sich nicht nur an der Gewährleistung bestimmter Freiheitsbereiche, sondern wird entscheidend durch die Ausgestaltung der (notwendigen) Eingriffsvorbehalte bestimmt, die in der EMRK als Gesetzesvorbehalte ausgestaltet sind.

Danach müssen staatliche Maßnahmen, die den einmal gewährten Freiheitsbereich beschränken, u.a. gesetzlich vorgesehen sein, um das System des Menschenrechtsschutzes intakt zu lassen.

Das Gesetz, das einen darauf beruhenden Eingriff legitimiert, erfüllt zwei Funktionen. Auf der einen Seite begrenzt es den Freiheitsbereich des Einzelnen, auf der anderen Seite setzt es eine Grenze für hoheitliche Eingriffe. Wo die Grenze zwischen beiden Polen verläuft, hängt davon ab, was überhaupt unter dem Begriff „Gesetz“ zu verstehen ist und welche Anforderungen an das einschränkende Gesetz gestellt werden müssen. Setzt man die Voraussetzungen an ein Gesetz niedrig an, so erleichtert das hoheitliche Eingriffe zu Lasten des Freiheitsbereichs des Einzelnen. Stellt man dagegen sehr hohe

[1] Siehe Art. 19 EMRK.

Anforderungen an das Gesetz, wird die Möglichkeit einschränkender Hoheitsakte zugunsten des Gewaltunterworfenen zurückgedrängt. Das Gesetz erscheint daher als eine der wichtigsten Variablen, über die die Effektivität des Menschenrechtsschutzes und die Einbußen an Souveränität gesteuert werden können.

Vor dem Hintergrund dieser Bedeutung und unter Berücksichtigung der Integrationsfunktion, die die EMRK im Prozeß der europäischen Einigung erfüllt, soll die nachfolgende Untersuchung dazu dienen, einen Maßstab für einen Ausgleich beider Funktionen und damit für einen möglichst effektiven Schutz der Menschenrechte zu ermitteln.

Erster Teil

Einordnung und Systematik der EMRK

Jede Auslegung wird durch bestimmte „Vor"-Urteile und „Vor"-Verständnisse beeinflußt. Insoweit erscheint der Regelungsgehalt einer völkervertraglichen Vereinbarung in unterschiedlichem Licht, je nachdem von welcher Warte aus sie interpretiert wird. Um dieses Vorverständnis offenzulegen und die Prämissen der vorliegenden Untersuchung objektivierbar zu machen, soll zunächst eine Gegenüberstellung der EMRK mit anderen Menschenrechtsschutzsystemen erfolgen. Aus diesem Vergleich muß deutlich werden, welchen Anspruch die EMRK hinsichtlich der Effektivität des Menschenrechtsschutzes in Europa erhebt. Gleichzeitig werden sich daraus Anhaltspunkte für die Auslegung von Konventionsbegriffen im einzelnen gewinnen lassen.

A. Einordnung der EMRK in das System des internationalen Menschenrechtsschutzes

Der Menschenrechtsschutz wird in der Vielzahl völkerrechtlicher Deklarationen und Konventionen unterschiedlich effektiv verwirklicht[1].

Die Ursache ist zum einen darin zu sehen, daß es sich bei dem Menschenrechtsschutz um einen Problemkreis handelt, der bereits im jeweiligen nationalen Recht nach bestimmten Regeln in der einen oder anderen Weise gehandhabt wird und der bedeutende Teile der innerstaatlichen Rechtsordnung, z.B. das Polizeirecht oder das Verfahrensrecht, betrifft. Indem sich nun völkerrechtliche Verträge oder Deklarationen dieses überkommenen, typischerweise innerstaatlich geregelten Verhältnisses „the man versus the state" annehmen[2] und an einem internationalen Standard messen, konkurrieren sie zwangsläufig mit der dem Mitgliedstaat innewohnenden Souveränität[3], verstanden als die Freiheit, ohne Behinderung durch einen fremden Willen die

---

[1] Vgl. dazu *Donnelly*, International Human Rights, S. 57 ff., sowie die Übersicht bei *Stern*, Staatsrecht Bd. III / 1, S. 268 ff.

[2] *Huber*, in: Hans Peters-GS, S. 375, 388.

[3] Zum Spannungsverhältnis zwischen nationalem Recht und internationalem Menschenrechtsschutz *Bernhardt*, in: FS-Mosler, S. 75, 78; *Bindschedler*, in: FS-Schlochauer, S. 179 f.; *Delbrück*, GYIL 22 (1979), S. 384, 387; *Geck*, JZ 1980, 73, 75; *Hafner*, EuGRZ 1977, 220, 221.

essentiellen Staatsaufgaben, zu denen auch und gerade die Bestimmung des Verhältnisses zu den seiner Hoheitsgewalt unterworfenen Personen zählt, zu erfüllen[4].

Angesichts der Tragweite, die eine völkervertragliche Normierung menschenrechtlicher Standards im Hinblick auf eine dann möglicherweise anstehende Anpassung des nationalen Rechts hat[5], liegt die Souveränitätsschwelle, die es im Vorfeld eines Vertrages zu überwinden gilt, ungleich höher[6] als bei den herkömmlichen internationalen Abkommen, die sich etwa verteidigungs- oder wirtschaftspolitischen Fragen widmen[7].

Die hinsichtlich zu befürchtender Souveränitätseinbußen erklärliche Zurückhaltung gegenüber der Einsetzung bestimmter effektiver Menschenrechtsinstrumentarien weicht umso mehr, je homogener die Gesamtverfassungen potentieller Mitgliedstaaten sind.

Damit ist der zweite Faktor angesprochen, der die Grenze maximaler Wirksamkeit des Menschenrechtsschutzes mitbeeinflußt[8]. Hierbei ist es naturgemäß von grundlegender Bedeutung, inwieweit das Menschenrechtsverständnis der beteiligten Staaten übereinstimmt[9]. Nachrangig, wenngleich auch nicht zu unterschätzen, erscheint die Homogenität auf verfassungsrechtlichen, wirtschaftlichen und anderen Gebieten. Ein Höchstmaß an Übereinstimmung vorausgesetzt, besteht der Anspruch einer Menschenrechtskodifikation (nur) darin, die bereits bestehenden gemeinsamen Wertgrundlagen weiterzuentwickeln. Das bedeutet, daß ein Vertrag selbst bei einem sehr effektiven Menschenrechtsinstrumentarium für den Mitgliedstaat keine revolutionären Auswirkun-

---

[4] Im Unterschied zu der so definierten Souveränität im politischen oder materiellen Sinn bleibt bei Abschluß eines völkerrechtlichen Vertrages die Souveränität im formellen Sinn, d.h. die rechtliche Unabhängigkeit von anderen Staaten, unberührt. Nach wie vor ist der Staat keinem einseitigen Rechtsbefehl eines anderen Staates, sondern nur dem einvernehmlich geschaffenen Völkerrecht unterworfen. Vgl. dazu *Simma*, EuGRZ 1977, 235, 236 ff.

[5] Zu dieser Verpflichtung s. *Huber*, in: Hans Peters-GS, S. 375, 388.

[6] Von einer Beeinträchtigung der Souveränität gehen *Mosler*, in: FS-Huber, S. 595, 599 und *Scheuner*, in: FS-Jahrreiß, S. 355, aus. Vom „Rechtszustand des Dualismus" spricht *Huber*, in: Hans Peters-GS, S. 375, 379. Von einem „Prozeß der Schrumpfung staatlicher Hoheitsgewalt" spricht *Delbrück*, in: *Dahm / Delbrück / Wolfrum*, Völkerrecht Bd. I / 1, S. 218. S.a. *Riedel*, EuGRZ 1989, 9, nach dessen Auffassung Souveränität zu einem „relativen Begriff" wird.

[7] Vgl. beispielsweise die gegen Null konvergierende innerstaatliche Bedeutung des Vertrages über die Ächtung des Krieges oder der Genfer Abkommen.

[8] Anschaulich am Beispiel des UN-Menschenrechtsschutzes *Bartsch*, NJW 1977, 474, 476; *Kimminich*, Einführung in das Völkerrecht, S. 368 f.; *Ritterband*, Universeller Menschenrechtsschutz, S. 94 f.; *Seidl-Hohenveldern*, Völkerrecht, Rn. 1584 ff., 1589; *Stern*, Staatsrecht Bd. III / 1, S. 268.

[9] Einen Überblick über die grundlegenden Menschenrechts-Ideologien gibt *Ritterband*, Universeller Menschenrechtsschutz, S. 496 ff.

gen dergestalt hat, daß z.B. Verfassungsänderungen notwendig wären, um den so festgelegten Menschenrechtsstandard zu erreichen, sondern immer noch mit den einzel- bzw. innerstaatlich verwirklichten Grundvorstellungen übereinstimmt. Einschneidende Souveränitätseinbußen seitens der Vertragsstaaten sind demgemäß nicht zu befürchten, was die Zustimmung zu einem System effektiveren Menschenrechtsschutzes, etwa der Einrichtung einer internationalen Gerichtsbarkeit, erleichtert[10].

Wo dagegen die Beziehung potentieller Vertragsstaaten untereinander durch ideologische oder machtbedingte Divergenzen gekennzeichnet ist, fehlt ein solcher Grundkonsens[11]. Abgesehen von der Schwierigkeit, einen über bloße Formelkompromisse hinausgehenden Standard zu erreichen, würde die Errichtung einer Gerichtsbarkeit beispielsweise dazu führen, daß ein Einzelstaat relativ weitreichende Interventionen in die nationale Rechtsordnung hinnehmen müßte. Daß eine solche Neigung üblicherweise nicht besteht, erklärt sich von selbst.

Das durch diese beiden Faktoren, Souveränität und Homogenität, beeinflußte Maß an Konsensbereitschaft findet seinen Niederschlag in der völkervertraglichen Ausgestaltung und Sicherung der gewährleisteten Rechte.

I. Systematisierungskriterien

Anhaltspunkte für eine Einordnung gibt der jeweilige Vertragstext mit der Auswahl der geschützten Rechte, der Formulierung der Verpflichtungen der Vertragsstaaten und der in ihm möglicherweise vorgesehenen Durchsetzungsinstrumentarien[12].

Bereits im Vorfeld eines Vertrages wird mit der Einigung auf die zu schützenden Rechte das Konsensfeld abgesteckt. Prinzipiell kommen hier drei Kategorien in Betracht[13]: die klassischen bürgerlichen Freiheitsrechte, die als Ergebnis der großen Revolutionen des späten 18. und 19. Jahrhunderts Eingang in das innerstaatliche Verfassungsrecht der meisten Nationalstaaten ge-

---

[10] Vgl. dazu *Bernhardt*, in: FS-Mosler, S. 75, 78; *Riedel*, EuGRZ 1989, 9, 10; *Ritterband*, Universeller Menschenrechtsschutz, S. 96 f.

[11] *Stern*, Staatsrecht Bd. III / 1, S. 302.

[12] Zur Einordnung völkerrechtlicher Verträge zum Schutz von Menschenrechten nach ihrer Wirksamkeit in vier Entwicklungsstufen *Partsch*, in: *Wolfrum*, Handbuch Vereinte Nationen, S. 544, 547 Rn. 15 ff.

[13] *Riedel*, EuGRZ 1989, 9 ff. Von zwei Kategorien, der Kategorie der politischen- und Freiheitsrechte sowie der der Sozialrechte geht Ritterband, Universeller Menschenrechtsschutz, S. 96, aus. Ähnlich *Kirchhof*, EuGRZ 1994, 16, 20 ff.; *Nowak*, CCPR-Kommentar, Einführung, Rn. 3, und *Wachsmann*, Les droits de l'Homme, S. 51 ff.

funden haben[14], die sozialen und kulturellen Rechte, die der Verwirklichung eines sozialen Freiheitskonzepts „durch den Staat“ dienen[15], sowie die erst in der jüngeren Vergangenheit ins Blickfeld geratenen umfassenderen „Rechte der dritten Dimension“[16], die in erster Linie für Gruppen, Völkerschaften und Staaten abstrakte und umfassendere Rechte u.a. auf eine lebenswerte Umwelt, auf Entwicklung und Unabhängigkeit begründen wollen.

Was die Wirksamkeit des Menschenrechtsschutzes betrifft, ist zunächst festzuhalten, daß eine Einigung über eine hohe Effektivität umso eher erreicht werden kann, je enger das Konsensfeld abgesteckt wird, m.a.W. je geringer die Anzahl regelungsbedürftiger Fragen ist.

Daneben ist zu beachten, daß den klassischen Freiheitsrechten gegenüber den Sozialrechten und Drittdimensionsrechten ausreichende Verwirklichungsmöglichkeiten offenstehen[17] und sie auf breiter Ebene völkerrechtlich akzeptiert werden[18]. Aufgrund ihrer geistesgeschichtlichen Tradition sind sie auch bei präziser Ausgestaltung konsensfähig und können schließlich auf völkerrechtlicher Ebene justiziabel sein[19].

Die Homogenität der Vertragsstaaten und ihre Bereitschaft, Souveränitätseinbußen hinzunehmen, sind vor allem an der sprachlichen Fassung des Vertrages zu erkennen.

Auf der untersten Stufe werden die Menschenrechte lediglich als Programmsätze formuliert[20], ohne daß eine inhaltliche Bestimmung einzelner Rechte, geschweige denn die Nennung von Eingriffsvoraussetzungen erfolgt[21]. Die Konsequenz einer so weiten und ungenauen Umschreibung der vertraglichen Pflichten liegt darin, daß ein Verstoß nur in den seltensten Fäl-

---

[14] Dazu *Nowak*, in: *Ermacora / Nowak / Tretter*, Europäische Menschenrechtskonvention, S. 38. Die klassischen Freiheitsrechte werden auch als Rechte der ersten Dimension oder der ersten Generation bezeichnet, *Riedel*, EuGRZ 1989, 9, 11.

[15] Die sozialen Rechte werden z.T. auch als Rechte der zweiten Dimension oder Generation bezeichnet. Eine völkerrechtliche Kodifikation dieser Rechte findet sich u.a. in der ESC und im IPwirtR. Dazu *Riedel*, EuGRZ 1989, 9, 11.

[16] Diese Rechte sind u.a. in der Afrikanischen Charta der Rechte des Menschen und der Völker kodifiziert. Die Qualität der Drittdimensionsrechte ist umstritten. Dazu umfassend *Riedel*, EuGRZ 1989, 9 ff.

[17] Für die Sozialrechte betont das *Ritterband*, Universeller Menschenrechtsschutz, S. 96.

[18] Eine völkerrechtliche Akzeptanz fehlt insbesondere bei den Rechten der dritten Dimension. Zur Kritik gegen diese Rechte s. *Riedel*, EuGRZ 1989, 9, 18.

[19] *Ritterband*, Universeller Menschenrechtsschutz, S. 96.

[20] *Partsch*, in: *Wolfrum*, Handbuch Vereinte Nationen, S. 544, 547 Rn. 15.

[21] Als Beispiel mag die Charta der Vereinten Nationen dienen, in der sich die Mitgliedstaaten lediglich allgemein verpflichten, „zur Verwirklichung der Menschenrechte und Grundfreiheiten ... beizutragen“ (Art. 1 Ziff. 3, 13 Abs. 1 Buchst. b).

len bejaht werden kann, was einem Souveränitätsdenken zwar entgegenkommt, die effektive Menschenrechtsverwirklichung jedoch nicht sonderlich fördert. Dazu bedarf es vielmehr einer ausdrücklichen Festlegung des Umfangs und der Grenzen völkerrechtlicher Verpflichtung der Mitgliedstaaten[22].

Auch eine solche Festlegung kann jedoch im Ergebnis unterschiedlich effektiv ausfallen, je nachdem, ob sie in ihrem Wortlaut eher abstrakt oder konkret erfolgt[23].

Bei einer relativ abstrakten Formulierung von Freiheitsbereichen und staatlichen Einschränkungsmöglichkeiten ist der Umfang der von den Vertragsstaaten eingegangenen Verpflichtungen zunächst einmal unklar und bedarf im Einzelfall der Konkretisierung[24]. Diese wird, soweit nicht eine internationale Menschenrechts-Gerichtsbarkeit existiert, vom nationalen Gesetzgeber oder Rechtsanwender vorgenommen, also gerade von dem Rechtssubjekt, vor dessen Übergriffen die Einzelperson durch den völkerrechtlichen Vertrag geschützt werden soll. Es liegt auf der Hand, daß darunter die von den Konventionsgebern für erforderlich gehaltene Kontrolle und Beschränkung des Staates im Umgang mit dem Einzelnen leiden muß[25]. Verstärkend kommt hinzu, daß auf diese Weise ein einheitlicher internationaler Rechtszustand, der ebenfalls die Wirksamkeit des Menschenrechtsschutzes unterstützt, nur schwer erreicht werden kann[26].

Der Schwerpunkt verschiebt sich dagegen zu Lasten der Souveränität zum Menschenrechtsschutz, je konkreter Freiheitsbereiche und ggf. Eingriffsvorbehalte im Vertrag gekennzeichnet sind[27]. Der Inhalt der Verpflichtungen ist dadurch klarer, so daß ein einheitlicher Menschenrechtsstandard in den Mitgliedstaaten leichter herzustellen ist als bei einem abstrakten Wortlaut.

Von entscheidender Bedeutung ist schließlich, inwieweit ein Vertrag Einrichtungen und Verfahren bereitstellt, mit deren Hilfe die von ihm geschütz-

---

[22] *Partsch*, in: *Wolfrum*, Handbuch Vereinte Nationen, S. 544, 547 Rn. 15.

[23] Zu den Definitionsmethoden s. *Hoffmann-Remy*, Die Möglichkeiten der Grundrechtseinschränkung, S. 20 ff.

[24] Art. 22 1. HS AEMR beispielsweise gewährt jedem Menschen ein Recht auf „soziale Sicherheit" und verwendet damit einen Begriff, der ohne Konkretisierung im Einzelfall nicht subsumtionsfähig ist. Art. 29 Ziff. 2 AEMR läßt gesetzliche Freiheitsbeschränkungen zu, „um die Anerkennung und Achtung der Rechte und Freiheiten der anderen zu gewährleisten und den gerechten Anforderungen der Moral, der öffentlichen Ordnung und der allgemeinen Wohlfahrt in einer demokratischen Gesellschaft zu genügen." Auch diese Formulierung gibt keinen Aufschluß über die genaue Reichweite der einzelstaatlichen Eingriffsbefugnisse.

[25] Ähnlich *Delbrück*, GYIL 22 (1979), S. 384, 394.

[26] So auch *Scheuner*, in: FS-Jahrreiß, S. 355, 367.

[27] *Hoffmann-Remy*, Die Möglichkeiten der Grundrechtseinschränkung, S. 20 ff.

ten Rechte durchgesetzt werden können, wenngleich oftmals die Sanktionierung von Menschenrechtsverletzungen durch die öffentliche Meinung ebenfalls eine nicht unbeachtliche Wirkung entfaltet[28].

Auch diese vertraglichen Sicherungseinrichtungen können unterschiedlich effektiv ausgestaltet sein[29]. Gemessen an der Wirksamkeit des Schutzes bedeutet es einen erheblichen Unterschied, ob die Erfüllung der Vertragsverpflichtung durch eine politische oder durch eine gerichtliche Schutzinstitution kontrolliert wird, ob das Kontrollverfahren mit einem Bericht oder mit einer rechtlich bindenden Entscheidung abschließt, ob es nur generell oder anläßlich eines individuellen Falles eröffnet wird oder ob nur internationale Gremien und Staaten oder auch Individuen antragsbefugt sind[30].

II. Überregionaler Menschenrechtsschutz[31]

Auf weltweiter Ebene werden Menschenrechte durch die auf die Charta der Vereinten Nationen aufbauende „Universal Bill of Rights“[32] gewährleistet.

Grundlegend für den überregionalen Menschenrechtsschutz ist dabei die Charta der Vereinten Nationen vom 26.6.1945. Ziel der durch sie errichteten internationalen Organisation ist es u.a., „die Achtung vor den Menschenrechten und Grundfreiheiten“ zu fördern und zu festigen, was in der Präambel sowie in Art. 1 Ziff. 3 und Art. 55 Buchst. c) besonders zum Ausdruck kommt. Über diesen programmatischen Ansatz hinaus[33] finden sich weder eine Benennung noch eine inhaltliche Beschreibung einzelner Rechte[34]. Dementsprechend fehlt es auch an einem Verfahren zur Durchsetzung solcher Rechte, sieht man einmal von dem Recht der Generalversammlung und des

---

[28] Zum Menschenrechtsinstrument der Publizität s. *Buergenthal*, EuGRZ 1984, 169, 177; ders., International Human Rights, S. 189; *Kodjo*, EuGRZ 1990, 306, 310.

[29] Insoweit könnte man davon sprechen, daß dadurch die dritte und vierte Entwicklungsstufe internationaler Menschenrechtsinstrumentarien erreicht werden kann. So *Partsch*, in: *Wolfrum*, Handbuch Vereinte Nationen, S. 280 ff.

[30] Vgl. den Überblick bei *Stern*, Staatsrecht Bd. III/1, S. 305 ff.

[31] Umfassend dazu *Ipsen*, Völkerrecht, S. 626.

[32] Unter dieser Bezeichnung werden die AEMR und die nachfolgenden Menschenrechtspakte zusammengefaßt. Vgl. *Partsch*, in *Wolfrum*, Handbuch Vereinte Nationen, S. 544, 547 Rn. 18.

[33] Zum Programmcharakter der Charta der Vereinten Nationen vgl. *Partsch*, in: *Wolfrum*, Handbuch Vereinte Nationen, S. 544, 547 Rn. 16; *Kimminich*, Einführung in das Völkerrecht, S. 355; *Ritterband*, Universeller Menschenrechtsschutz, S. 71.

[34] *Kimminich*, Einführung in das Völkerrecht, S. 355.

Wirtschafts- und Sozialrates gem. Art. 13 Abs. 1 Buchst. b), 62 Abs. 2 der Charta der Vereinten Nationen ab, Empfehlungen abzugeben[35].

Dieses menschenrechtliche Anliegen wird von der Allgemeinen Erklärung der Menschenrechte vom 10.12.1948, die jedoch als Resolution der Generalversammlung der Vereinten Nationen keine Rechtsbindungen entfaltet[36], aufgegriffen und konkretisiert[37]. Sie bildet zusammen mit dem Internationalen Pakt über bürgerliche und politische Rechte (IPbürgR) einschließlich des Fakultativprotokolls und dem Internationalen Pakt über wirtschaftliche, soziale und kulturelle Rechte (IPwirtR) vom 19.12.1966 die „Internationale Charta der Menschenrechte“[38].

Die beiden Pakte haben die sprachlich weit gefaßten Rechte der Allgemeinen Erklärung der Menschenrechte näher ausgeformt, mit Durchsetzungsinstrumentarien versehen und in die Form völkerrechtlich bindender Verträge gebracht[39]. Während der IPbürgR die klassischen liberalen Rechte enthält (Art. 6–27), die als relativ präzise formulierte Individualansprüche ausgestaltet sind, gewährt der IPwirtR in seinen Art. 6–15 überwiegend die bereits angesprochenen Rechte der zweiten Dimension, die in ihrer Fassung auf eine Auslegung durch den Rechtsanwender angelegt sind und deren subjektive Komponente im Vergleich zu Freiheitsrechten vernachlässigt wird[40]. Dem entspricht es, wenn die Rechte des IPbürgR mit speziellen Eingriffsvorbehalten ausgestattet sind[41], der IPwirtR aber in seinem Art. 4 nur einen Generalvorbehalt enthält[42].

Auch die Verpflichtungsklauseln jeweils in Art. 2 der Pakte sind unterschiedlich intensiv. Der IPbürgR verpflichtet die Mitgliedstaaten dazu, die verbürgten liberalen Rechte zu gewährleisten, während der IPwirtR nur ver-

---

[35] Zur beschränkten Bedeutung der Res. 1503 des Wirtschafts- und Sozialrates s. *Ritterband*, Universeller Menschenrechtsschutz, S. 75; *Verdross/Simma*, Universelles Völkerrecht, S. 605. Zu Recht weist *Kimminich*, Einführung in das Völkerrecht, S. 355, darauf hin, daß eine Verletzung von Menschenrechten nur dann eine Verletzung der Charta darstellen könne, soweit diese ihren Inhalt schon umreiße.

[36] *Kimminich*, Einführung in das Völkerrecht, S. 358 f.; *Verdross/Simma*, Universelles Völkerrecht, S. 822.

[37] *Nowak*, CCPR-Kommentar, Einführung, Rn. 1 f.

[38] *Nowak*, CCPR-Kommentar, Einführung, Rn. 1.

[39] *Kimminich*, Einführung in das Völkerrecht, S. 361; *Nowak*, CCPR-Kommentar, Einführung, Rn. 2; *Stern*, Staatsrecht Bd. III / 1, S. 264.

[40] *Ermacora*, VN 1968, 133, 134.

[41] Vgl. Art. 9 Abs. 1, 12 Abs. 3, 18 Abs. 3, 19 Abs. 3, 21, 22 Abs. 2 IPbürgR.

[42] Wie oben bereits angedeutet, entspricht dies der Natur der sozialen Rechte. Ebenso *Ermacora*, VN 1968, 133, 134.

langt, auf die Verwirklichung seiner sozialen Rechte hinzuarbeiten[43], also lediglich Zielvorgaben aufstellt.

Die in der Natur dieser Rechte begründete Differenzierung setzt sich in der Ausgestaltung der Durchsetzungsinstrumentarien fort. Der IPbürgR sieht ein Berichtsverfahren (Art. 40 Abs. 4) und fakultativ die Staatenbeschwerde (Art. 41) vor. Das Fakultativprotokoll zum IPbürgR eröffnet darüber hinaus die Möglichkeit der Individualbeschwerde an den Ausschuß für Menschenrechte[44]. Demgegenüber enthält der IPwirtR keine Rechtsschutzmöglichkeiten dieser Art, sondern verpflichtet die Vertragsstaaten nur, Berichte vorzulegen (Art. 16 Abs. 1).

Die Mitgliedschaft der UN-Charta und der die Internationale Charta der Menschenrechte bildenden Verträge ist fast universell. Andererseits gibt es auf globaler Ebene kein einheitliches Menschenrechtsverständnis[45], die Signatarstaaten sind vielmehr in höchstem Maße heterogen. Dementsprechend ist, trotz des rein äußerlichen Verbalkonsenses, die tatsächliche gemeinsame Wertbasis sehr schmal, das Souveränitätsdenken dafür jedoch umso ausgeprägter[46]. Die Kodifikationen selbst bewältigen dieses Problem in der Weise, daß den Vertragsstaaten aufgrund der Beschreibung der Vertragspflichten mit überwiegend weiten, auslegungsbedürftigen Begriffen ein großzügiger Spielraum belassen wird. Zudem zeigt die Ausgestaltung der Durchsetzungsinstrumentarien, daß dadurch eine Überprüfung und Sanktionierung von Menschenrechtsverletzungen im Einzelfall i.d.R. nicht möglich sein soll[47], sondern daß insbesondere die beiden Menschenrechtspakte vielmehr den Zweck verfolgen, die Lage der Menschenrechte allgemein auf globaler Ebene zu verbessern[48], indem sie durch Mobilisierung der Weltöffentlichkeit menschenrechtsfeindliche Aktionen verurteilen.

Die Effektivität überregionalen Menschenrechtsschutzes ist daher im rechtlichen Bereich eher gering.

---

[43] So auch *Kimminich*, Einführung in das Völkerrecht, S. 361; *Ritterband*, Universeller Menschenrechtsschutz, S. 87.

[44] Vgl. Art. 28 ff. IPbürgR.

[45] So auch *Kimminich*, Einführung in das Völkerrecht, S. 361 f.; ders., BayVBl. 1990, 1, 2; *Nowak*, EuGRZ 1980, 532, 542; *Ritterband*, Universeller Menschenrechtsschutz, S. 511, 513.

[46] Seinen Ausdruck findet dieser Konflikt prägnant in Art. 2 Ziff. 7 UN-Charta einerseits und Art. 56 UN-Charta andererseits. Dazu statt vieler *Bartsch*, NJW 1977, 474, 475 f.; *Ermacora*, VN 1968, 133, 135 f.

[47] *Kimminich*, Einführung in das Völkerrecht, S. 361 f.; *Verdross/Simma*, Universelles Völkerrecht, S. 833.

[48] So auch *Bartsch*, NJW 1977, 474, 476; *Verdross/Simma*, Universelles Völkerrecht, S. 833.

III. Regionaler Menschenrechtsschutz

Auf regionaler Ebene wird der Menschenrechtsschutz im Rahmen der „Organisation Amerikanischer Staaten“ (OAS), des Europarates und der „Organisation für Afrikanische Einheit“ (OAU) gefördert[49].

Ausgangspunkt für die Entwicklung des interamerikanischen Menschenrechtsschutzes[50] ist die Charta der OAS vom 30.4.1948[51], die ähnlich der Charta der Vereinten Nationen die Menschenrechte nur programmhaft nennt[52]. Die Einsetzung einer „Interamerikanischen Kommission zum Schutze der Menschenrechte“ erfolgte erst später mit der Resolution VIII des 5. Außenministertreffens (1954) und wurde durch das die ursprüngliche Charta der OAS abändernde „Protokoll von Buenos Aires“ (1967) vertraglich verankert[53].

Ausgefüllt wurden die nur spärlichen menschenrechtlichen Ansätze der Charta der OAS durch die rechtlich nicht verbindliche[54] Resolution XXX, die „Amerikanische Erklärung der Rechte und Pflichten des Menschen“ vom 2.5.1948[55]. Eine völkerrechtlich bindende Kodifizierung folgte mit der „Amerikanischen Menschenrechtskonvention“ vom 22.11.1969[56] (AMRK). Sie enthält in Art. 3–25 im wesentlichen die klassischen Freiheitsrechte, verweist aber in Art. 26 unter Bezugnahme auf das Protokoll von Buenos Aires auf die wirtschaftlichen, sozialen und kulturellen Rechte als Programmrechte. Der Umfang der Einschränkungsmöglichkeiten durch den Mitgliedstaat wird für jedes Freiheitsrecht gesondert und sprachlich relativ präzise festgelegt. Darüber hinaus finden sich in Art. 30 AMRK zusätzliche Anforderungen an Freiheitsbeschränkungen.

Gemäß Art. 33 AMRK obliegt die Durchsetzung der Menschenrechte der Interamerikanischen Kommission für Menschenrechte und dem Interamerikanischen Gerichtshof. Die Kommission entscheidet gegenüber Staaten, die die

---

[49] *Donnelly*, International Human Rights, S. 82 ff.

[50] Ausführlich zum Ganzen *Kokott*, Das interamerikanische System, S. 1 ff.

[51] Der Text der Charta der OAS ist abgedruckt bei *Buergenthal/Norris*, Human Rights Bd. I, Heft 2 (1982), S. 1 ff.

[52] Vgl. Art. 3 Buchst. j), 16 Charta der OAS (Art. 5 Buchst. j), 13 a.F.).

[53] Vgl. Art. 51 Buchst. e), Art. 112 Charta der OAS.

[54] *Buergenthal*, International Human Rights, S. 128; *Kokott*, Das interamerikanische System, S. 14.

[55] Der Text der Amerikanischen Erklärung der Rechte und Pflichten des Menschen ist abgedruckt bei *Buergenthal/Norris*, Human Rights, Bd. I, Heft 5 (1982), S. 1 ff.

[56] Der Text der Amerikanischen Menschenrechtskonvention ist abgedruckt bei *Buergenthal/Norris*, Human Rights, Bd. I, Heft 3 (1982), S. 1 ff. Eine deutsche Übersetzung findet sich in EuGRZ 1980, 435 ff.

AMRK unterzeichnet haben, obligatorisch über Individual-, und fakultativ über Staatenbeschwerden gem. Art. 44, 45 AMRK[57]. Unabhängig davon kann sie nach Art. 41 AMRK aus eigenem Antrieb tätig werden[58]. Der Gerichtshof hat neben der Funktion der Streitbeilegung die umfassende Kompetenz, Gutachten abzugeben, Art. 64 AMRK.

Trotz der Beschränkung der Mitgliedschaft auf den amerikanischen Kontinent kann angesichts des unterschiedlichen Menschenrechts- und Demokratieverständnisses sowie der machtpolitischen Divergenzen in einzelnen Staaten von einer homogenen Staatenverbindung nicht die Rede sein[59]. Ausdruck dieser Diskrepanzen ist die starke Betonung des Nichteinmischungsprinzips in Art. 18 der Charta der OAS (Art. 15 a.F.). Zwar scheint die Existenz der Sicherungsverfahren vor der Kommission und dem Gerichtshof, insbesondere die Eröffnung der Individualbeschwerde[60], in die entgegengesetzte Richtung zu weisen, jedoch zeigt sich bei näherem Hinsehen, daß die Verfahren[61] schwerfällig und mehrdeutig sind[62]. Die Entscheidungen der Kommission haben darüber hinaus nur Empfehlungscharakter, was insgesamt den Eindruck stärkt, daß auch das interamerikanische System primär noch die Verbesserung der Menschenrechtssituation „im Großen“ anstrebt. Umso erstaunlicher ist es daher, daß die Signatarstaaten eine Einigung über derart präzise gefaßte Vertragsverpflichtungen erzielen konnten[63].

Der Grundstein für einen europäischen Menschenrechtsschutz wurde mit der Satzung des Europarates vom 5.5.1949 gelegt, die wie ihre Vorbilder im überregionalen und im interamerikanischen System[64] das Ziel des Schutzes und der Fortentwicklung der Menschenrechte und Grundfreiheiten nur programmatisch nennt (Art. 1 Buchst. b), Art. 3 EuRat) und auch nur mit verhältnismäßig schwachen Durchsetzungsinstrumentarien ausgestattet ist (Art. 15 Buchst. b) EuRat). Eine eigene Menschenrechtsdeklaration nach dem

---

[57] Für die übrigen Staaten der OAS gilt weiterhin die Zuständigkeit der Kommission aufgrund und im Rahmen der Charta der OAS. Die Kommission ist also sowohl Konventions- als auch Charta-Organ. Zu dieser Zweispurigkeit vgl. *Buergenthal*, EuGRZ 1984, 169, 184.

[58] Dazu *Frowein*, EuGRZ 1980, 442, 449.

[59] Ebenso *Buergenthal*, EuGRZ 1984, 169, 189; *Ritterband*, Universeller Menschenrechtsschutz, S. 99.

[60] Zu der im Völkerrecht hervorragenden Bedeutung der Individualbeschwerde s. *Kokott*, Das interamerikanische System, S. 55 f.

[61] Siehe Art. 48 ff. AMRK.

[62] *Buergenthal*, EuGRZ 1984, 169, 176 u. 188.

[63] Die Fortschrittlichkeit der Garantien im Vergleich zum europäischen Menschenrechtsschutz betont *Buergenthal*, EuGRZ 1984, 169, 170.

[64] Gemeint sind die Charta der Vereinten Nationen und die Charta der OAS.

Vorbild der Allgemeinen Erklärung der Menschenrechte oder Amerikanischen Erklärung der Rechte und Pflichten des Menschen fehlt. Stattdessen wurde unmittelbar, wenn auch unter Bezugnahme auf die Allgemeine Erklärung der Menschenrechte[65], die „Konvention zum Schutze der Menschenrechte und Grundfreiheiten" vom 4.11.1950 unterzeichnet und im weiteren Verlauf durch Zusatzprotokolle erweitert. Wie sich aus Abs. 5 der Präambel ergibt, dient die EMRK dem Schutz „gewisser in der Universellen Erklärung verkündeter Rechte". In dieser Formulierung kommt bereits zum Ausdruck, daß der Schutzanspruch, den die EMRK erhebt, kein umfassender ist, sondern sich auf eine Auswahl von Rechten bezieht. In erster Linie werden die oben als Rechte der ersten Dimension bezeichneten klassischen Freiheitsrechte und politischen Mitwirkungsrechte gewährleistet[66], die speziellen Eingriffsvorbehalten unterliegen. Die Freiheitsrechte werden durch die hineinzulesenden Diskriminierungsverbote in Art. 14 EMRK und in Art. 5 des noch nicht in Kraft getretenen 7. ZP ergänzt[67]. Ein allgemeiner Gleichheitsgrundsatz, vergleichbar etwa Art. 7 der Allgemeinen Erklärung der Menschenrechte, ist nicht vorhanden. Neben den Freiheitsrechten sind, abgesehen von dem Recht auf Bildung in Art. 2 S. 1 ZP, Sozialrechte nicht in der EMRK, sondern in der „Europäischen Sozialcharta" vom 18.10.1961 (ESC) verankert[68]. Sie sind einem Generalvorbehalt in Art. 31 Abs. 1 ESC unterstellt.

Entsprechend dem unterschiedlichen Charakter der in der EMRK und der ESC gewährleisteten Rechte sind auch die Verpflichtungsklauseln von unterschiedlicher Intensität (Art. 1 EMRK, Art. 20 ESC). Gleiches gilt für die Durchsetzungsinstrumentarien[69]. Während die ESC zur Sicherung der sozialen Rechte in ihren Art. 21 ff. ein die Souveränität kaum berührendes Berichtssystem vorsieht[70], wird auf der Grundlage des Art. 19 EMRK mit der Errichtung der Europäischen Kommission für Menschenrechte (EKMR) und des Europäischen Gerichtshofes für Menschenrechte (EGMR) ein gerichtliches Durchsetzungsverfahren zur Verfügung gestellt. Die Staatenbeschwerde ist dabei gem. Art. 24 EMRK obligatorisch und unterliegt auch nicht der Ein-

---

[65] Vgl. Abs. 5 der Präambel der EMRK.

[66] Dazu ausführlicher *Nowak*, in: *Ermacora / Nowak / Tretter*, Europäische Menschenrechtskonvention, S. 38; *Ritterband*, Universeller Menschenrechtsschutz, S. 96; *Stern*, Staatsrecht Bd. III / 1, S. 283; *Robert*, Human Rights Law Journal 15 (1994), S. 1, 8 f.

[67] GH, Fall Marckx, Serie A, Nr. 31, Ziff. 32; GH, Belgischer Sprachenfall, Serie A, Nr. 6, Ziff. 9; *Stern*, Staatsrecht Bd. III / 1, S. 286.

[68] Vgl. die insofern ähnliche Aufteilung der Rechte in den beiden Weltpakten (IPbürgR, IPwirtR).

[69] Umfassend zum Rechtsschutzinstrumentarium der EMRK *Golsong*, Das Rechtsschutzsystem der EMRK, S. 46 ff., 85 ff.

[70] Zur Effektivität im Vergleich zum IPwirtR s. *Ermacora*, VN 1968, 133, 137.

schränkung der Gegenseitigkeit wie das im IPbürgR der Fall ist[71], die Individualbeschwerde ist dagegen fakultativ (Art. 25 Abs. 1 S. 1 EMRK).

Was die Effektivität dieses Menschenrechtssystems betrifft, so verdient in erster Linie der hohe Grad an Homogenität unter den Mitgliedern des Europarates, insbesondere der in etwa gleiche Menschenrechtsstandard, der Erwähnung, der durch die zunehmende Europäisierung auch auf anderen Gebieten noch gefördert wird[72]. Gemeinsam mit dem Umstand, daß die EMRK auf die Rechte der ersten Dimension beschränkt wurde, die gerade im europäischen Raum auf eine lange geistesgeschichtliche Tradition zurückgehen, führt das dazu, daß die Souveränitätsschwelle verhältnismäßig niedrig angesetzt ist. Aus diesem Grund konnte es gelingen, ein im Einzelfall sehr wirksames Individualbeschwerdeverfahren einzurichten. Hervorzuheben ist, daß, sofern die Signatarstaaten eine Unterwerfungserklärung gem. Art. 46 EMRK abgegeben haben, die Entscheidungen des EGMR aufgrund Art. 53 EMRK völkerrechtlich bindend sind. Nach allem dient die EMRK nicht mehr dazu, Menschenrechtsverletzungen in größerem Ausmaß entgegenzuwirken, sondern bezweckt vielmehr die Untersuchung, Verhinderung oder Beendigung bestimmter einzelner Menschenrechtsverletzungen[73]. Die dadurch erreichte hohe Wirksamkeit des Menschenrechtsschutzes wird allerdings durch die den Mitgliedstaaten in Art. 64 EMRK eingeräumte Möglichkeit, zu einzelnen Konventionsbestimmungen Vorbehalte zu erklären, etwas zurückgenommen[74].

Kernstück des afrikanischen Menschenrechtsschutzes[75] ist die auf der Charta der OAU (1963) aufbauende „Afrikanische Charta der Rechte des Menschen und der Völker“ vom 26.6.1981 (AChRMV)[76], die in Abs. 4 der Präambel auf die in der Charta der Vereinten Nationen und in der Allgemeinen Erklärung der Menschenrechte gewährleisteten Rechte Bezug nimmt. Demgemäß findet sich zunächst eine Kodifikation der Gleichheitsrechte (Art. 2 und 3 AChRMV) sowie liberaler (Art. 4–14 AChRMV) und sozialer Rechte (Art. 15–18 AChRMV). Bereits der Titel der Konvention enthält zudem das Bekenntnis zu Rechten der Völker, also den Drittdimensionsrechten im o.g. Sinn, die in Art. 19–24 AChRMV verkörpert sind[77]. Eine weitere

---

[71] Siehe Art. 41 Abs. 1 S. 2 IPbürgR.

[72] Vgl. Art. 1 EuRat.

[73] Zur unterschiedlichen Zielsetzung von Durchsetzungsinstrumentarien vgl. *Verdross/Simma*, Universelles Völkerrecht, S. 833.

[74] Dazu umfassend *Brändle*, Vorbehalte und auslegende Erklärungen, S. 1 ff.

[75] Ausführlich dazu *Buergenthal*, International Human Rights, S. 171 ff.; *Epping*, in: *Ipsen*, Völkerrecht, S. 424 ff.; *Kodjo*, EuGRZ 1990, 306 ff.; *Nguéma*, EuGRZ 1990, 301 ff.

[76] Eine deutsche Übersetzung der AChRMV ist abgedruckt in EuGRZ 1990, 348 ff.

[77] Kritisch dazu *Kodjo*, EuGRZ 1990, 306, 308 f.

Besonderheit der Charta besteht darin, daß entsprechend dem gemeinschaftsorientierten afrikanischen Menschenrechtsverständnis[78] dem menschenrechtlichen Schutz die Pflicht zur Loyalität gegenüber der Gemeinschaft zur Seite gestellt wird (Art. 27–29 AChRMV)[79]. Die Freiheitsrechte, insbesondere diejenigen, denen eine herausragende Bedeutung für die Demokratie zukommt, unterliegen verhältnismäßig weiten Eingriffsvorbehalten[80]. Hingewiesen sei nur auf den ordre publique-Vorbehalt hinsichtlich der Ausübung der Glaubens-, Gewissens- und Religionsfreiheit in Art. 8 S. 2 AChRMV[81].

Die Durchsetzung der Rechte wird durch die „Afrikanische Kommission der Rechte des Menschen und der Völker" überwacht, die gem. Art. 45 Abs. 1 Buchst. a), 52 AChRMV mit der Befugnis ausgestattet ist, Stellungnahmen und Empfehlungen abzugeben.

Die in Art. 47 und 55 AChRMV vorgesehenen Staaten- und Individualbeschwerdeverfahren sind in ihrer Ausgestaltung der Resolution 1503 des Wirtschafts- und Sozialrats der Vereinten Nationen ähnlich[82].

Die Wirksamkeit des afrikanischen Menschenrechtsschutzes auf rechtlichem Gebiet ist vergleichsweise gering, was im wesentlichen darauf zurückzuführen ist, daß unter den Mitgliedstaaten[83], bedingt u.a. durch die unterschiedlichen Einflüsse der Kolonialmächte, ein einheitliches Menschenrechtsverständnis nicht existiert[84]. Erschwerend tritt noch hinzu, daß ein effektiver Menschenrechtsschutz mehr oder weniger weitgehende Souveränitätsverzichte verlangt[85] und damit eine Bedingung setzt, die angesichts der Tatsache, daß einige Signatarstaaten erst vor kurzer Zeit ihre volle Souveränität erlangt haben, nur schwer zu erfüllen ist[86]. Aus dieser besonderen Lage ist auch die erstmalige völkerrechtliche Kodifizierung von Drittdimensionsrechten, die in erster Linie Forderungen an die internationale Gemeinschaft verkörpern und z.T. in einem ganz eigenartigen, antagonistischen Verhältnis zu den Indivi-

---

[78] *Nguéma*, EuGRZ 1990, 301, 302 ff; *Ritterband*, Universeller Menschenrechtsschutz, S. 543 ff.

[79] *Much*, EA 43 (1988/1), S. 17, 20 f.

[80] Ebenso *Buergenthal*, International Human Rights, S. 176; *Kodjo*, EuGRZ 1990, 306, 308; *Much*, EA 43 (1988/1), S. 17, 23.

[81] Vgl. darüber hinaus Art. 9 Abs. 2, 10 Abs. 1, 11 S. 2 AChRMV.

[82] *Buergenthal*, International Human Rights, S. 186.

[83] Mitglieder der AChRMV sind nahezu alle Staaten des afrikanischen Kontinents, vgl. die Ratifikationstabelle in EuGRZ 1990, 344.

[84] Ausführlich dazu *Nguéma*, EuGRZ 1990, 301 ff.

[85] Siehe oben S. 19 ff.

[86] Vgl. *Kodjo*, EuGRZ 1990, 306, 307; *Nguéma*, EuGRZ 1990, 301, 302.

dualrechten stehen, zu erklären[87]. So könnte das z.B. in Art. 2 Ziff. 7 der Charta der Vereinten Nationen verkörperte Nichteinmischungsprinzip nicht wirkungsvoller durchgesetzt werden, als die Souveränität, die dadurch gewahrt werden soll, selbst zum Menschenrecht zu erheben, Abs. 9 der Präambel, Art. 20 AChRMV. Dem entspricht es, daß die in auslegungsbedürftiger Weise beschriebenen Freiheiten[88] unter relativ einfachen Voraussetzungen beschränkt werden können[89] und daß der jeweilige Signatarstaat, was die sozialen Rechte betrifft, darüber hinausgehende Möglichkeiten der Einflußnahme hat[90].

In die gleiche Richtung weisen die Aufnahme eines Pflichtenkataloges, insbesondere Art. 29 Ziff. 3 AChRMV[91], sowie die schwache Ausgestaltung der Durchsetzungsinstrumentarien[92].

Nach allem zeigt sich, daß im Gegensatz zum europäischen Raum die tatsächliche Wertbasis in den Menschenrechtssystemen der Vereinten Nationen, der OAS und der OAU sehr schmal ist. Im wesentlichen wird das Ziel verfolgt, den Menschenrechtsschutz allgemein durch die Schaffung eines einheitlichen Menschenrechtsstandards zu fördern. Das kann angesichts der Heterogenität der Mitgliedstaaten nur ein Minimalstandard sein[93].

Dieses Ziel eines einheitlichen Standards wurde in den Europarat-Staaten im wesentlichen schon erreicht, so daß das Anliegen nun die Wahrung des Menschenrechtsschutzes im Einzelfall ist. Das hierzu entwickelte Verfahren der Individualbeschwerde ist eine im Völkerrecht insoweit bemerkenswerte Innovation, als Staaten konkret belastet und für genau nachweisbare Verhaltensweisen verantwortlich gemacht werden können, so daß Ausflüchte politischer Art kaum möglich sind[94].

Die Effektivität dieses Menschenrechtssystems geht also weit über die der anderen Kodifikationen hinaus.

---

87 *Ritterband*, Universeller Menschenrechtsschutz, S. 543 f.

88 Dazu im einzelnen *Buergenthal*, International Human Rights, S. 175; *Much*, EA 43 (1988/1), S. 17, 23.

89 *Buergenthal*, International Human Rights, S. 176; *Kodjo*, EuGRZ 1990, 306, 308.

90 Art. 17 Abs. 3, 18 Abs. 2 AChRMV.

91 *Benedek*, EuGRZ 1990, 340, 341, spricht von möglichen Einfallstoren in das Schutzsystem der Afrikanischen Charta. Ebenso *Buergenthal*, International Human Rights, S. 179.

92 *Buergenthal*, International Human Rights, S. 186 f.; *Much*, EA 43 (1988/1), S. 17, 24.

93 Betroffen werden davon nur sog. „gross and systematic violations", *Ritterband*, Universeller Menschenrechtsschutz, S. 516.

94 Vgl. *Kokott*, Das interamerikanische System, S. 55.

B. Systematik der EMRK

Trotz der günstigen Voraussetzungen des Menschenrechtsschutzes im europäischen Raum sind seiner Wirksamkeit Grenzen gesetzt, die nicht erst bei der verfahrensrechtlichen Ausgestaltung der Durchsetzungsinstrumentarien, sondern bereits bei der Beschreibung der Rechte und insbesondere der Eingriffsmöglichkeiten sichtbar werden.

I. Positive Menschenrechtsgewährleistungen

Die in der EMRK einschließlich ihrer Zusatzprotokolle verbürgten Rechte lassen sich danach systematisieren, inwieweit ihr Schutzumfang von der Konvention selbst eindeutig festgelegt ist bzw. der Konkretisierung durch den nationalen Gesetzgeber oder Rechtsanwender bedarf. Hierbei zeigt sich, daß die am Anfang der EMRK in den Art. 2–7 aufgeführten Rechte sowie das in Art. 3 ZP genannte staatsbürgerliche Recht den Umfang der Schutzbereiche im wesentlichen relativ präzise beschreiben und damit den nationalen Regelungsspielraum stärker begrenzen, während die übrigen Rechte, also Art. 8–12 EMRK, Art. 1 und 2 S. 2 ZP sowie Art. 2–4 4. ZP durch ihre überwiegend abstrakte Fassung einen weiteren Spielraum gewähren[95], wenn auch die Aussagekraft einer solchen Einteilung hinsichtlich der verbleibenden Souveränität durch den Umstand geschwächt wird, daß eine Reihe von Freiheitsrechten aus der Natur der Sache heraus schwierig zu präzisieren sind, insbesondere dann, wenn sie dem Einzelnen eine ganze Bandbreite unterschiedlicher Ausübungsmodalitäten sichern.

II. Beschränkungsbefugnisse

Weniger unsicher ist eine Systematisierung der den Vertragsstaaten belassenen Beschränkungsbefugnisse[96].

Die EMRK enthält keinen Generalvorbehalt für alle Konventionsrechte. Vielmehr stehen die einzelnen Rechte – soweit nicht vorbehaltslos gewährleistet – jeweils unter besonderen Schrankenvorbehalten. Ebenso wie bei den

---

[95] Z.T. abweichend *Hoffmann-Remy*, Die Möglichkeiten der Grundrechtseinschränkung, S. 24. Eine Sonderstellung nimmt die Rechtsschutzgarantie in Art. 13 EMRK ein, die wegen ihres akzessorischen Charakters nicht näher behandelt werden soll.

[96] Die allgemeinen Beschränkungsbefugnisse in Art. 15 Abs. 1 und 64 EMRK wurden oben bereits angesprochen.

Schutzbereichen kann auch hier eine Systematisierung danach erfolgen, wie konkret die Vorgaben für Eingriffe durch die Vertragsstaaten gefaßt sind.

Dabei ist erkennbar, daß auch hinsichtlich der Eingriffsmöglichkeiten bei den Rechten aus Art. 2–7 EMRK, Art. 3 ZP ebenso wie bei den Schutzbereichen dieser Rechte die Tendenz besteht, den nationalen Entscheidungsspielraum zu begrenzen. Demgegenüber sind den übrigen Rechten Vorbehalte hinzugefügt[97], die, wenn auch in unterschiedlichem Ausmaß, ebenso wie die Schutzbereiche relativ souveränitätsfreundlich ausgestaltet sind.

1. Art. 2–7 EMRK, Art. 3 ZP

Für die Rechte aus Art. 3, 4 und 6 Abs. 3 EMRK sowie das Wahlrecht aus Art. 3 ZP sieht die Konvention keine Möglichkeit einer Beschränkung vor; diese Rechte sind vorbehaltslos gewährleistet[98].

Die Vorbehalte in Art. 2 und 5 EMRK bezeichnen in kasuistischer Weise die Tatbestände, die einen Eingriff in das Recht auf Leben oder auf Freiheit rechtfertigen. Gleiches gilt für Art. 6 Abs. 1 EMRK[99]. Auch hinsichtlich dieser Rechte haben also die Mitgliedstaaten keine generell-abstrakte Einschränkungsmöglichkeit, sondern müssen in jedem Einzelfall die Voraussetzungen, die die Konvention an einen Eingriff knüpft, auf ihr Vorliegen untersuchen.

Art. 7 EMRK nimmt insofern eine Sonderstellung ein, als er in Abs. 2 mit der Formulierung „the general principles of law recognized by civilized nations“[100] den Staaten einen weiten Spielraum bei der Beschränkung dieses Rechts einzuräumen scheint. Die Entstehungsgeschichte belegt demgegenüber jedoch, daß das Verbot der Rückwirkung von Strafgesetzen sich lediglich

---

[97] Eine Ausnahme bilden Art. 3 und 4 4. ZP, die schrankenlos gewährleistet sind.

[98] Anderer Ansicht hinsichtlich Art. 4 Abs. 2 EMRK ist *Guradze*, Die Europäische Menschenrechtskonvention, S. 24, der Abs. 3 dieser Vorschrift als „ausdrückliche, unmittelbare Schranke“ des Rechtes aus Art. 4 Abs. 2 EMRK ansieht. Art. 4 Abs. 3 EMRK ist jedoch seinem Wortlaut nach („... the term ‘forced or compulsary labour’ shall not include ...“ bzw. „N’est pas considéré ...“) lediglich eine Negativdefinition des Begriffs „Zwangs- oder Pflichtarbeit“ und bestimmt damit die Grenze des Schutzbereichs von Art. 4 Abs. 2 EMRK, nicht aber die Grenze staatlicher Regelungsfreiheit hinsichtlich eines bereits feststehenden Schutzbereichs. Eine andere Frage ist, inwieweit diese Rechte durch eine Begrenzung der Geltung der EMRK abbedungen werden können. Mittel dazu stellen Art. 15 und 64 EMRK zur Verfügung.

[99] Ebenso *Hoffmann-Remy*, Die Möglichkeiten der Grundrechtseinschränkung, S. 26, der darauf hinweist, daß Art. 6 Abs. 1 EMRK nur Individualmaßnahmen, nämlich die des Ausschlusses der Öffentlichkeit von Gerichtsverhandlungen, betrifft.

[100] Die französische Fassung lautet: „... les principes généraux de droit reconnus par les nations civilisées“.

nicht auf solche Gesetze beziehen sollte, die am Ende des Zweiten Weltkrieges zur Sanktion von Kriegsverbrechen, Verrat und Zusammenarbeit mit dem Feind erlassen worden sind[101]. Damit betrifft Art. 7 Abs. 2 EMRK einen tatbestandlich so eng umrissenen Bereich, daß die staatliche Regelungskompetenz ebenso zurückgedrängt ist wie bei den vorher genannten Rechten aus Art. 2, 5 und 6 Abs. 1 EMRK[102].

2. Art. 8–12 EMRK, Art. 1 und 2 S. 2 ZP, Art. 2–4 4. ZP

Art. 3 und 4 4. ZP sind vorbehaltlos gewährleistet. Eine Rechtfertigung von Eingriffen ist bei allen anderen Rechten dieser Gruppe vom Vorliegen eines Gesetzes abhängig, was den Vertragsstaaten zumindest erlaubt, ihre Ausübung generell-abstrakten Schranken zu unterwerfen.

a) Gesetz

Bei Art. 12 EMRK und Art. 1 ZP ist das Vorliegen eines Gesetzes im wesentlichen die einzige Voraussetzung für eine Einschränkung. Art. 12 EMRK enthält sogar dadurch, daß den Mitgliedstaaten sowohl die Bestimmung des Heiratsalters als auch die Regelung der Ausübung des Rechts verbleibt, eine doppelte Verweisung auf das innerstaatliche Recht[103].

Bei Art. 1 ZP kommt zu der Voraussetzung eines Gesetzes zwar noch hinzu, daß das öffentliche Interesse den Entzug des Eigentums verlangen muß, diese Bedingung ist jedoch wegen ihrer unbestimmten und weiten Fassung von nur untergeordneter Bedeutung[104].

Eine Erklärung für diesen sehr weiten nationalen Beurteilungsspielraum könnte bei Art. 12 EMRK darin gesehen werden, daß es sich bei dem Recht auf Ehe und Familie um eine Materie handelt, die in besonderem Maße durch regional unterschiedliche Traditionen geprägt ist. Die Besonderheit der

---

[101] *Frowein*, in: *Frowein/Peukert*, EMRK-Kommentar, Art. 7, Rn. 8. Kritisch *Partsch*, Die Rechte und Freiheiten der europäischen Menschenrechtskonvention, S. 173.

[102] So auch *Hoffmann-Remy*, Die Möglichkeiten der Grundrechtseinschränkung, S. 25.

[103] Die nationale Regelungskompetenz ist im Bereich des Art. 12 EMRK so großzügig bemessen, daß man schon am Vorbehaltscharakter der Hinweise auf das Gesetz zweifeln könnte, *Guradze*, Die Europäische Menschenrechtskonvention, S. 25. Einen Vorbehalt bejahend *Hornyik*, in: Ermacora/Nowak/Tretter, Europäische Menschenrechtskonvention, S. 519, und *Partsch*, Die Rechte und Freiheiten der europäischen Menschenrechtskonvention, S. 213 FN 719.

[104] *Kucsko-Stadlmayer*, in: *Ermacora/Nowak/Tretter*, Europäische Menschenrechtskonvention, S. 622.

Eigentumsgarantie besteht in der Bedeutung des Eigentums für die Erfüllung gesamtgesellschaftlicher Belange[105]. Insoweit zieht die Ausübung des Rechtes aus Art. 1 Abs. 1 ZP viel weitere Kreise, als das beispielsweise bei dem Recht auf Achtung der privaten Sphäre in Art. 8 Abs. 1 EMRK der Fall ist.

b) Zweckrichtung des Eingriffs

Bei Art. 8–11 EMRK und Art. 2 4. ZP genügt allein der Umstand, daß ein Eingriff in den betreffenden Freiheitsbereich auf einem Gesetz[106] beruht, zur Rechtfertigung desselben nicht. Hinzukommen muß, daß der Eingriff einen zulässigen, d.h. ausdrücklich genannten Zweck verfolgt und zur Erreichung dieses Zwecks in einer demokratischen Gesellschaft notwendig[107] ist.

Gemäß Art. 18 EMRK sind die Eingriffsgründe jeweils im Anschluß an die Gewährleistung des Freiheitsbereichs abschließend genannt und nicht austauschbar. Sie sind nicht nur auf die Besonderheiten des betreffenden Rechtes abgestimmt[108], sondern berücksichtigen vereinzelt auch Charakteristika der nationalen Rechtsordnung. Als Beispiel dafür sei der Eingriffszweck der Wahrung des Ansehens und der Unparteilichkeit der Rechtsprechung in Art. 10 Abs. 2 EMRK genannt. Er dient allein der Rechtfertigung solcher Eingriffe, die auf der Anwendung des angelsächsischen Rechtsinstituts des „contempt of court" beruhen, das in den Rechtsordnungen der anderen Mitgliedstaaten keine Entsprechung findet[109].

---

[105] *Kucsko-Stadlmayer*, ebd., S. 622.

[106] Die englische Fassung spricht in Art. 8 Abs. 2 EMRK und Art. 2 Abs. 3 4. ZP von „in accordance with law", in Art. 9 bis 11 Abs. 2 EMRK von „prescribed by law" und in Art. 1 Abs. 1 ZP von „provided by law". Die französische Fassung lautet durchweg „prévue par la loi".

[107] Die Abweichung der deutschen Übersetzung in Art. 10 Abs. 2 EMRK, in der von der „Unentbehrlichkeit" statt von „Notwendigkeit" des Eingriffs die Rede ist, ist unbeachtlich. Die verbindliche englische und französische Fassung verwendet in den Art. 8 bis 11 Abs. 2 EMRK, Art. 2 4. ZP übereinstimmend den Begriff „necessary" bzw. „nécessaire(s)". Vgl. dazu *Nowak*, in: *Ermacora / Nowak / Tretter*, Europäische Menschenrechtskonvention, S. 480.

[108] Z.B. der Schutz des guten Rufes oder der Rechte anderer, um die Verbreitung von vertraulichen Nachrichten zu verhindern als Motiv für einen Eingriff in Art. 10 EMRK. Vgl. dazu auch *Hoffmann-Remy*, Die Möglichkeiten der Grundrechtseinschränkung, S. 29 f.

[109] GH, Fall Sunday Times, Serie A, Nr. 30, Ziff. 60; *Frowein*, in: *Frowein / Peukert*, EMRK-Kommentar, Art. 10, Rn. 35.

c) Notwendigkeit

Was die dritte, objektive Voraussetzung für die Rechtfertigung eines Eingriffs in einen Schutzbereich der Art. 8– 11 EMRK, Art. 2 4. ZP, die Notwendigkeit der Maßnahme, betrifft, so ist darunter, ohne daß an dieser Stelle eine genauere Interpretation vorgenommen werden soll, die Verhältnismäßigkeit des Eingriffs zu dem angestrebten Zweck zu verstehen[110].

d) Demokratische Gesellschaft

Schwierigkeiten bereitet die systematische Einordnung des in die Vorbehalte eingefügten Hinweises auf die Prinzipien einer demokratischen Gesellschaft.

Grammatikalisch sind die Worte „in einer demokratischen Gesellschaft" jeweils im zweiten Absatz der o.g. Artikel dem Begriff Notwendigkeit zugeordnet[111]. Besonders deutlich kommt das in Art. 9 Abs. 2 EMRK zum Ausdruck, der nur solche vom Gesetz vorgesehenen Beschränkungen gestattet, die „in einer demokratischen Gesellschaft notwendige Maßnahmen" zum Schutz bestimmter Rechtsgüter sind[112].

Das bedeutet, daß sich das Ergebnis der im Rahmen der Prüfung der Notwendigkeit vorzunehmenden Zweck-Mittel-Relation im Einklang mit den Prinzipien einer demokratischen Gesellschaft befinden muß.

Hinsichtlich der z.T. weiten und konkretisierungsbedürftigen Eingriffszwecke hat das zur Folge, daß durch eine Beschränkung keine Werte verteidigt werden dürfen, die dem Leitbild der demokratischen Gesellschaft nicht entsprechen[113]. Ebenso wird die Auswahl derjenigen Mittel, die in die Zweck-Mittel-Relation zur Beurteilung der Notwendigkeit eines Eingriffs eingestellt werden, begrenzt. Die Beschränkung des betreffenden Konventionsrechts ist dadurch zusätzlich legitimiert, indem die Anforderungen an die Notwendigkeit des Eingriffs und damit zugleich an Eingriffszweck und Mittel dem übergeordneten Leitbild der „demokratischen Gesellschaft" unterstellt werden.

---

[110] GH, Fall Olsson, Serie A, Nr. 130, Ziff. 67; GH, Fall Dudgeon, Serie A, Nr. 45, Ziff. 53; *Frowein*, in: *Frowein/Peukert*, EMRK-Kommentar, Vorbemerkungen zu Art. 8 bis 11, Rn. 15; *Hoffmann-Remy*, Die Möglichkeiten der Grundrechtseinschränkung, S. 36; *Nowak*, CCPR-Kommentar, Art. 21, Rn. 20; *Partsch*, Die Rechte und Freiheiten der europäischen Menschenrechtskonvention, S. 182.

[111] GH, Fall Dudgeon, Serie A, Nr. 45, Ziff. 53.

[112] Eine ähnliche Formulierung findet sich in Art. 29 Ziff. 2 AEMR und in Art. 21 IPbürgR.

[113] Ähnlich *Hoffmann-Remy*, Die Möglichkeiten der Grundrechtseinschränkung, S. 63.

Nach dem Gesagten ist daher dieser Zusatz nicht als eigenständige, vierte Rechtfertigungsvoraussetzung neben Gesetz, Zweck und Notwendigkeit in Ansatz zu bringen[114], sondern lediglich im Rahmen der zweiten und dritten Voraussetzung zu berücksichtigen.

Das bedeutet freilich nicht, daß eine solche Legitimation für die wichtige Schranke des Gesetzes überhaupt nicht besteht. Jedoch muß sie sich nicht zwingend aus der Formulierung „in einer demokratischen Gesellschaft" in Art. 8–11 Abs. 2 EMRK, 2 4. ZP ergeben. Hinweise auf die übergreifende Bedeutung des Gedankens der demokratischen Gesellschaft finden sich in Abs. 4 der Präambel der EMRK sowie in Abs. 2 der Präambel der Satzung des Europarates. Über diesen Umweg der systematischen Auslegung könnte also eine zusätzliche Legitimation auch für den Gesetzesbegriff erreicht werden.

3. Bedeutung und Hintergrund

Es kann festgehalten werden, daß die Rechte in Art. 2–7 EMRK, Art. 3 ZP tatbestandlich überwiegend konkret gefaßt sind und damit die Verpflichtungen der Mitgliedstaaten klar bezeichnen. Darüber hinaus ist die Befugnis zur Einschränkung dieser Rechte stark zurückgedrängt, indem sie vorbehaltslos gewährleistet oder mit präzisen, teils kasuistischen Eingriffsbedingungen versehen sind. Darin zeigt sich, daß hier die Grenze zwischen Souveränität und Menschenrechtsschutz wenigstens formal zu Lasten der Souveränität gezogen wird. Die genannten Rechte bilden dadurch einen nahezu unantastbaren Kernbereich individueller Freiheiten.

Ein Grund für die Zurückdrängung der Souveränität einerseits und die Effektuierung des Menschenrechtsschutzes andererseits ergibt sich aus der Na-

---

[114] Etwas anderes ergibt sich auch nicht aus Art. 3 des Entwurfs der Europäischen Bewegung, der lautet: „Les droits spécifiés aux articles 1 et 2 ne pourront avoir comme limitations que celles conformes aux principes généraux de droit reconnus par les nations civilisées *et* prescrites par la loi en vue: a) du maintien des droits légaux d'autrui; b) de la satisfaction des justes exigences de la moralité, de l'ordre public (y compris la sécurité publique) et du bien-être général" (zit. nach *Vasak*, La Convention Européenne, S. 67). Zwar kann man davon ausgehen, daß der Ausdruck „in einer demokratischen Gesellschaft" in den o.g. Vorbehalten der EMRK den Hinweis auf die „allgemeinen, von den zivilisierten Nationen anerkannten Rechtsprinzipien" in Art. 3 des Entwurfs ersetzt hat. Es bleibt jedoch der Unterschied, daß der betreffende Passus in Art. 3 des Entwurfs durch das Bindewort „et" eindeutig als selbständige Rechtfertigungsvoraussetzung formuliert wurde, was bei den Vorbehalten der EMRK nicht der Fall ist. Insofern zweideutig *Hoffmann-Remy*, Die Möglichkeiten der Grundrechtseinschränkung, S. 57, 68, 80 f.; *Nowak*, CCPR-Kommentar, Art. 21 Rn. 21.

tur ebendieser Rechte[115]. Den Art. 2–5 EMRK ist gemeinsam, daß eine Betätigung der in ihnen gewährleisteten Freiheiten nicht möglich ist. Eine Person kann leben und sich ihrer körperlichen Unversehrtheit sowie des Umstandes erfreuen, daß sie weder festgenommen noch inhaftiert ist, eine darüber hinausgehende aktive Ausübung kommt jedoch schon begriffslogisch nicht in Betracht. Damit entfallen nicht nur solche Konflikte mit anderen Individualrechten oder öffentlichen Belangen, die aus der aktiven Wahrnehmung einer Rechtsposition, wie sie beispielsweise Art. 8 EMRK enthält, resultieren können, es besteht in dieser Hinsicht i.d.R. auch keine Veranlassung der Mitgliedstaaten, den Schutzumfang zu verkürzen oder das Rechtsgut Eingriffen auszusetzen. Demnach kann insoweit von einer echten Souveränitätseinbuße aufgrund der präzisen Formulierung nicht die Rede sein. Die verbleibende Anzahl derjenigen Sachverhalte, die einen legitimen Eingriff rechtfertigen, ist mithin überschaubar, so daß unter Berücksichtigung der elementaren Bedeutung dieser Rechtsgüter für den Einzelnen eine Einigung auf diese Beschränkung der nationalen Regelungskompetenz erzielt werden konnte.

Völlig anders verhält es sich dagegen bei den Rechten aus Art. 8–12 EMRK, Art. 1 und 2 S. 2 ZP sowie Art. 2–4 4. ZP. Sie sind für den Einzelnen überhaupt erst dann von Nutzen, wenn er sie, wie etwa das Recht auf freie Meinungsäußerung in Art. 10 Abs. 1 EMRK, durch eine positive Handlung wahrnimmt. Die darin schon angelegten Kollisionsmöglichkeiten mit rechtlich geschützen Interessen, etwa der Moral[116] oder des Ansehens und der Unparteilichkeit der Rechtsprechung[117] in Art. 10 Abs. 2 EMRK, ließen sich durch kasuistische Vorbehalte nur lückenhaft bewältigen. Der Regelungsspielraum, den die Konvention den Einzelstaaten beläßt, muß daher so bemessen sein, daß diese Sachverhalte erfaßt werden können. Das wiederum erklärt einerseits, daß die Schutzbereiche überwiegend offener formuliert sind, andererseits begründet es, warum die Vertragsstaaten bei diesen Rechten weitergehende Eingriffsbefugnisse haben.

---

[115] Ähnlich, auf einen sozialen Bezug der Rechte abstellend, *Hoffmann-Remy*, Die Möglichkeiten der Grundrechtseinschränkung, S. 25.

[116] GH, Fall Handyside, Serie A, Nr. 24, Ziff. 48.

[117] GH, Fall Sunday Times, Serie A, Nr. 30, Ziff. 60.

Zweiter Teil

Auslegungsregeln

Über die Vertragsauslegung im Völkerrecht bestanden in der völkerrechtlichen Literatur seit jeher unterschiedliche Auffassungen. Das umso mehr, als zwischen innerstaatlichen Rechtssätzen und zwischenstaatlichen Vereinbarungen sowie auch zwischenstaatlichen Vereinbarungen untereinander tiefgreifende Unterschiede hinsichtlich der Art und Weise eines Vertragsabschlusses und der Regelungsgegenstände bestehen, so daß sich Auslegungsmaximen des staatlichen Rechts nicht ohne weiteres übertragen lassen, und im übrigen solche Auslegungsmaximen entweder nicht vorliegen oder ein diesbezüglicher Konsens unter den Vertragsstaaten fehlt.

Ohne dem im einzelnen nachzugehen[1], sollen die in dieser Arbeit verwendeten methodologischen Instrumentarien insoweit erläutert werden, als sie die besonderen Interpretationsprobleme, die aus der Anwendung der EMRK resultieren, betreffen.

Ein Hilfsmittel zur Auffindung solcher Instrumentarien stellt das Wiener Übereinkommen über das Recht der Verträge vom 23.5.1969 (Wiener Vertragsrechtskonvention – WVK) dar, das in seinem 3. Abschnitt (Art. 31–33) Vereinbarungen über die Auslegung von Verträgen enthält. Zwar findet das Übereinkommen gem. Art. 4 WVK nur auf solche Verträge Anwendung, die nach seinem Inkrafttreten am 27.1.1980 geschlossen wurden, es gilt also unmittelbar nicht für die Auslegung der EMRK. Darüber hinaus soll die Konvention gem. Art. 5 WVK für Verträge, die wie die EMRK innerhalb einer internationalen Organisation abgeschlossen worden sind, nur insoweit gelten, als nicht innerhalb der Organisation anderslautende Vertragsregeln angewendet werden. Gleichwohl kann die WVK jedenfalls insoweit herangezogen werden, als die in ihr enthaltenen allgemeinen Auslegungsregeln allgemein anerkannte Rechtssätze des Völkerrechts darstellen[2]. Dafür spricht nicht nur der gelegentliche Hinweis der EMRK auf die Beachtlichkeit solcher Grund-

---

[1] Vgl. dazu *Bernhardt*, Die Auslegung völkerrechtlicher Verträge, 1963.

[2] GH, Fall Golder, Serie A, Nr. 18, Ziff. 29; GH, Fall James u.a., Serie A, Nr. 98, S. 9 ff., Ziff. 42 u. 64; GH, Fall Lithgow u.a., Serie A, Nr. 102, Ziff. 114; *Frowein*, in: *Frowein/Peukert*, EMRK-Kommentar, Präambel, Rn. 5; *Brändle*, Vorbehalte und auslegende Erklärungen, S. 1.

sätze[3], sondern auch der Umstand, daß die Mehrzahl der Signatarstaaten der EMRK auch die WVK ratifiziert hat[4].

A. Gegenstand der Auslegung

Verträge sind für gewöhnlich nach Treu und Glauben unter Berücksichtigung des wahren Parteiwillens auszulegen. Der Grund für die Maßgeblichkeit des Parteiwillens liegt darin, daß die getroffenen Vereinbarungen regelmäßig nur die Vertragschließenden berechtigen und verpflichten. Gesichtspunkte des Vertrauensschutzes, der Vorhersehbarkeit und der Meßbarkeit bestimmter Verhaltensweisen werden dadurch nicht berührt.

Etwas anderes gilt für die Auslegung völkerrechtlicher Verträge im allgemeinen[5] und für die Auslegung der EMRK im besonderen. Denn durch die EMRK werden nicht nur völkerrechtliche Pflichten der vertragschließenden Parteien untereinander begründet, sondern auch Rechtsbeziehungen zu außerhalb stehenden und am Vertragschluß nicht unmittelbar beteiligten Rechtssubjekten gestaltet. Dadurch, daß die EMRK nicht nur den Rechtskreis des Einzelnen durch die Gewährleistung von materiellen und prozessualen Rechten erweitert, sondern auch Eingriffsvoraussetzungen regelt, erhalten Kriterien der Rechtssicherheit ein ungleich größeres Gewicht. Aus diesem Grund kann Gegenstand der Auslegung allein der Vertragstext sein, nicht aber die Ermittlung des wahren Parteiwillens. Denn im streitigen Einzelfall wird der Inhalt des Parteiwillens mangels hinreichender Nachweisbarkeit immer kontrovers diskutiert werden können.

Maßgeblich ist nur die völkerrechtlich verbindliche Fassung des Vertragstextes. Das ergibt sich für die EMRK und die Zusatzprotokolle aus der jeweiligen Schlußklausel.

---

[3] Z.B. Art. 26 EMRK.

[4] Die WVK ist für Liechtenstein am 10.3.1990, für die Schweiz am 6.6.1990 in Kraft getreten, BGBl. 1992 II, Fundstellennachweis B, S. 406. Für Dänemark, Finnland, Griechenland, Italien, Österreich, Schweden, Spanien, Vereinigtes Königreich und Zypern ist die WVK am 27.1.1980 in Kraft getreten, für die Niederlande am 9.5.1985 und für die Bundesrepublik Deutschland am 20.8.1987, BGBl. 1987 II S. 757 f.

[5] *Bernhardt*, Die Auslegung völkerrechtlicher Verträge, S. 31.

B. Reichweite der Auslegung

Ziel der EMRK ist es, eine einheitliche europäische Menschenrechtsordnung zu schaffen[6]. Man könnte daher annehmen, dieses Ziel werde nur dann gefördert, wenn die Auslegung als Mittel eingesetzt wird, um jeweils den vollen Inhalt eines Konventionsbegriffs zu definieren. Nationale Beurteilungsspielräume bei der Auslegung bestünden danach nicht. Auf der anderen Seite hat der Gerichtshof mehrfach betont, die europäischen Menschenrechtsorgane hätten nicht die Aufgabe, sich an die Stelle der jeweiligen nationalen Instanzen zu setzen. Der Menschenrechtsschutz sei primär Aufgabe der Einzelstaaten. Diese hätten demnach einen nicht weiter überprüfbaren Spielraum bei der Auslegung von Konventionsbegriffen[7].

Ein nicht nachprüfbarer Beurteilungsspielraum hat zur Folge, daß die Vertragsstaaten den Inhalt der Konvention in diesem Bereich nach ihrem freien Willen bestimmen könnten. Ein solcher Rückzug auf innerstaatliche Standards mit der Folge, daß die EMRK insoweit überhaupt keinen Maßstab für die Prüfung der Konventionsmäßigkeit enthielte, schien sich im Urteil des Gerichtshofes im Fall Handyside abzuzeichnen[8], in dem es verallgemeinert um die Frage ging, ob die Sicherstellung von Druckerzeugnissen zum Schutz der Moral notwendig war[9]. Der Gerichtshof hat diese Frage im Sinne der innerstaatlichen Moralvorstellung im Vereinigten Königreich beantwortet. Er hat dazu ausgeführt, daß jeder der Vertragsstaaten für sich seine Einstellung im Lichte der in seinem Gebiet bestehenden Gegebenheiten festgelegt habe. Dabei hätten die Vertragsstaaten insbesondere auf die unterschiedlichen Standpunkte Bedacht genommen, die dort hinsichtlich der Erfordernisse des Schutzes der Moral in einer demokratischen Gesellschaft vorherrschten[10].

Dieser Standpunkt wurde später in der Entscheidung im Fall Dudgeon relativiert[11]. Auch dort war Gegenstand des Verfahrens die Festlegung von Anforderungen an den Moralbegriff. Im Gegensatz zu seinem Handyside-Urteil kam der Gerichtshof hier jedoch zu dem Ergebnis, die angegriffene Maßnahme sei nicht zum Schutz der Moral erforderlich. Er ging zwar ebenfalls davon aus, die Anforderungen an den Schutz der Moral müßten sich an den

[6] *Hailbronner*, in: FS-Mosler, S. 375.

[7] GH, Fall Sunday Times, Serie A, Nr. 30, Ziff. 59; GH, Fall Winterwerp, Serie A, Nr. 33, Ziff. 45; GH, Fall Dudgeon, Serie A, Nr. 45, Ziff. 56; GH, Fall Hadjianastassiou, Serie A, Nr. 252, Ziff. 42.

[8] Kritisch zu diesem Urteil: *Ermacora*, EuGRZ 1977, 363.

[9] GH, Fall Handyside, Serie A, Nr. 24.

[10] Vgl. GH, Fall Handyside, Serie A, Nr. 24, Ziff. 57.

[11] GH, Fall Dudgeon, Serie A, Nr. 45, Ziff. 56.

jeweiligen nationalen Anschauungen orientieren[12], führte dann aber aus, dies gelte nur nach Maßgabe eines unter den übrigen Mitgliedstaaten gefundenen Nenners[13].

Der Gerichtshof gab damit für die Definition wenigstens einen Rahmen vor, der bei der ausfüllenden Beurteilung durch die Mitgliedstaaten zu beachten ist. Ein absoluter Beurteilungsspielraum besteht nach der Rechtsprechung des Gerichtshofes also nicht. Seine Einräumung erscheint auch aufgrund der o.g. Funktion der EMRK nicht vertretbar.

Welchen Grenzen der Beurteilungsspielraum darüber hinaus unterliegt, läßt sich nicht für alle Konventionsbegriffe einheitlich beantworten[14]. Denn die Einräumung solcher Spielräume hat je nach dem auszulegenden Begriff unterschiedliche Konsequenzen für die Wirksamkeit der Konvention. Im Interesse größtmöglicher Effektivität der EMRK muß jedoch im Grundsatz gelten, Beurteilungsspielräume möglichst eng zu fassen bzw. nur dort zuzulassen, wo ein Bedürfnis dafür nachgewiesen werden kann. Das ist umso eher dann der Fall, je stärker die Bedeutung des auszulegenden Begriffs von regional verschiedenen oder dem Wandel unterworfenen gesellschaftlichen Anschauungen beeinflußt wird, wie der Gerichtshof am Paradebeispiel des Moralbegriffs nachgewiesen hat. Je objektiver und damit unabhängiger von gesellschaftlichen Variablen der Begriff ist, desto geringer ist die Notwendigkeit, Beurteilungsspielräume zuzulassen[15].

Darüber hinaus sind Beurteilungsspielräume dort erforderlich, wo die Konkretisierung eines Konventionsbegriffs von der Einschätzung bestimmter gesellschaftlicher oder politischer Zustände abhängt. Das ist insbesondere bei der Beurteilung der Fall, ob eine Maßnahme zum Schutz bestimmter Rechtsgüter erforderlich ist[16].

Soweit also besondere Umstände für das Bestehen von Beurteilungsspielräumen nicht gegeben sind, ist bei der Definition von Konventionsbegriffen nach einem europäischen Standard zu suchen.

---

[12] GH, Fall Dudgeon, Serie A, Nr. 45, Ziff. 56.

[13] GH, Fall Dudgeon, Serie A, Nr. 45, Ziff. 60.

[14] Vgl. GH, Fall Dudgeon, Serie A, Nr. 45, Ziff. 52.

[15] GH, Fall Sunday Times, Serie A, Nr. 30, Ziff. 59.

[16] GH, Fall Dudgeon, Serie A, Nr. 45, Ziff. 51.

C. Erkenntnisquellen außerhalb des Vertragstextes

Zur Ermittlung eines solchen europäischen Standards steht eine Vielzahl von Instrumentarien zur Verfügung.

Neben dem Text der EMRK selbst kommen zunächst sowohl andere völkerrechtliche Kodifikationen als auch die rechtlichen Verfassungen der Mitgliedstaaten, also der rechtliche Kontext im weiteren Sinn, in Betracht[17]. Daß ihre Berücksichtigung bei der Auslegung nicht von vornherein ausgeschlossen ist, ergibt sich bereits aus der Präambel der EMRK, die den Vertrag ausdrücklich in den größeren Zusammenhang des universellen Menschenrechtsschutzsystems der Vereinten Nationen, insbesondere der Universellen Erklärung der Menschenrechte einstellt, die aber andererseits auch die Wahrung der demokratischen Regime der Mitgliedstaaten aufgibt. Sie wird bestätigt durch die Rechtsprechung des Gerichtshofes, der bei der Auslegung von Konventionsbegriffen ebenfalls auf außerhalb der EMRK liegende Völkerrechtsnormen[18] wie auch auf nationale Rechtsordnungen[19] Bezug genommen hat.

Im Rahmen des rechtlichen Kontextes können darüber hinaus auch die Rechtsordnungen anderer Demokratien als der Europaratstaaten sowie die dortige Rechtsprechung Bedeutung gewinnen[20].

Neben dem rechtlichen Kontext steht als weiterer Anknüpfungspunkt für eine Auslegung die den Vertrag umgebende Lebensordnung, die Anhaltspunkte für die Akzeptanz eines Auslegungsergebnisses und damit für die Effektivität des europäischen Menschenrechtsschutzes liefern kann[21].

Eine historische Dimension der Auslegungsinstrumentarien wird durch den Hinweis der Präambel der EMRK auf ein gemeinsames Erbe an geistigen Gütern und politischen Überlieferungen erschlossen, so daß es legitim erscheint, auch die Rechtstraditionen der Mitgliedstaaten heranzuziehen[22].

---

[17] *Hailbronner*, in: FS-Mosler, S. 375, S. 378.

[18] Vgl. GH, Fall Marckx, Serie A, Nr. 31, Ziff. 41; GH, Fall Müller u.a., Serie A, Nr. 133, Ziff. 27.

[19] GH, Fall Handyside, Serie A, Nr. 24, Ziff. 53; GH, Fall König, Serie A, Nr. 27, Ziff. 89; GH, Fall Klass u.a., Serie A, Nr. 28, Ziff. 58; GH, Fall Sunday Times, Serie A, Nr. 30, Ziff. 61; GH, Fall James u.a., Serie A, Nr. 98, Ziff. 40.

[20] GH, Fall James u.a., Serie A, Nr. 98, Ziff. 40; GH, Fall Barthold, Concurring Opinion of Judge Pettiti, Serie A, Nr. 90, S. 31 f.

[21] GH, Fall Marckx, Serie A, Nr. 31, Ziff. 41; Bericht der Kommission im Fall Hamer vom 10.7.1980 Nr. 7114/75, EuGRZ 1982, 531; GH, Fall Dudgeon, Serie A, Nr. 45, Ziff. 56; *Bernhardt*, Die Auslegung völkerrechtlicher Verträge, S. 163.

[22] GH, Fall Klass u.a., Serie B, Nr. 26, S. 37, Ziff. 58; GH, Fall Dudgeon, Serie A, Nr. 45, Ziff. 56; GH, Fall Sunday Times, Serie A, Nr. 30, Ziff. 61.

Auch die Rechtsprechung des Gerichtshofes und die Entscheidungen der Europäischen Kommission für Menschenrechte kommen als Erkenntnisquellen für die Ermittlung der Bedeutung eines Konventionsbegriffs in Betracht. Beide Stellen sind dort tätig, wo die normative Verfassung der EMRK mit einem konkreten Lebenssachverhalt in Berührung kommt. Insofern leisten sie vor dem Hintergrund, daß zwischen der vertraglichen Vorgabe und der Wirklichkeit eine ständige wechselseitige Beeinflussung stattfindet, den wesentlichen Beitrag zur Harmonisierung beider Verfassungen und beeinflussen dadurch Akzeptanz und Effektivität der EMRK. Darüber hinaus liegt die Heranziehung solcher Akte deshalb nahe, weil Gerichtshof und Kommission, über die bloße Entscheidung eines einzelnen Falles hinausgehend, unter Abstraktion von dessen Besonderheiten Regelbildungen anstreben. Das zeigt sich in zahlreichen Entscheidungen, in denen bei der Auslegung von Konventionsbegriffen auf frühere Entscheidungen Bezug genommen wurde[23]. Diese Vorgehensweise erschwert im Einzelfall den Vorwurf der Willkürlichkeit einer Entscheidung. Sie führt wenigstens auch im Nachhinein zu einer Gleichbehandlung der Adressaten eines Hoheitsaktes. Sie kann deshalb als Nachweis der jetzt geltenden Maßstäbe dienen und zudem Entwicklungstendenzen für die Zukunft aufzeigen. Deshalb liegt es nahe, auch solche Akte als Erkenntnisquellen für die Vertragsauslegung nutzbar zu machen[24].

Die Anwendung der vorstehend genannten Instrumentarien führt, für sich genommen, zu unterschiedlich aussagekräftigen Ergebnissen, je nachdem wie eng die sachliche oder zeitliche Verbindung zur EMRK ist. Berücksichtigt man das, besteht allerdings keine Veranlassung, auf diese Erkenntnisquellen zu verzichten, selbst wenn dadurch auch nicht mehr als zusätzliche, unterstützende Argumente für eine auch auf andere Anhaltspunkte gestützte Auslegung gewonnen werden können.

---

[23] Siehe nur: GH, Fall Engel u.a., Serie A, Nr. 22, Ziff. 81 mit Hinweis auf das Neumeister-Urteil; GH, Fall König, Serie A, Nr. 27, Ziff. 28 mit Hinweis auf das Urteil im Fall Engel; GH, Fall Marckx, Serie A, Nr. 31, Ziff. 31 mit Hinweis auf den Belgischen Sprachenfall; Bericht der Kommission im Fall Hamer vom 10.7.1980, Nr. 7114/75, EuGRZ 1983, 488, 492, mit dem Hinweis auf die Rechtsprechung des Gerichtshofs zu den Rechten von Strafgefangenen; GH, Fall Dudgeon, Serie A, Nr. 45, Ziff. 52 mit Hinweis auf das Sunday Times-Urteil.

[24] *Bernhardt*, Die Auslegung völkerrechtlicher Verträge, S. 50 f.; ähnlich für die Auslegung nationalen Rechts *Müller*, Juristische Methodik und Politisches System, S. 155; *Pieroth*, Rückwirkung und Übergangsrecht, S. 250 ff., 278; allgemein zum Verhältnis der Rechtsprechung zur Wissenschaft *Häberle*, Die Wesensgehaltsgarantie des Art. 19 Abs. 2 Grundgesetz, S. 350, mit dem Hinweis darauf, daß die Verbindlichmachung *einer* Theorie für die Zukunft in einer pluralen Gesellschaft schwerlich den erforderlichen Konsens fände und deshalb verschiedene Theorieelemente pragmatisch bzw. stark einzelfallbezogen integriert werden müßten. Das Werk der (Verfassungs-)Rechtsprechung wirke auf den wissenschaftlichen Prozeß zurück.

Welche Regeln für die Gewichtung aufgestellt werden können und nach welchen Regeln die Bedeutung dieser Quellen zu ermitteln ist, soll im folgenden dargestellt werden.

D. Auslegungsregeln im einzelnen

Die Auslegung völkerrechtlicher Verträge steht in besonderem Maße unter dem Gebot von Treu und Glauben. Das Verbot jeder Arglist und das Gebot, Verträge bona fide auszulegen, sind einhellig anerkannt und können daher als allgemeine Grundsätze des Völkerrechts angesehen werden[25]. Ihre Geltung wird auch von Art. 31 Nr. 1 WVK hervorgehoben. Gleichwohl ist ein Rückgriff auf den Grundsatz von Treu und Glauben in seiner allgemeinen Ausprägung entbehrlich, soweit ihm spezielle Auslegungsregeln schon gerecht werden.

I. Wortlaut

Keines weiteren Nachweises bedarf die Regel, nach der in erster Linie die gewöhnliche Wortbedeutung maßgeblich sein muß. Sie ist ausdrücklich in Art. 31 Nr. 1 WVK genannt und wird auch vom Gerichtshof angewendet[26]. Dabei wird vermutet, daß die Ausdrücke des Vertrages in jedem authentischen Text dieselbe Bedeutung haben, Art. 33 Nr. 3 WVK.

Schwierigkeiten bei der wörtlichen Auslegung eines Konventionsbegriffs ergeben sich allerdings in den Fällen, in denen die authentischen Fassungen voneinander abweichen. Nach der Auffassung des Gerichtshofs ist in diesen Fällen diejenige Auslegung zu wählen, die dem Ziel des Vertrages am nächsten kommt und die am besten geeignet ist, seinen Zweck zu verwirklichen[27]. Diese Auffassung entspricht den Vorgaben des Art. 33 Nr. 4 WVK. Damit wird der Ansicht, bei Textabweichungen gelte das gemeinsame Minimum als das von den Parteien Gewollte[28], eine Absage erteilt, was angesichts des normativen Charakters der EMRK und ihrer Zielsetzung auch keinen Bedenken begegnet[29].

---

[25] *Bernhardt*, Die Auslegung völkerechtlicher Verträge, S. 23 ff.

[26] GH, Fall Lithgow, Serie A, Nr. 102, Ziff. 114.

[27] GH, Fall Wemhoff, Serie A, Nr. 7, Ziff. 8; ebenso: *Hoffmann-Remy*, Die Möglichkeiten der Grundrechtseinschränkung, S. 16.

[28] So *Guradze*, Die Europäische Menschenrechtskonvention, S. 34.

[29] *Hoffmann-Remy*, Die Möglichkeiten der Grundrechtseinschränkung, S. 16.

II. Systematik

Ein Begriff ist so auszulegen, daß er sich widerspruchsfrei in das ihn umgebende System einfügt[30]. Das ist nicht nur eine Grundforderung der Wissenschaft überhaupt[31], sondern die Bedingung eines Rechtssystems schlechthin, die ausdrücklich in Art. 31 Nr. 2 WVK niedergelegt ist, und auch in der Rechtsprechung des Gerichtshofes Beachtung findet[32]. Denn eine systemwidrige Auslegung ist Anzeichen für die Willkürlichkeit des gefundenen Norminhalts. Sie ist nur bei Vorliegen besonderer Gründe gerechtfertigt. Solche Gründe können unmittelbar aus der Norm ersichtlich sein, etwa dann, wenn diese erkennbar als Ausnahmevorschrift konzipiert ist oder sich erst selbst durch Auslegung erschließen.

Ebenso ist die Feststellung eines übergreifenden Prinzips oder eines Normzusammenhangs oft erst durch Auslegung möglich.

1. Systemumfang

Welches Auslegungsergebnis systemgerecht ist, hängt wesentlich davon ab, wie weit man den Systemumfang definiert.

a) Völkerrechtliche Ebene

Als engste vertretbare Eingrenzung erscheint dabei der völkerrechtliche Vertrag, dem der auszulegende Begriff entstammt, hier also die EMRK einschließlich ihrer Präambel und Anlagen. Wie gezeigt, ergeben sich Hinweise auf einen weiteren Systemumfang jedoch bereits aus der EMRK selbst. In Abs. 3 der Präambel wird bekräftigt, daß die Wahrung und Entwicklung der Menschenrechte und Grundfreiheiten in der EMRK eines der Mittel zur Herbeiführung einer größeren Einigkeit unter den Mitgliedern des Europarates ist. Dient aber die EMRK der Verwirklichung der Ziele des Europarates, müssen auch die anderen im Rahmen dieser institutionell verfestigten Gemeinschaft geschlossenen Verträge in das System miteinbezogen werden.

---

[30] *Bernhardt*, Die Auslegung völkerrechtlicher Verträge, S. 81; *Schlehofer*, JuS 1992, 572, 575.

[31] *Canaris*, Systemdenken und Systembegriff, S. 13 ff.; *Larenz*, Methodenlehre der Rechtswissenschaft, S. 165 ff.

[32] GH, Belgischer Sprachenfall, Serie A, Nr. 6, Ziff. 7; GH, Fall Golder, Serie A, Nr. 18, Ziff. 34; GH, Fall Marckx, Serie A, Nr. 31, Ziff. 41; GH, Fall Johnston, Serie A, Nr. 112, Ziff. 57; GH, Fall James u.a., Serie A, Nr. 98, Ziff. 40; GH, Fall König, Serie A, Nr. 27, Ziff. 89; GH, Fall Handyside, Serie A, Nr. 24, Ziff. 53.

Ebenfalls in der Präambel wird der Bezug zu der universellen Allgemeinen Erklärung der Menschenrechte hergestellt, die einen von allen Völkern zu erreichenden gemeinsamen Idealzustand beschreibt. Die EMRK ist daher auch als Beitrag zum universellen Menschenrechtsschutz zu verstehen. Dieser Funktion kann man jedoch nur dann gerecht werden, wenn man bei der Auslegung die Systeme des universellen Menschenrechtsschutzes ebenfalls berücksichtigt. Dabei handelt es sich insbesondere um die UN-Charta, die AEMR, den IPbürgR und den IPwirtR. Ist damit der Zugriff auf überregionale Verträge unter der Maxime eines einheitlichen Menschenrechtsstandards eröffnet, erscheint es nur konsequent, bei der Auslegung der EMRK auch andere regionale Menschenrechtssysteme heranzuziehen[33].

b) Nationale Ebene

Die Einbeziehung der Rechtsordnungen der Mitgliedstaaten in das System der Auslegungsmittel ist dadurch gerechtfertigt, daß die EMRK im Lichte der westlichen Verfassungstradition steht und daß sich die Vertragsstaaten für das gemeinsame westliche Modell des Verfassungsstaates entschieden haben. Das ergibt sich aus der Präambel der EMRK, in der auf das gemeinsame Erbe an geistigen Gütern, politischen Überlieferungen, an Achtung der Freiheit und Vorherrschaft des Gesetzes hingewiesen wird, und die darüber hinaus als Ziel des Vertrages die Herbeiführung einer größeren Einigkeit unter den Europaratstaaten benennt. Diese Anliegen können aber wirksam nur dann verfolgt werden, wenn bei der Auslegung des Vertrages die nationalen Rechtsordnungen herangezogen werden[34], in denen sich u.U. vom europäischen Durchschnitt abweichende Lebensbedingungen und Gefährdungslagen widerspiegeln[35]. Solche Besonderheiten zu berücksichtigen, dient nicht nur der Akzeptanz einer völkerrechtlichen Bindung, sie trägt darüber hinaus dem Umstand Rechnung, daß letztlich die Mitgliedstaaten über das Ausmaß einer europäischen Menschenrechtsordnung entscheiden, indem sie die Zustimmung zur Erweiterung der Konvention verweigern oder ihre Unterwerfung unter sie zurückziehen können[36].

---

[33] Bejahend jedenfalls im Fall der Auslegung des IPbürgR: *Nowak*, CCPR-Kommentar, Einführung, Rn. 18.

[34] Vgl. *Bleckmann*, Staatsrecht II – Die Grundrechte, S. 87; *Hailbronner*, in: FS-Mosler, S. 359.

[35] Vgl. dazu nur die türkische Rechtsordnung. Dazu *Rumpf*, Human Rights Law Journal 14 (1994), S. 394 ff.

[36] *Hailbronner*, in: FS-Mosler, S. 359, 361.

2. Leitlinien einer rechtsvergleichenden Methode

Eine systematische Interpretation in diesem Umfang kann nur durch Rechtsvergleichung erfolgen.

a) Vergleich mit anderen völkerrechtlichen Verträgen

Was den Vergleich mit anderen völkerrechtlichen Verträgen betrifft, ist deren Aussagekraft von vornherein dadurch relativiert, daß die dort niedergelegten Standards in ihrer Effektivität unter denen der EMRK liegen oder aber die Organisation, innerhalb der sie vereinbart worden sind, bezüglich ihrer Rechts- und Gesellschaftsordnung so sehr von der des Europarates abweicht, daß Vergleichsmöglichkeiten zur EMRK nur sehr eingeschränkt existieren. Soweit also diese Quellen im Rahmen der systematischen Auslegung herangezogen werden, kann das allenfalls der Unterstützung einer aufgrund anderer Methoden bereits gefundenen Auslegung dienen.

b) Vergleich unter den Europaratstaaten

Hinsichtlich der Leitlinien für eine Rechtsvergleichung unter den Mitgliedstaaten des Europarates ist vorauszuschicken, daß sich diese zumindest teilweise in einem (unvermeidlichen) Zirkel aus dem Verständnis der EMRK selbst ableiten[37]. So hängt z.B. die Geltung der Maxime, daß Vertragspflichten generell, unabhängig von ihrem konkreten Inhalt und von einer gleichen oder ungleichen Belastung der Parteien restriktiv zu interpretieren sind[38], davon ab, wie man das Verhältnis von Menschenrechtsschutz und Souveränität in der EMRK definiert.

aa) Gemeinsames Minimum

Die Auslegung eines Konventionsbegriffs nach dem gemeinsamen Minimum erscheint nicht vertretbar[39]. Denn das hieße für die systematische Auslegung des Gesetzesbegriffs, daß dessen Begriffsmerkmale und Rechtmäßigkeitsvoraussetzungen ein Konglomerat der geringsten in den nationalen Rechtsordnungen zu findenden Merkmale und Voraussetzungen wäre, was

---

[37] *Hailbronner*, in: FS-Mosler, S. 359, 369.

[38] S. dazu *Bernhardt*, Die Auslegung völkerrechtlicher Verträge, S. 145.

[39] *Bleckmann*, DVBl. 1978, 457, 458; *Hailbronner*, in: FS-Mosler, S. 359, 375; GH, Fall Wemhoff, Serie A, Nr. 7, Ziff. 8.

tatsächlich den Menschenrechtsstandard senken könnte. Daß das nicht dem Anliegen der EMRK entspricht, folgt unmittelbar aus Art. 60 EMRK, wonach die Konvention nicht dazu benutzt werden darf, um auf nationaler Ebene bereits bestehende Gewährleistungen zu mindern[40].

Darüber hinaus ergibt sich aus der Präambel, daß Ziel des Vertrages nicht nur die Wahrung des status quo, sondern die Entwicklung des Menschenrechtsschutzes ist. Von einer Entwicklung kann aber schlechterdings nicht die Rede sein, wenn die Auslegung dem Grundsatz „in dubio mitius" folgt[41]. Diese Auffassung wird auch vom Gerichtshof und von der Kommission geteilt[42].

Schließlich ist von Bedeutung, daß die Völkergemeinschaft, die sich im Europarat zusammengeschlossen hat, aus weitgehend homogenen Staaten besteht[43]. Mit dem dadurch begünstigten stärkeren Zusammenwachsen der Staaten hat die Notwendigkeit einer Auslegung der EMRK zugunsten der staatlichen Souveränität ohnehin an Gewicht verloren.

bb) Mehrheitsprinzip

Der Konventionsinhalt wird durch den Rückzug auf innerstaatliches Recht relativiert. Ziel der EMRK muß es demnach sein, europäische Standards zu schaffen[44].

Das kann einmal durch die Auslegung der Konventionsbegriffe nach dem Mehrheitsprinzip geschehen, die allerdings zu einer Oktroyierung europäischer Standards unter Außerachtlassung nationaler Ordnungsvorstellungen führen würde[45]. Die EMRK würde sich damit an den Kollisionspunkten an die Stelle der jeweiligen nationalen Rechtsordnungen setzen, was einhellig nicht ihr Anliegen ist[46]. Ein solches Vorgehen würde zudem Systembrüche

---

[40] *Huber*, in: Peters-GS, S. 375 ff., 381.

[41] *Bernhardt*, Die Auslegung völkerrechtlicher Verträge, S. 143.

[42] Vgl. GH, Fall Klass u.a., Serie B, Nr. 26, Ziff. 58; GH, Fall Sunday Times, Serie A, Nr. 30, Ziff. 61.

[43] Vgl. Art. 3 und 4 EuRat.

[44] GH, Fall Sunday Times, Serie A, Nr. 30, Ziff. 61; *Bernhardt*, in: FS-Mosler, S. 75, 80.

[45] So auch *Bleckmann*, DVBl. 1978, 457, 459 f.; *Hailbronner*, in: FS-Mosler, S. 359, 375; vgl. auch *Häberle*, EuGRZ 1992, 429, 430, der die Warnung ausspricht, über die Freude über die Europäisierung des Rechts und die innere Verwandtschaft der nationalen Rechtskulturen die Vielfalt der einzelnen Verfassungsstaaten in diesem Europa einebnen zu wollen.

[46] GH, Fall Klass u.a., Serie B, Nr. 26, S. 37, Ziff. 65; GH, Fall Handyside, Serie A, Nr. 24, Ziff. 48; GH, Fall Dudgeon, Dissenting Opinion of Judge Zekia, Serie A, Nr. 45, S. 29 ff., Ziff. 3.

innerhalb der nationalen Rechtsordnungen provozieren, denkt man nur an die Auswirkungen, die ein Aufdrängen der römisch-rechtlichen Rechtstradition auf das anglo-amerikanische System hätte. Auch kann nicht in Abrede gestellt werden, daß dadurch die Effektivität des primär auf nationaler Ebene stattfindenden Menschenrechtsschutzes beeinträchtigt werden könnte.

cc) Wertende Ermittlung europäischer Standards

Der Auslegung von Konventionsbegriffen eine Mehrheitsentscheidung der Mitgliedstaaten zugrundezulegen, würde also über das Ziel effektiven Menschenrechtsschutzes hinausschießen. Dem entspricht die Praxis des Gerichtshofes und der Kommission, der unter den Mitgliedern jeweils herrschenden Auffassung lediglich eine Indizwirkung für die Auslegung zukommen zu lassen[47]. Daraus folgt, daß es für eine im Einzelfall von der festgestellten grundsätzlichen Übereinstimmung abweichende Auslegung einer besonderen Rechtfertigung bedarf[48]. Sie kann sich aus den Besonderheiten der gesellschaftlichen Struktur[49] oder des politischen Systems[50] oder aus besonderen menschenrechtlichen Gefährdungslagen[51] ergeben. Je stärker solche Divergenzen sind, desto eher wird man davon ausgehen müssen, daß sich ein europäischer Standard noch nicht gebildet hat[52]. Sind dagegen solche Besonderheiten nicht feststellbar oder wurde eine einheitliche Vorstellung außerhalb der Konvention offiziell niedergelegt[53], spricht das dafür, die Kollisionsfrage zu Lasten der von dem unter der Mehrzahl der Mitgliedstaaten festgestellten Grundkonsenses abweichenden Einzelstaatenpraxis zu lösen.

---

[47] GH, Fall Engel u.a., Serie A, Nr. 22, Ziff. 82; GH, Fall Handyside, Serie A, Nr. 24, Ziff. 57; GH, Fall König, Serie A, Nr. 27, Ziff. 89; GH, Fall Klass u.a., Serie B, Nr. 26, S. 37, Ziff. 65; GH, Fall Sunday Times, Serie A, Nr. 30, Ziff. 59; GH, Fall James u.a., Serie A, Nr. 98, Ziff. 40; GH, Fall Feldbrugge, Serie A, Nr. 99, Ziff. 29 ff.; GH, Fall Deumeland, Serie A, Nr. 100, Ziff. 63.

[48] *Hailbronner*, in: FS-Mosler, S. 359, 378.

[49] GH, Fall Dudgeon, Serie A, Nr. 45, Ziff. 56; GH, Fall Handyside, Serie A, Nr. 24, Ziff. 48, hinsichtlich unterschiedlich strikter Moralvorstellungen.

[50] GH, Fall Sunday Times, Serie A, Nr. 30, Ziff. 60, hinsichtlich der besonderen Stellung der Gerichtsbarkeit in Großbritannien.

[51] GH, Fall Republik Irland, Serie A, Nr. 25.

[52] *Hailbronner*, in: FS-Mosler, S. 359, 379.

[53] Z.B. Europäisches Übereinkommen vom 15.10.1975 über die Rechtsstellung der außerhalb der Ehe geborenen Kinder; GH, Fall Marckx, Serie A, Nr. 31, Ziff. 41.

III. Sinn und Zweck

Von mehreren möglichen Interpretationen verdient diejenige den Vorzug, die am meisten zur Zweckerreichung beiträgt[54]. Dieses Effektivitätsprinzip, dem in Übereinstimmung mit Art. 31 Ziff. 1 WVK auch der Gerichtshof folgt, kann bei der Auslegung aber nur dann angewendet werden, wenn dem Rechtsanwender der Zweck der Norm oder, im Hinblick auf den systematischen Zusammenhang, der des völkerrechtlichen Vertrages bekannt ist. Keine Schwierigkeiten ergeben sich, wenn der Zweck schon aus dem Wortlaut eindeutig hervorgeht. Anders kann es sich dagegen verhalten, wenn der Zweck der auszulegenden Regelung bzw. des Vertrages selbst erst durch Auslegung ermittelt werden muß. Denn dann besteht die Gefahr, daß die Auslegung nicht eingesetzt wird, um den Zweck und die Grundgedanken gerade des Vertrages zu fördern, sondern als Mittel eines allgemeinen Zweck- und Effektivitätsdenkens des jeweiligen Rechtsanwenders[55]. Ein solches Vorgehen kann nicht nur zu willkürlichen Auslegungsergebnissen führen, es setzt sich u.U. auch über den Willen der Vertragsparteien hinweg. Aus diesem Grund dürfen der teleologischen Auslegung nur solche Zwecke zugrunde gelegt werden, die sich dem Vertrag zweifelsfrei entnehmen lassen, die also von einem anhand des Vertragstextes nachweisbaren Konsens der Mitgliedstaaten getragen werden. Diese Zwecke liegen ausweislich der Präambel der EMRK vornehmlich in der Wahrung und Entwicklung der Menschenrechte und Grundfreiheiten[56], der Demokratieentwicklung[57] sowie der Herbeiführung einer größeren Einigkeit unter den Mitgliedern. Soweit die Auslegung eines Begriffs mit Hilfe des Zwecks der einzelnen Vorschrift, in der er verwendet wird, erfolgen soll, ist der Nachweis erforderlich, daß es sich dabei wirklich um den von den Vertragsparteien gewollten Zweck handelt[58].

Sind Sinn und Zweck der auszulegenden Regelung ermittelt, ist zu untersuchen, ob eine möglicherweise auch durch andere Auslegungsmethoden gestützte Interpretation dem Zweck des Vertrages dient. Dabei ist zu berücksichtigen, daß die EMRK zumindest auch ein soziales Phänomen darstellt und Wirkungen auch in den gesellschaftlichen und sozialen Beziehungen entfaltet. Wenn aber die EMRK zur Regelung solcher Beziehungen geschaffen wurde, können die Auswirkungen eines bestimmten, rein formal-logisch er-

---

[54] *Bernhardt*, Die Auslegung völkerrechtlicher Verträge, S. 89; *Brändle*, Vorbehalte und auslegende Erklärungen zur Europäischen Menschenrechtskonvention, S. 20.

[55] *Bernhardt*, Die Auslegung völkerrechtlicher Verträge, S. 96.

[56] GH, Fall Lawless, EGMR Bd. 1, S. 22, 45; GH, Fall Deumeland, Serie A, Nr. 100, Ziff. 16; GH, Fall Soering, Serie A, Nr. 161, Ziff. 87.

[57] GH, Fall Soering, Serie A, Nr. 161, Ziff. 87.

[58] GH, Belgischer Sprachenfall, Serie A, Nr. 6, Ziff. 7.

mittelten Auslegungsergebnisses auf die Lebens- und Sozialordnung nicht unberücksichtigt bleiben. Eine Folgendiskussion zur Absicherung einer Interpretation ist demgemäß nicht nur zulässig, sondern erscheint vielmehr geboten, um ihre Zwecktauglichkeit zu überprüfen.

Gerade bei der Beurteilung der Zwecktauglichkeit stellt sich dann die weitere Frage, inwieweit dafür allgemeine Leitprinzipien aufgestellt werden können. Zu nennen wäre einmal die Regel, daß Verpflichtungen der Staaten im Zweifel restriktiv auszulegen sind, also eine Vermutung zugungsten der staatlichen Souveränität. Wenn allerdings, wie für die EMRK festgestellt, der Zweck des Vertrages gerade die Beschränkung der Souveränität ist, so ist für die Vermutung, die Beschränkung sei im Zweifel nicht gewollt, kein Raum[59].

Gleichermaßen stößt jedoch die Auslegungsregel auf Bedenken, daß Rechte im Zweifel extensiv, Beschränkungen restriktiv zu interpretieren seien: „in dubio pro libertate“[60]. Denn ausweislich ihrer Präambel soll die EMRK die Individualrechte nicht isoliert, sondern als Bestandteil des komplizierten Wirkungsgefüges einer demokratischen Gesellschaftsordnung schützen. Die dadurch notwendig werdenden Differenzierungen bei der Abwägung von Menschenrechten und beschränkenden Rechtsgütern können aber bei der Anwendung einer so abstrakten Auslegungsregel nicht erfaßt werden[61].

IV. Geschichte

Die EMRK steht wie jede andere Rechtsquelle auch in einem geschichtlichen Zusammenhang. Ihr Inhalt wurde auf der Basis der europäischen Ideengeschichte, dem Willen der Vertragsparteien und den vorherrschenden politischen und gesellschaftlichen Anschauungen vereinbart. Daß eine Berücksichtigung auch der historischen Dimension der EMRK bei der Auslegung legitim ist, ergibt sich bereits aus dem Hinweis auf das gemeinsame Erbe an geistigen Gütern und politischen Überlieferungen in ihrer Präambel[62]. Keine Anhaltspunkte ergeben sich daraus jedoch für die Beantwortung der Frage, welche Überzeugungskraft einer auf historische Argumente gestützten Auslegung innewohnt. Allenfalls aus der Aussage in Abs. 3 der Präambel, daß das Ziel des Europarates u.a. in der Entwicklung der Menschenrechte und Grundfreiheiten besteht, kann geschlossen werden, daß eine im Grund-

[59] *Brändle*, Vorbehalte und auslegende Erklärungen, S. 19 f.; *Partsch*, Die Rechte und Freiheiten der europäischen Menschenrechtskonvention, S. 83.

[60] *Nowak*, CCPR-Kommentar, Einführung, Rn. 20.

[61] Dazu näher unten im Rahmen der Erörterung des Verhältnisses von Menschenrecht und beschränkendem Rechtsgut.

[62] Für die Ableitung aus dem Demokratieprinzip *Schlehofer*, JuS 1992, 572, 575.

satz statische Auslegung nicht zulässig ist, da auf diese Weise die mit der Entwicklung notwendig verbundene Möglichkeit der Änderung von Menschenrechtsstandards nicht gegeben wäre.

1. Entstehungsgeschichte

Bereits oben wurde dargestellt, daß Gegenstand der Auslegung allein der Vertragstext und nicht die Ermittlung des Parteiwillens zum Zeitpunkt des Vertragsschlusses ist[63]. Das bedeutet zwar nicht, daß bei der Auslegung die Materialien zur Entstehungsgeschichte nicht herangezogen werden dürfen, indiziert aber immerhin eine gegenüber den anderen Auslegungsregeln nachrangige Bedeutung. Diese Vermutung wird durch Art. 32 WVK gestützt, wonach die vorbereitenden Arbeiten und die Umstände des Vertragsabschlusses nur herangezogen werden können, um eine nach anderen Regeln ermittelte Bedeutung zu bestätigen oder um sie zu bestimmen, wenn sie trotz Anwendung anderer Auslegungsregeln unklar bleibt. Auch der Gerichtshof weist der genetischen Auslegung nicht mehr als eine Hilfsfunktion i.S.d. Art. 32 WVK zu[64]. Der Grund dafür liegt darin, daß die Beachtung des Parteiwillens dort, wo bereits die anderen Auslegungsregeln zu eindeutigen Ergebnissen führen, mit einem Verlust an Rechtssicherheit verbunden sein kann. Das ergibt sich zum einen daraus, daß die Berücksichtigung eines gemeinsamen Parteiwillens zunächst vor die Frage gestellt ist, was unter dem gemeinsamen Parteiwillen zu verstehen sei. Das wiederum ist angesichts der vielen Etappen, die ein völkerrechtlicher Vertrag durchläuft, nur schwer definierbar. Denn welche Willensäußerungen zu beachten sind und woraus man einen gemeinsamen Willen folgern kann, läßt sich nicht eindeutig beantworten[65].

Die Beiziehung der Vorarbeiten ist im übrigen dann besonders problematisch, wenn sich die Zahl der Vertragspartner durch den Beitritt von Staaten erhöht, die an der Ausarbeitung nicht beteiligt waren[66].

Solche Unsicherheiten können umso weniger in Kauf genommen werden, als die EMRK unmittelbar nicht nur zwischen den Vertragsparteien, sondern auch gegenüber dem Einzelnen wirkt.

---

[63] Vgl. BVerfGE 62, 1, 45.

[64] GH, Fall James, Serie A, Nr. 98, Ziff. 64; GH, Fall Lithgow, Serie A, Nr. 102, Ziff. 117; GH, Fall Johnston, Serie A, Nr. 112, Ziff. 52.

[65] *Bernhardt*, Die Auslegung völkerrechtlicher Verträge, S. 35 f.

[66] *Bernhardt*, Die Auslegung völkerrechtlicher Verträge, S. 117.

2. Gesellschaftliche und politische Verhältnisse

Die Entscheidung, einen völkerrechtlichen Vertrag zu schließen und Verpflichtungen einzugehen, ist notwendigerweise an eine bestimmte Tatsachengrundlage gebunden. Diese Bindung gewährleistet eine größtmögliche Konkordanz von Vertragsrecht und Vertragswirklichkeit, die erforderlich ist, damit das Regelwerk von den nationalen Rechtsanwendungsorganen und Rechtsunterworfenen, ohne daß rechts- oder gesellschaftspolitische Spannungen auftreten, angenommen und befolgt wird. Deshalb liegt es zunächst nahe, im Rahmen der historischen Auslegung auch diese Tatsachengrundlagen heranzuziehen. Mit zunehmender zeitlicher Entfernung kann sich die ursprünglich festgestellte Konkordanz zwischen dem Vertrag und der Tatsachengrundlage jedoch relativieren, nämlich dann, wenn sich die Tatsachengrundlage verändert. Auch dann auf einer statischen, historischen Auslegung zu beharren, würde die Akzeptanz des Vertrages und damit seine Effektivität vermindern.

Die Überzeugungskraft der historischen Auslegung läßt mit Zeitablauf jedoch nicht bei jedem Rechtsbegriff gleichermaßen nach, sondern hängt davon ab, inwieweit der Begriff normativ geprägt ist bzw. einen sozialen Bezug hat. In diesem Sinn kann eine dynamische bzw. evolutive Auslegung umso eher vertretbar sein, desto stärker der jeweilige Begriff dem Wandel der gesellschaftlichen u.a. Anschauungen unterworfen ist[67]. Umso relativer ist dann die Aussage des historischen Normgebers. Bei solchen Begriffen dagegen, die nicht dem umgangssprachlichen Wortschatz entnommen sind und die deshalb wie etwa der Gesetzesbegriff auch nicht „außer"-rechtlich definiert werden können, sondern die rein normativer Natur sind, hat eine dynamische Auslegung eine ungleich schwächere Bedeutung. Denn mit dem fehlenden sozialen Bezug dieser Begriffe entfällt die Notwendigkeit der ständigen Abstimmung mit etwa geänderten gesellschaftlichen Verhältnissen. Das bedeutet andererseits aber nicht, daß normativ geprägte Begriffe unabänderliche, den ihnen von den Vertragsparteien gegebenen Sinn beibehalten müssen, einer evolutiven Auslegung also von vornherein nicht zugänglich sind. Ein Anlaß für ein Abweichen vom historischen Normgehalt kann z.B. bei dem Beitritt solcher Staaten gegeben sein, die den normativen Begriff in einer anderen Bedeutung auslegen.

---

[67] Bericht der Kommission im Fall Hamer vom 10.7.1980, Nr. 7114/75, EuGRZ 1983, 488, 492; GH, Fall Dudgeon, Serie A, Nr. 45, Ziff. 60; GH, Fall Johnston, Serie A, Nr. 112, Ziff. 53; vgl. auch *Hoffmann-Remy*, Die Möglichkeiten der Grundrechtseinschränkung, S. 25; *Nowak*, CCPR-Kommentar, Einführung, Rn. 20; *Verdross/Simma*, Universelles Völkerrecht, § 782.

3. Ideengeschichte

Der Hinweis in der Präambel der EMRK rechtfertigt es, auch ideen- und dogmengeschichtliche Aspekte in die Auslegung einzubeziehen, wirken doch die geistigen Wurzeln etwa der Aufklärung bis in die Gegenwart fort. Ebenso wie bei der Entstehungsgeschichte und der Berücksichtigung der gesellschaftlichen und politischen Verhältnisse zur Zeit des Vertragsschlusses ist jedoch auch hier die Überzeugungskraft dadurch relativiert, daß sich das Völkerrecht in der jüngeren Vergangenheit grundlegend verändert und weiterentwickelt hat. An die Stelle von Friedensschlüssen und Bündnissen sind mehr und mehr vielgestaltige Vertragsbeziehungen getreten. Darüber hinaus sind auch die ideengeschichtlichen Postulate nicht isoliert, sondern immer im Zusammenhang mit den Besonderheiten der jeweiligen klassischen Epoche zu sehen, so daß eine unbesehene Übertragung auf heutige Verhältnisse nicht vertretbar erscheint. Demgemäß kann die Ideengeschichte als unterstützendes Argument für ein nach anderen Auslegungsregeln gefundenes Ergebnis herangezogen werden.

Dritter Teil

Begriffsmerkmale und Rechtmäßigkeitsvoraussetzungen des Gesetzes

Ziel der Auslegung ist es zunächst, zu ermitteln, welche Voraussetzungen erfüllt sein müssen, damit von einem i.S.d. Konvention rechtswirksamen Gesetz, also von einer Rechtsnorm, die Konventionsrechte wirksam einschränken kann, gesprochen werden kann. Dabei interessiert insbesondere, ob und inwieweit der Gesetzesbegriff für alle Mitgliedstaaten einheitlich definiert werden kann oder stattdessen auf das Begriffsverständnis der Einzelstaaten verwiesen werden muß. Soweit eine einheitliche Definition möglich ist, fragt es sich, ob der dadurch gefundene europäische Standard durch einen Querschnitt der nationalen Gesetzesbegriffe festgelegt ist oder allein nach Maßgabe der EMRK, also unabhängig von nationalen Vorstellungen, bestimmt wird.

Auf der Grundlage der so gefundenen Definition läßt sich dann untersuchen, ob und ggf. welchen Rechtmäßigkeitsanforderungen ein Gesetz genügen muß, um Konventionsrechte auch einschränken zu dürfen, d.h. um über die bloße Rechtswirksamkeit hinaus auch rechtmäßig zu sein.

A. Begriff des Gesetzes

I. Einheitliche Bedeutung in der EMRK

Die EMRK verwendet den Ausdruck „Gesetz“ an mehreren Stellen. Daher stellt sich zunächst die Frage, ob er in allen Artikeln der EMRK sowie der Zusatzprotokolle, in denen er als Eingriffsvoraussetzung verwendet wird, also in den Art. 5 Abs. 1, 8–11 Abs. 2, 12 EMRK sowie in Art. 1 Abs. 1 ZP und Art. 2 Abs. 3 und 4 4. ZP, dieselbe Bedeutung hat, oder ob die Begriffsinhalte je nach den einzuschränkenden Schutzgütern differieren.

1. Art. 8–11 Abs. 2 EMRK, Art. 1 ZP, Art. 2 4. ZP

In der französischen Fassung der Art. 8–11 Abs. 2 EMRK, Art. 1 ZP sowie Art. 2 4. ZP wird der Gesetzesvorbehalt übereinstimmend durch die Formulierung „prévues par la loi" dargestellt. Demgegenüber variiert der gleichfalls verbindliche englische Text zwischen „prescribed by law" in Art. 9, 10 und 11 Abs. 2 EMRK, „in accordance with law" in Art. 8 Abs. 2 EMRK und Art. 2 4. ZP sowie „provided by law" in Art. 1 ZP.

Daß solche textlichen Abweichungen bereits auf Bedeutungsunterschiede zwischen der französischen und der englischen Fassung hinweisen, ist dadurch aber noch nicht indiziert. Sie wären auch nicht erklärlich, da beide Fassungen gleichermaßen für alle Mitgliedstaaten verbindlich sind und Bedeutungsunterschiede deshalb zur Perplexität der übernommenen völkerrechtlichen Verpflichtung führen würden. Dafür spricht auch die Vermutung in Art. 33 Nr. 3 WVK, wonach die Ausdrücke eines Vertrages in jedem authentischen Text dieselbe Bedeutung haben.

Einen ersten Beleg für die Beurteilung der Einheitlichkeit lieferte das Urteil des Gerichtshofs im Fall Times Newspaper Ltd. gegen das Vereinigte Königreich[1]. Gegenstand des Verfahrens war ein gegenüber der Sunday Times verhängtes Veröffentlichungsverbot bezüglich eines Artikels über die „Thalidomide"[2]-Tragödie, durch den ein Eingriff in ein schwebendes Gerichtsverfahren befürchtet wurde. Prüfungsmaßstab des Gerichtshofs war mithin Art. 10 EMRK. Ohne daß es für die Entscheidung dieses Falles erforderlich gewesen wäre, wies der Gerichtshof in Ziff. 48 des Urteils auf die in der französischen und der englischen Fassung voneinander abweichenden Formulierungen der Vorbehalte in den Art. 8–11 Abs. 2 EMRK, Art. 1 ZP sowie Art. 2 4. ZP hin. Der Gerichtshof betonte die Geringfügigkeit der Abweichungen und machte deutlich, daß sie im Rahmen der Auslegung soweit wie möglich miteinander in Einklang zu bringen seien. Anzeichen dafür, daß der Gesetzesbegriff in den genannten Artikeln unterschiedlich auszulegen sei, sind aus dem Urteil nicht hervorgegangen. Der Umstand, daß auf diese Gewährleistungen Bezug genommen wurde, obwohl allein die Auslegung des Art. 10 Abs. 2 EMRK geboten war, weist vielmehr in die entgegengesetzte Richtung.

Die aus dem Fall Sunday Times ablesbaren Indizien dafür, daß der Gesetzesbegriff in den Art. 8–11 Abs. 2 EMRK, Art. 1 ZP, Art. 2 4. ZP einen einheitlichen Inhalt hat, fanden in nachfolgenden Urteilen Bestätigung.

---

[1] GH, Fall Sunday Times, Serie A, Nr. 30.

[2] Unter dieser Bezeichnung wurde im Vereinigten Königreich das Mittel „Contergan" vertrieben.

Im Fall Silver u.a. gegen das Vereinigte Königreich[3] hatte der Gerichtshof anhand Art. 8 EMRK die Konventionsmäßigkeit der Zurückhaltung von Briefen bei Strafgefangenen zu prüfen. Entscheidungserheblich wurde gem. Art. 8 Abs. 2 EMRK die Frage, ob für die Zurückhaltung eine gesetzliche Grundlage im innerstaatlichen Recht vorhanden war. Der Gerichtshof verwies insoweit auf die Grundsätze, die er im Fall Sunday Times zu Art. 10 Abs. 2 EMRK entwickelt hatte[4]. Aus den Entscheidungsgründen geht unmittelbar hervor, daß der Ausdruck „gesetzlich vorgesehen" in den Art. 8 Abs. 2 und 10 Abs. 2 EMRK einheitlich auszulegen sei.

Der Gerichtshof hat diese Auslegung u.a. in den Fällen Malone gegen das Vereinigte Königreich[5], Barthold gegen die Bundesrepublik Deutschland[6], Olsson gegen Schweden[7] und Müller u.a. gegen die Schweiz[8] fortgesetzt, indem er die in vorangegangenen Urteilen festgelegten Auslegungsergebnisse bezüglich des Gesetzesbegriffs der in dem betreffenden Fall vorzunehmenden Subsumtion wie selbstverständlich zugrunde gelegt hat. Argumentativ wurde die Übertragung der zu dem jeweils nicht fallrelevanten Artikel entwickelten Grundsätze auf die entscheidungserhebliche Norm weder begründet noch als solche überhaupt gekennzeichnet.

Eine Erweiterung der einheitlichen Auslegung des Gesetzesbegriffs über die EMRK hinaus auf die Zusatzprotokolle zeichnete sich, ungeachtet der Indizwirkung des eingangs genannten Urteils im Fall Sunday Times, erstmalig in der zustimmenden Meinung des Richters Pettiti im Fall Malone ab[9], dessen Gegenstand die Überprüfung von Abhörmaßnahmen gegen einen der Hehlerei beschuldigten Antiquitätenhändler nach Maßgabe des Art. 8 EMRK war. Obwohl dieser Fall nicht den geringsten Anlaß bot, auf Eigentumsrecht und Freizügigkeit einzugehen, stellte Richter Pettiti fest, daß die Formulierung „vom Gesetz vorgesehen" in Art. 8 Abs. 2 EMRK gleichfalls in Art. 1 ZP und Art. 2 4. ZP verwendet worden sei. Die nachfolgenden Ausführungen zum Gesetzesbegriff wurden nicht nach den jeweiligen Artikeln differenziert, was auf ein einheitliches Verständnis des Rechtsbegriffs hindeutet. Darüber hinaus ist aus der Anmerkung nicht ersichtlich, daß sich Richter Pettiti mit seiner Ansicht im Widerspruch zur Meinung des Gerichtshofs befand.

---

[3] GH, Fall Silver u.a., Serie A, Nr. 61.

[4] GH, Fall Silver u.a., Serie A, Nr. 61, Ziff. 85 ff.

[5] GH, Fall Malone, Serie A, Nr. 82, Ziff. 66.

[6] GH, Fall Barthold, Serie A, Nr. 90, Ziff. 45.

[7] GH, Fall Olsson, Serie A, Nr. 130, Ziff. 61.

[8] GH, Fall Müller u.a., Serie A, Nr. 133, Ziff. 29.

[9] GH, Fall Malone, Serie A, Nr. 82, S. 42 ff.

Eine Bestätigung dieser Ansicht findet sich in den Fällen James u.a.[10] sowie Lithgow u.a. gegen das Vereinigte Königreich[11], in denen der Gerichtshof jeweils die Verletzung des Rechts aus Art. 1 ZP und in diesem Rahmen die Bedeutung des Gesetzesbegriffs zu ermitteln hatte. In beiden Fällen hat der Gerichtshof bei der Auslegung auf diejenigen Grundsätze zurückgegriffen, die er im Fall Malone zum Gesetzesbegriff in Art. 8 Abs. 2 EMRK angewendet hatte.

Wenn auch eine einheitliche Auslegung des Gesetzesbegriffs in den Art. 8–11 Abs. 2 EMRK, Art. 1 ZP und Art. 2 4. ZP im Ergebnis den Vorzug verdient, so begegnet doch die Begründung des Gerichtshofs dafür Bedenken. In den Entscheidungsgründen zum Fall Silver u.a. führte er aus, die gleiche Auslegung der Formulierung „gesetzlich vorgesehen" sei erforderlich, um unterschiedliche Ergebnisse für denselben Eingriff zu vermeiden, da sich die durch Art. 8 Abs. 1 und Art. 10 Abs. 1 EMRK gewährleisteten Freiheitsbereiche teilweise überschnitten[12]. Nun ist es aber nichts Ungewöhnliches, daß ein und derselbe Hoheitsakt in das eine Recht rechtswidrig eingreift, während er hinsichtlich einer anderen Gewährleistung gerechtfertigt ist, daß also ein Verhalten unter dem einen rechtlichen Gesichtspunkt erlaubt, unter einem anderen dagegen verboten ist. Denn jede einzelne Gewährleistung regelt einen spezifischen Interessenkonflikt zwischen Menschenrecht und beschränkendem Rechtsgut, der nicht für alle Gewährleistungen einheitlich gelöst werden kann. Deshalb läßt der Umstand, daß ein Verhalten im konkreten Fall durch ein Konventionsrecht gegen einen hoheitlichen Eingriff geschützt ist, keinen Rückschluß darauf zu, daß es sich bei gleichzeitig betroffenen anderen Gewährleistungen, in denen auch andere Rechtsgüter gegeneinander abgewogen werden, ebenso verhält.

Nichtsdestoweniger erscheint es aus anderen Gründen angezeigt, den Gesetzesbegriff in den genannten Bestimmungen einheitlich auszulegen. Denn im Grundsatz spricht eine Vermutung für die „Sinn"-Identität der in einem Regelwerk vorkommenden Wörter, wenn nicht Regelungszusammenhang oder Sinn und Zweck eine Differenzierung nahelegen[13]. Das ergibt sich für die EMRK aus dem in Abs. 5 der Präambel genannten Prinzip der „rule of law" bzw. der „préeminence du droit", das mit „Vorherrschaft des Gesetzes"[14], aber auch mit „Vorherrschaft des Rechts"[15] übersetzt werden kann.

---

[10] GH, Fall James u.a., Serie A, Nr. 98, S. 9 ff., Ziff. 67.

[11] GH, Fall Lithgow u.a., Serie A, Nr. 102, Ziff. 100.

[12] GH, Fall Silver u.a., Serie A, Nr. 61, Ziff. 85.

[13] *Tettinger*, Einführung in die juristische Arbeitstechnik, S. 126; RGZ 153, 1, 20.

[14] So die deutsche Übersetzung.

[15] *Herzog*, AöR 86 (1961), S. 194, 210 FN 66.

Mag die Konkretisierung dieses Prinzips im einzelnen auch große Schwierigkeiten bereiten, besteht Einigkeit doch darüber, daß es Maximen wie Rechtssicherheit und Vorhersehbarkeit staatlichen Handelns repräsentiert[16]. Diese Maximen würden jedoch bestritten, wenn demselben Ausdruck je nach seiner Verortung unterschiedliche Bedeutungen beigemessen würden, ohne daß ein für den Adressaten erkennbarer Differenzierungsgrund vorläge. Darüber hinaus kann davon ausgegangen werden, daß die Vertragsstaaten nicht denselben Begriff vereinbart hätten, wenn unterschiedliche Inhalte zum Ausdruck gebracht werden sollten.

Nach diesen Grundsätzen spricht die französische Fassung für eine einheitliche Auslegung des Gesetzesbegriffs, da sie durchgehend die Formulierung „prevues par la loi" enthält. Die englische Fassung enthält zwar unterschiedliche Formulierungen, sie stimmt aber insoweit mit der französischen überein, als auch sie Eingriffe an das Vorliegen eines Gesetzes („law") bindet[17]. In dieser wesentlichen Beziehung ist also eine Bedeutungsidentität zu erreichen.

Die durch den Wortlaut gestützte Vermutung für die „Sinn"-Identität der Begriffe wird, was die Art. 8–11 Abs. 2 EMRK betrifft, dadurch bekräftigt, daß diese Gewährleistungen in demselben Abschnitt der EMRK geregelt sind und schon nach ihrem Aufbau dieselbe Regelungstechnik erkennen lassen. Darüber hinaus beziehen sich sämtliche Regelungen auf Freiheitsrechte, die von ihrem materiell-rechtlichen Gehalt her nicht in einem bestimmten Wertigkeitsverhältnis stehen, das es rechtfertigen könnte, an das Gesetz in dem einen Fall strengere Anforderungen zu stellen als im anderen. Deshalb bestehen keine Anhaltspunkte für eine differenzierte Begriffsbestimmung[18].

Gleiches gilt für die genannten Rechte in den Zusatzprotokollen. Zum einen geht aus Art. 5 ZP sowie aus Art. 6 Abs. 1 4. ZP hervor, daß die Protokolle eine Einheit mit der Hauptkonvention bilden, indem alle Bestimmungen der EMRK für anwendbar erklärt werden[19]. Darüber hinaus zeigen Art und Regelungssystematik der Art. 1 ZP und Art. 2 4. ZP, daß sie in das System der Art. 8–11 Abs. 2 EMRK eingebunden sind[20].

---

[16] GH, Fall Sunday Times, Serie A, Nr. 30, Ziff. 47; GH, Fall Malone, Serie A, Nr. 82, Ziff. 67; GH, Fall Müller u.a., Serie A, Nr. 133, Ziff. 29.

[17] *Trechsel*, EuGRZ 1980, 514, 519.

[18] *Hoffmann-Remy*, Die Möglichkeiten der Grundrechtseinschränkung, S. 38.

[19] *Partsch*, Die Rechte und Freiheiten der europäischen Menschenrechtskonvention, S. 218.

[20] *Peukert*, in: *Frowein/Peukert*, EMRK-Kommentar, Art. 1 ZP, Rn. 45.

2. Art. 5 Abs. 1 Satz 2, Art. 12 EMRK

Unklar erschien in der Rechtsprechung dagegen zunächst, ob der den Art. 5 Abs. 1 Satz 2 und Art. 12 EMRK zugrundeliegende Gesetzesbegriff mit dem der o.g. Artikel übereinstimmt. Bemerkenswert ist, daß der Gerichtshof im Fall Sunday Times zwar auf die parallele Formulierung der Eingriffsvoraussetzungen in den Art. 8–11 Abs. 2 EMRK, Art. 1 ZP und Art. 2 4. ZP hingewiesen, jedoch keine Stellung zu den Art. 5 Abs. 1 Satz 2 und 12 EMRK genommen hat. Auch in späteren Entscheidungen ist der Gerichtshof zurückhaltend bei der Hervorhebung von Gemeinsamkeiten verfahren.

Der Grund dafür könnte der von den o.g. Bestimmungen abweichende Vertragswortlaut sein, der eine gemeinsame einheitliche Auslegung nicht ohne weiteres nahelegt, so daß sich der Gerichtshof einen eingehenden und anläßlich des Sunday Times-Falles überflüssigen Begründungsaufwand ersparen wollte. So wurden bei der Einschränkung des Rechts auf Freiheit und Sicherheit in Art. 5 EMRK die Formulierungen „selon les voies légales" bzw. „in accordance with a procedure prescribed by law" verwendet, bei dem Recht auf Ehe und Familie die Formulierungen „selon les lois nationales" bzw. „according to the national laws".

Die Ausklammerung der Art. 5 Abs. 1 Satz 2 und 12 EMRK könnte jedoch auch auf eine inhaltliche Differenziertheit der dort verwendeten Begriffe gegenüber den Art. 8–11 Abs. 2 EMRK, Art. 1 ZP und Art. 2 4. ZP schließen lassen.

Für die letztgenannte Auslegungsmöglichkeit scheint auf den ersten Blick das Urteil im Fall Winterwerp gegen die Niederlande zu sprechen, in dem der Gerichtshof anläßlich der Unterbringung eines Geisteskranken in einer psychiatrischen Klinik mit der Frage befaßt war, ob dieser Freiheitsentzug „in der gesetzlich vorgesehenen Weise" i.S.d. Art. 5 Abs. 1 Satz 2 EMRK erfolgte[21]. In Ziff. 45 der Entscheidungsgründe hatte der Gerichtshof festgestellt, daß ebendiese Formulierung eine grundlegende Verweisung auf das innerstaatliche Recht enthielte, wohingegen noch im vorangegangenen Sunday Times-Urteil die vom nationalen Recht unabhängige Bedingung der Vorhersehbarkeit für den Gesetzesbegriff i.S.d. Art. 10 Abs. 2 EMRK aufgestellt wurde[22], die sich in zahlreichen nachfolgenden Urteilen wiederfindet.

Daraus den zwingenden Schluß abzuleiten, der Gesetzesbegriff würde in Art. 5 Abs. 1 Satz 2 und Art. 10 Abs. 2 EMRK in einer unterschiedlichen Bedeutung verwendet, erscheint jedoch voreilig.

---

[21] GH, Fall Winterwerp, Serie A, Nr. 33.

[22] GH, Fall Sunday Times, Serie A, Nr. 30, Ziff. 49.

Bei Art. 5 EMRK handelt es sich, ebenso wie bei Art. 12 EMRK, um eine Gewährleistung, die im Gegensatz zu den meisten anderen Rechten in der Konvention zu ihrer Wirksamkeit der näheren Ausgestaltung durch Verfahrensregelungen bedarf. In Art. 5 Abs. 1 Satz 2 EMRK ist geregelt, daß ein Freiheitsentzug nur auf dem gesetzlich vorgeschriebenen Wege erfolgen darf. Damit ist nicht nur festgelegt, daß eine gesetzliche Grundlage für einen Freiheitsentzug vorhanden sein muß[23], sondern auch, daß die Art und Weise der Durchführung einer gesetzlichen Regelung bedürfen. Ähnliches gilt für Art. 12 EMRK, der das Recht gewährleistet, nach den nationalen Gesetzen, die die Ausübung des Rechts regeln, eine Ehe einzugehen und eine Familie zu gründen. Insoweit inkorporiert die EMRK innerstaatliches Recht, da sie selbst keine solchen Regelungen bereitstellt[24]. Auf der anderen Seite ist damit jedoch nicht automatisch das nationale Rechtsetzungsorgan ermächtigt, die Rechtmäßigkeitsanforderungen zu suspendieren, die der Gerichtshof bei anderer Gelegenheit an den Gesetzesbegriff gestellt hat, was ebenfalls in Ziff. 45 des Urteils im Fall Winterwerp zum Ausdruck kommt: „However, the domestic law must itself be in conformity with the Convention, including the general principles expressed or implied therein.“ Denn die Situation des Einzelnen entspricht im übrigen der der anderen, schon formal als reine Abwehrrechte ausgestalteten Gewährleistungen, so daß insoweit kein Grund ersichtlich ist, den Gesetzesbegriff abweichend zu definieren.

3. Ergebnis

Der Gesetzesbegriff hat an allen Stellen der Konvention und der Zusatzprotokolle, an denen er als Eingriffsvoraussetzung verwendet wird, dieselbe Bedeutung.

Im Ergebnis entspricht diese Auslegung auch der Ansicht des Gerichtshofes.

Im Fall James u.a. führte er aus[25]: „The Court has consistently helt that the terms ‚law‘ or ‚lawful‘ in the Convention (do) not merely refer back to domestic law ...“. Damit wird zum Ausdruck gebracht, daß ein einheitlicher Gesetzesbegriff im Sinne der gesamten Konvention und nicht nur im Sinne einzelner Artikel der EMRK existiert.

---

[23] *Herzog*, AöR 86 (1961), S. 194, 210.

[24] GH, Fall Winterwerp, Serie A, Nr. 33, Ziff. 46; GH, Fall Van Oosterwijck, Serie B, Nr. 36, Ziff. 55 (hinsichtlich Art. 12 EMRK); GH, Fall Johnston u.a., Serie A, Nr. 112, Ziff. 52.

[25] GH, Fall James u.a., Serie A, Nr. 98, Ziff. 67.

II. Eigenständige Bedeutung des Gesetzesbegriffs gegenüber nationalem Recht

Als Erkenntnisquelle für die Ermittlung der Bedeutung des Gesetzesbegriffs kommt sowohl das innerstaatliche Recht des jeweils belangten Staates als auch die EMRK selbst in Betracht. Das führt zu der Frage, ob und inwieweit „Gesetz" das meint, was die Mitgliedstaaten darunter verstehen, oder ob der Begriff auf der Grundlage eines europäischen, von der Konvention festgelegten Standards definiert wird.

1. Rechtsprechung des Gerichtshofs

Für die Beantwortung dieser Frage hat das Urteil des Gerichtshofs im Fall Malone gegen das Vereinigte Königreich zentrale Bedeutung[26]. In Ziff. 67 der Entscheidungsgründe wird daran erinnert, „that the phrase ‚in accordance with the law' does not merely refer back to domestic law but also relates to the quality of the law." In dieser Formulierung, die Worte „vom Gesetz vorgesehen" bezögen sich auch auf die Gesetzesqualität, kommt einerseits zum Ausdruck, daß die EMRK selbst Maßstäbe liefere, die an ein Gesetz im Sinne der Konvention anzulegen sind. Damit wird deutlich, daß der Rechtsbegriff jedenfalls nicht gänzlich aus dem innerstaatlichen Recht heraus definiert werden, sondern zumindest teilweise autonom sein soll.

Dieser Befund entspricht zahlreichen vorangegangenen[27] und nachfolgenden[28] Urteilen, in denen der GH teils ausdrücklich auf die erforderliche Gesetzesqualität Bezug genommen, teils eigenständige, d.h. von ihrem Vorliegen im nationalen Recht unabhängige Voraussetzungen des Gesetzesbegriffs genannt und geprüft hat.

Nur scheinbar widerspricht dem das oben bereits vorgestellte Urteil des Gerichtshofs im Fall Winterwerp, in dem festgestellt wurde, daß die Formulierung „auf die gesetzlich vorgesehene Weise" in Art. 5 Abs. 1 EMRK eine grundlegende Verweisung auf das innerstaatliche Recht beinhalte[29]. Wie schon gezeigt, erstreckt sich die Reichweite dieser insoweit unklaren Verwei-

---

[26] GH, Fall Malone, Serie A, Nr. 82.

[27] GH, Fall Klass u.a., Serie B, Nr. 26, Ziff. 63; GH, Fall Klass u.a., Serie A, Nr. 28, Ziff. 43; GH, Fall Sunday Times, Serie A, Nr. 30, Ziff. 49; GH, Fall Silver u.a., Serie A, Nr. 61, Ziff. 85.

[28] GH, Fall Barthold, Serie A, Nr. 90, Ziff. 45; GH, Fall James u.a., Serie A, Nr. 98, Ziff. 67; GH, Fall Lithgow u.a., Serie A, Nr. 102, Ziff. 110; GH, Fall Olsson, Serie A, Nr. 130, Ziff. 61; GH, Fall Müller u.a., Serie A, Nr. 133, Ziff. 29.

[29] GH, Fall Winterwerp, Serie A, Nr. 33, Ziff. 45.

sung nicht auf die Definitionsmerkmale des Gesetzesbegriffs, sondern nur auf die sachliche Ausgestaltung von Verfahrensregelungen bei Freiheitsentziehungen. Demnach spricht das Urteil im Fall Winterwerp nicht gegen die in den o.g. Urteilen des Gerichtshofs vorgenommene Auslegung, nach der der Gesetzesbegriff eine gegenüber den nationalen Rechtsordnungen der Vertragsstaaten autonome Bedeutung hat.

Zur Begründung seiner Auffassung griff der Gerichtshof auf den in Abs. 4 der Präambel der EMRK verankerten Grundsatz der Vorherrschaft des Gesetzes zurück, aus dem er das Gebot ableitete, den Einzelnen vor willkürlichen Eingriffen der öffentlichen Gewalt zu schützen[30], und führte aus, daß ein solcher Schutz nicht gewährleistet werden könne, wenn allein auf die Bedeutung des Gesetzes im nationalen Recht abgestellt würde[31]. Die Autonomie wird vom Gerichtshof daher mit Rücksicht auf den genannten Zweck der Konvention befürwortet.

Der gleichen Argumentation hat sich der Gerichtshof bedient, um die Eigenständigkeit anderer Konventionsbegriffe zu begründen.

Im Fall Engel u.a. gegen die Niederlande, der die Verhängung verschiedener Disziplinarmaßnahmen wegen Verstoßes gegen die Wehrdisziplin zum Gegenstand hatte, nahm der Gerichtshof eine Auslegung des Ausdrucks „strafrechtlich" in Art. 6 Abs. 1 Satz 1 EMRK vor[32]. Er bejahte die Autonomie dieses Begriffs mit der Begründung, daß bei einer Auslegung nach Gutdünken der Vertragsstaaten die Geltung der fundamentalen Bestimmungen in Art. 6 und 7 EMRK ihrem freien Willen unterläge, was zu Ergebnissen führen könnte, wie sie mit Ziel und Zweck der Konvention unvereinbar sind.

Ebenso verhielt es sich im Fall König gegen die Bundesrepublik Deutschland, in dem der Beschwerdeführer die Dauer der von ihm angestrengten Verwaltungsverfahren u.a. gegen den Widerruf seiner Arztapprobation rügte[33]. Der Gerichtshof hatte sich mit der Frage zu befassen, ob das „Prinzip der Eigenständigkeit" auch auf den Ausdruck „zivilrechtliche Ansprüche und Verpflichtungen" in Art. 6 Abs. 1 Satz 1 EMRK anwendbar ist. Zur Lösung des Problems verwies er auf die Begründung im Fall Engel und prüfte demgemäß, ob der Zweck der Konvention gefährdet würde, wenn man der Auslegung des Ausdrucks dessen Bedeutung im innerstaatlichen Recht zugrunde legte. Die Autonomie des Begriffs wurde bejaht.

---

[30] Dieses Anliegen der EMRK hat der Gerichtshof schon seit Beginn seiner Rechtsprechung hervorgehoben: GH, Belgischer Sprachenfall, Serie A, Nr. 6, Ziff. 7; GH, Fall Marckx, Serie A, Nr. 31, Ziff. 31.

[31] GH, Fall Malone, Serie A, Nr. 82, Ziff. 67.

[32] GH, Fall Engel u.a., Serie A, Nr. 22, Ziff. 81.

[33] GH, Fall König, Serie A, Nr. 27, Ziff. 88.

Mit der Begründung für die Eigenständigkeit des Gesetzesbegriffs folgte der Gerichtshof mithin der Argumentation, die er in vorangegangenen Urteilen zur Feststellung der Autonomie von Konventionsbegriffen entwickelt hat.

Andererseits geht aus der o.g. Formulierung im Fall Malone jedoch hervor, daß der Ausdruck „vom Gesetz vorgesehen" zumindest teilweise auf das innerstaatliche Recht Rücksicht nimmt: „... the phrase ... does not merely refer back to domestic law ...".

Die Berücksichtigung des nationalen Rechts trotz Anerkennung der Eigenständigkeit eines Konventionsbegriffs ist in der Rechtsprechung des Gerichtshofs nichts Neues. Mehrfach wurde hervorgehoben, daß auch in den Fällen, in denen der Zweck der Konvention, den Einzelnen vor staatlicher Willkür zu schützen, die Autonomie eines Begriffs verlangt, sowohl das Recht des belangten Staates als auch eine etwa bestehende Übereinstimmung der übrigen Mitgliedstaaten von Belang sei[34].

2. Ableitung der Eigenständigkeit aus dem Willkürverbot[35]

a) Geltung des Willkürverbots

Daß die effektive Verwirklichung des Menschenrechtsschutzes ohne die Geltung des Willkürverbots nicht möglich ist, versteht sich fast von selbst. Sie ergibt sich für die EMRK in erster Linie aus dem Grundsatz der Vorherrschaft des Gesetzes in Abs. 4 ihrer Präambel, der die Bindung staatlicher Gewalten an das Gesetz als solches, aber auch an bestimmte Inhalte des Gesetzes zum Ausdruck bringt[36]. Zu diesen Inhalten zählt auch das Willkürverbot. Das ergibt sich aus dem Hinweis auf ein gemeinsames Erbe an geistigen Gütern und politischen Überlieferungen in Abs. 5 der Präambel der EMRK, dem Verbot der Diskriminierung gem. Art. 14 EMRK sowie dem Umstand, daß die EMRK ein Mittel zur Verwirklichung einer kollektiven Garantie gewisser in der AEMR verkündeter Rechte darstellt, Abs. 1 und 5 der Präambel der EMRK.

Wenn in der Präambel der EMRK auf den Besitz eines gemeinsamen Erbes an geistigen Gütern und politischen Überlieferungen hingewiesen wird,

---

[34] GH, Fall Engel u.a., Serie A, Nr. 22, Ziff. 82; GH, Fall König, Serie A, Nr. 27, Ziff. 89; GH, Fall Klass u.a., Serie B, Nr. 26, Ziff. 58.

[35] Andeutungsweise *Bernhardt*, in: FS-Mosler, S. 75, 83.

[36] Vgl. *Hesse*, Grundzüge des Verfassungsrechts der Bundesrepublik Deutschland, Rn. 203 ff.

bezieht sich das jedenfalls auf die „Déclaration des Droits de l'Homme et du Citoyen" vom 26.8.1789, die in Art. 1 den allgemeinen Gleichheitsgrundsatz enthält[37]: „Les hommes naissent et demeurent libres et égaux en droits; les distinctions sociales ne peuvent être fondées que sur l'utilité commune". Dieser Grundsatz der Gleichheit vor dem Gesetz hat über die Charte Constitutionelle Française vom 4.6.1814[38] und die Constitution de la Belgique vom 7.2. 1831[39] auch im deutschen Verfassungsrecht Aufnahme gefunden und gehört seitdem ohne Ausnahme zum Bestand aller rechtsstaatlichen Verfassungen, ungeachtet sonstiger Unterschiede[40].

Er wirkt in Art. 14 EMRK fort. Danach muß der Genuß der von der Konvention festgelegten Rechte und Freiheiten ohne Unterschied des Geschlechts, der Rasse, Hautfarbe etc. gewährleistet werden.

Dem darin zum Ausdruck kommenden Gedanken der rechtlichen Gleichsetzung entspricht aber quasi als Negativdefinition das Verbot der Willkür.

Gerade das Willkürverbot wurde auch in die den Gewährleistungen der EMRK entsprechenden Rechte der AEMR aufgenommen. So darf gem. Art. 9 AEMR niemand „willkürlich festgenommen, in Haft gehalten oder des Landes verwiesen werden". Gemäß Art. 12 AEMR darf niemand „willkürlichen Eingriffen in sein Privatleben ... ausgesetzt werden." Nach Art. 17 AEMR darf niemand „willkürlich seines Eigentums beraubt werden". Daß sich die EMRK als Mittel zur kollektiven Garantie dieser Rechte versteht[41], spricht dafür, daß auch sie als Minimalanforderung vor Willkür schützen will.

b) Umfang des Regelungssystems

Im Sinne der Rechtsprechung des Gerichtshofs ist „Willkür" jedenfalls eine Frage der subjektiven Entscheidung. Sie liegt dann vor, wenn Geltung

---

[37] *Blum*, La Déclaration des Droits de l'Homme et du Citoyen, S. 41.

[38] Art. 1 „Les Français sont égaux devant la loi, quels que soient d'ailleurs leurs titres et leurs rangs." (zit. nach *Hartung*, Die Entwicklung der Menschen- und Bürgerrechte, S. 60).

[39] Art. 6 „Il n'y a dans l'Etat aucune distinction d'ordres. Les Belges sont égaux devant la loi ..." (zit. nach *Hartung* [FN 38], S. 68).

[40] *Hesse*, AöR 77 (1951/52) S. 167 ff., 170; vgl. nur Art. 2 Österreichisches Staatsgrundgesetz vom 21. Dezember 1867: „Vor dem Gesetze sind alle Staatsbürger gleich" (zit. nach *Hartung* [FN 38], S. 98); Art. 109 Verfassung des Deutschen Reiches vom 11. August 1919: „Alle Deutschen sind vor dem Gesetz gleich" (zit. nach *Hartung* [FN 38], S. 106); Art. 16 Österreichische Ständische Verfassung vom 1. Mai 1934: „Alle Bundesbürger sind vor dem Gesetze gleich ..." (zit. nach *Hartung* [FN 38], S. 116).

[41] Abs. 1 und 5 der Präambel der EMRK.

und Umfang der Gewährleistungen in der EMRK nach freiem Belieben der nationalen Rechtsetzungs- und Rechtsanwendungsorgane definiert werden können[42].

Unabhängig von der Willensgerichtetheit staatlichen Handelns könnte man das Verbot willkürlicher Differenzierung oder Gleichsetzung darüber hinausgehend auch dann als verletzt ansehen, wenn eine Bestimmung in einem inneren Widerspruch zu der Gesamtkonzeption des Regelungssystems steht, dem sie angehört[43].

So oder so stellt sich die Frage, welches Regelungssystem für die Feststellung von Willkür gilt. Genügt also eine Gleichbehandlung der Bürger innerhalb des jeweiligen Mitgliedstaates oder verlangt die EMRK eine Gleichbehandlung zwischen den Bürgern unterschiedlicher Mitgliedstaaten?

Definiert man Willkür als Verstoß gegen die Systemgerechtigkeit, bedarf das keiner weiteren Begründung.

Definiert man Willkür mit der Rechtsprechung des Gerichtshofs als freies Belieben, müßte eine Aussage darüber getroffen werden, durch welche Vorgaben der EMRK das Belieben der nationalen Rechtsetzungs- und Rechtsanwendungsorgane gebunden sein soll.

Vertretbar erscheint zum einen eine Bindung in der Weise, daß jede Beliebigkeit bei der Definition von Konventionsbegriffen ausgeschlossen ist. Bezogen auf den Gesetzesbegriff hieße Willkürverbot dann in der Tat, ihn wie der Gerichtshof eigenständig aus dem Gesamtregelungssystem der EMRK heraus zu bestimmen.

Zum anderen könnte das Willkürverbot so verstanden werden, daß die innerstaatliche Rechtsetzung und Rechtsanwendung selbst frei von willkürlicher Differenzierung oder Gleichsetzung sein muß. Danach könnte der Gesetzesbegriff nach der jeweiligen Bedeutung in der Rechtsordnung des Mitgliedstaates definiert werden. Der Gerichtshof würde dann nur prüfen, ob die Regelung in einem inneren Widerspruch zu der Gesamtkonzeption des nationalen Regelungssystems steht.

Die EMRK enthält keinen ausdrücklichen Hinweis auf Umfang und Grenzen des Ordnungssystems, innerhalb dessen unter Geltung des Gleichheitsgrundsatzes eine Widerspruchsfreiheit angestrebt wird.

Es ist jedoch zu berücksichtigen, daß die EMRK ausweislich des Abs. 3 ihrer Präambel in die Ziele des Europarates eingebunden ist. Der Europarat

---

[42] GH, Fall Engel u.a., Serie A, Nr. 22, Ziff. 81.

[43] BVerfGE 9, 237, 243; 43, 13, 21; *Hesse*, Grundzüge des Verfassungsrechts der Bundesrepublik Deutschland, Rn. 440.

hat gem. Art. 1 Buchst. a) EuRat zur Aufgabe, eine engere Verbindung zwischen seinen Mitgliedern zu fördern[44]. Diese Aufgabe wird rein formal gem. Art. 1 Buchst. b) EuRat unter anderem durch den Abschluß von Abkommen, zu denen insbesondere die EMRK gehört[45], erfüllt. Tatsächlich ist eine größere Einigkeit unter den Europaratstaaten umso eher zu erreichen, je stärker die Art und Weise sowie die Qualität des Menschenrechtsschutzes in den Mitgliedstaaten einander angeglichen werden. Gerade das ist aber nicht gewährleistet, wenn als Bezugssystem die jeweilige nationale Rechtsordnung gewählt wird. Das spricht dafür, das Willkürverbot auf das Ordnungssystem der EMRK zu beziehen, den Gesetzesbegriff folglich eigenständig gegenüber nationalem Recht zu definieren. Insoweit ist auch dem Gerichtshof zuzustimmen, wenn er die Autonomie des Gesetzesbegriffs zumindest teilweise bejaht[46].

c) Mögliche Differenzierungskriterien

Wenn der Gesetzesbegriff eine eigenständige, nicht akzessorische Bedeutung haben soll und der Grund dafür in der Forderung nach Gleichbehandlung aller Angehörigen der Europaratstaaten zu sehen ist, ist offensichtlich, daß das nicht notwendigerweise eine einheitliche Auslegung des Gesetzesbegriffs für alle Signatarstaaten verlangt. Denn ein faktisch für alle Bürger „gleicher“ Menschenrechtsschutz kann durch die Uniformierung der rechtlichen Rahmenbedingungen der EMRK schon dann nicht erreicht werden, wenn die Menschenrechtssituationen auf den nationalen Ebenen wesentlich voneinander abweichen. Ohne damit vorgreifen zu wollen, wird das insbesondere am Beispiel des Common Law deutlich. Würde man mit Wirkung für einen Staat, in dem Menschenrechtsbeschränkungen bisher aufgrund Richterrechts erfolgt sind, den Gesetzesvorbehalt als Parlamentsvorbehalt definieren, könnten konventionsmäßige Eingriffe, die etwa zum Ausgleich kollidierender Freiheitsbetätigungen Privater erforderlich wären, nicht mehr vorgenommen werden. Die Folge wäre die faktische Verkürzung des Menschenrechtsschutzes auf seiten des auf einen hoheitlichen Eingriff angewiesenen Bürgers, mithin eine Benachteiligung gegenüber den Staatsangehörigen solcher Mitglieder, in deren Rechtsordnungen die Eingriffsermächtigungen durch Parlamentsgesetze kodifiziert sind.

---

[44] S.a. Abs. 4 der Präambel EuRat; Abs. 3 Präambel EMRK.

[45] Abs. 3 Präambel EMRK.

[46] Vgl. GH, Fall Malone, Serie A, Nr. 82, Ziff. 67.

3. Ergebnis

Erkenntnisquelle für die Ermittlung der Bedeutung des Gesetzesbegriffs ist allein die EMRK[47]. Der Gesetzesbegriff hat eine gegenüber dem nationalen Recht eigenständige Bedeutung[48]. Das ergibt sich aus der Forderung der EMRK, allen Personen in ihrem Geltungsbereich den gleichen Menschenrechtsschutz zuteil werden zu lassen. Um dieses Ziel zu erreichen, kann es notwendig sein, den Gesetzesbegriff bei wesentlichen Abweichungen der innerstaatlichen Verständnisse uneinheitlich zu definieren. Wenn man den Hinweis in der Rechtsprechung des Gerichtshofs so versteht, daß bei der autonomen Auslegung des Gesetzesbegriffs auf die Besonderheiten der jeweiligen nationalen Rechtsordnungen Rücksicht genommen werden muß, stimmt sie mit dem hier gefundenen Ergebnis überein.

III. Qualifikationsmerkmale des Gesetzes

Was unter einem Gesetz i.S.d. EMRK zu verstehen ist, kann unter verschiedenen Gesichtspunkten untersucht werden. Es bedarf zunächst der Klärung, welche Instanzen überhaupt Akte mit Gesetzeskraft erlassen können. Eng damit verbunden ist die Frage, ob die Schriftform Qualifikationsmerkmal ist, oder ob auch ungeschriebenes Recht Eingriffe in Konventionsrechte legitimieren kann. Jedenfalls bei Rechtsetzungsakten des Parlaments ist von Interesse, ab welchem Stadium des Gesetzgebungsverfahrens ein Gesetz i.S.d. Konvention vorliegt, insbesondere, ob eine Form von Verkündung für das Entstehen eines Gesetzes erforderlich ist. Was den Inhalt betrifft, muß eine Antwort auf die Frage gefunden werden, ob auch Innenrechtssätze Gesetze sein können, oder ob eine Rechtsnorm dazu notwendig an den Bürger adressiert sein muß. Schließlich ist zu prüfen, ob der Regelungsinhalt abstrakt-genereller Art sein muß, oder ob auch konkret-individuelle Regelungen die Voraussetzungen eines Gesetzes erfüllen.

Die Rechtsprechung des Gerichtshofs zu diesen Fragen ist verhältnismäßig knapp. Zum einen liegt das daran, daß sich der Gerichtshof in den meisten, insoweit unproblematischen Fällen mit der Feststellung begnügte, es läge jedenfalls ein Gesetz i.S.d. Konvention vor, ohne im Detail mitzuteilen, aus welchen Merkmalen sich die Gesetzesqualität ergäbe. Ein anderer Grund ist darin zu sehen, daß die Parteien nur selten unterschiedlicher Ansicht über die konstituierenden Merkmale waren[49].

---

[47] *Bernhardt*, in: FS-Mosler, S. 75, 79.

[48] *Berka*, ÖZöRV 1986, 71, 85; *Bernhardt*, in: FS-Mosler, S. 75, 80.

[49] Vgl. z.B. GH, Fall Silver u.a., Serie A, Nr. 61, Ziff. 86. Die Regierung hatte dort in

1. Normgeber

Die Frage, wer Gesetze i.S.d. EMRK erlassen kann, führt zu dem Problem, ob als Normgeber nur das Parlament in Betracht kommt oder ob auch Rechtsetzungsakte anderer Rechtsträger Gesetze sein können.

Ist das letztere der Fall, muß geklärt werden, um welche Rechtsträger es sich handelt und unter welchen Voraussetzungen sie gesetzgebungsbefugt sind.

a) Parlament

aa) Rechtsprechung des Gerichtshofs

Von Anfang seiner Rechtsprechung an hat der Gerichtshof keine Zweifel daran gelassen, daß jedenfalls das Parlament Gesetze i.S.d. Konvention erlassen kann[50]. Soweit der jeweilige Vertragsstaat bundesstaatlich aufgebaut ist, werden auch die Landesparlamente erfaßt[51].

Im Ergebnis ist das selbstverständlich. Es entspricht nicht nur der einhelligen Auffassung der Mitgliedstaaten, sondern läßt sich auch aus der EMRK selbst ableiten.

bb) Gemeinsames Erbe an geistigen Gütern und politischen Überlieferungen

Der geschichtliche Ursprung des Gesetzesvorbehalts, der als gemeinsames Erbe der Vertragsstaaten i.S.d. Abs. 5 der Präambel der EMRK bezeichnet werden kann, liegt in der konstitutionellen Bewegung gegen Ende des 18.

Übereinstimmung mit den Beschwerdeführern und dem Gerichtshof die Auffassung vertreten, daß die in Rede stehenden Verfügungen und Richtlinien der Gesetzeskraft entbehrten. Eine Begründung seitens des Gerichtshofs war daher nicht erforderlich.

[50] GH, Fall Handyside, Serie A, Nr. 24, Ziff. 44. Ermächtigungsgrundlage war der Obscene Publications Act 1959 bzw. 1964. — GH, Fall Klass u.a., Serie A, Nr. 28, Ziff. 43. Beschwerdegegenstand war das sog. „G 10". — GH, Fall Malone, Serie A, Nr. 82, Ziff. 29. Ermächtigungsgrundlage war der Post Office Act 1969. — GH, Fall James u.a., Serie A, Nr. 98, S. 9 ff., Ziff. 19. Ermächtigungsgrundlage war der Leasehold Reform Act 1967. - GH, Fall Lithgow u.a., Serie A, Nr. 102, Ziff. 9. Beschwerdegegenstand war der Aircraft and Shipbuilding Industries Act 1977. — GH, Fall AGOSI, Serie A, Nr. 108, Ziff. 16. Ermächtigungsgrundlage war der Customs and Excise Act 1952. — GH, Fall Müller u.a., Serie A, Nr. 133, Ziff. 20. Ermächtigungsgrundlage war das Schweizer Strafgesetzbuch.

[51] GH, Fall Barthold, Serie A, Nr. 90, Ziff. 46. Ermächtigungsgrundlage war u.a. das Hamburger Tierärztekammergesetz.

Jh., deren Grundidee in der Sicherung der Individualsphäre durch Teilhabe an der Gesetzgebung bestand[52]. Diese Grundidee entwickelte sich vor dem Hintergrund und im bewußten Gegensatz zu dem absoluten und Polizeistaat, der von dem Leitprinzip der Heteronomie der Rechtsunterworfenen sowohl in bezug auf die generellen Rechtsnormen als auch hinsichtlich der konkreten Rechtsakte beherrscht wurde[53]. Sie führte demgemäß nach und nach zur Etablierung der Selbstbestimmung und damit zur Durchsetzung der schon vorher postulierten Freiheit jedermanns von einseitigem, staatlicherseits oktroyiertem Zwang[54].

Die verfassungsrechtliche Ausgangslage dieser Entwicklung war die der konstitutionellen Monarchie[55], die auf zwei Legitimationsprinzipien, dem der Monarchie und dem der Volkssouveränität, beruhte[56]. Ausprägung der Monarchie war das monarchische Prinzip. Die Volkssouveränität stellte sich in einem demokratisch geprägten Gesetzesbegriff dar, der der Gesellschaft Mitwirkungsrechte an der Gesetzgebung sicherte, soweit sich diese auf den gegen eigenmächtige Eingriffe der Exekutive geschützten Individualbereich erstreckte. So stellte etwa Art. 13 der Bundesakte vom 8.6.1815 fest: „In allen Bundesstaaten wird eine Landständische Verfassung stattfinden". Diese Verpflichtung zur Etablierung landständischer Verfassungen wurde in Art. 54 der Wiener Schlußakte vom 15.5.1820 wiederholt. Die inzwischen schon ergangenen Verfassungen wurden durch Art. 56 der Schlußakte stabilisiert: „Die in anerkannter Wirksamkeit bestehenden landständischen Verfassungen können nur auf verfassungsmäßigem Wege wieder abgeändert werden".

Am Beispiel des deutschen Konstitutionalismus läßt sich nachweisen, daß sich der Gesetzesvorbehalt zunächst auf Eingriffe in Freiheit und Eigentum erstreckte[57]. Die Sperrwirkung, die diese „konstitutionelle Klausel"[58] für die

---

[52] *Jesch*, Gesetz und Verwaltung, S. 108 und 158.

[53] *Nawiasky*, Allgemeine Staatslehre Dritter Teil, S. 122.

[54] Vgl. Section 1 Virginia bill of Rights vom 12. Juni 1776: „That all men are by nature equally free and independent and have certain inherent rights, of which, when they enter into a state of society, they cannot by any compact deprive or divest their posterity ..." (zit. nach *Hartung*, Die Entwicklung der Menschen- und Bürgerrechte, S. 40); Art. I Constitution Française vom 3.9.1791: „Les hommes naissent et demeurent libres et égaux en droits" (zit. nach *Hartung*, ebd., S. 46).

[55] *Jesch*, Gesetz und Verwaltung, S. 110, der einen Rückgriff auf eine „vorkonstitutionelle" Epoche sowie jeglichen Vergleich mit absolutistischen und totalitären Staatsstrukturen zur Gewinnung staatsrechtlicher Ergebnisse für nutzlos hält.

[56] *Jesch*, Gesetz und Verwaltung, S. 108 f.; *Rottmann*, EuGRZ 1985, 277, 282.

[57] *Jesch*, Gesetz und Verwaltung, S. 117 ff.; § 7 der allerdings nicht wirksam gewordenen bayerischen Verfassung vom 1. Mai 1808: „Der Staat gewährt allen Staatsbürgern Sicherheit der Person und des Eigentums ..."; in § 2 des Patents vom 1./2. September 1814 trat die Klausel erstmalig im Zusammenhang mit der Gesetzgebungskompetenz auf: „Wir erklären, daß wir die Sicherheit des Eigenthums und der persönlichen Freiheit unter

Exekutive erzeugte, konnte nur durch eine gesetzliche Ermächtigung, die ohne die Mitwirkung des Parlaments nicht zu erhalten war, aufgehoben werden. Die „Freiheit-und-Eigentum"-Formel war durch Spezialvorbehalte ergänzt. Damit waren alle allgemeinen und individuellen Regelungen, durch die in den durch die konstitutionelle Klausel umschriebenen Rechtskreis des Staatsbürgers eingegriffen werden sollte, von einer formalgesetzlichen Ermächtigung abhängig.

Bei der Übertragung der Argumentationslinie der konstitutionellen Lehre vom Eingriffsvorbehalt auf den Gesetzesbegriff der EMRK kann indes nicht unberücksichtigt bleiben, daß sich die Staatsformen und verfassungsrechtlichen Koordinaten verändert haben[59]. Während nach dem historischen Verständnis der Dualismus der Legitimationsprinzipien von Monarchie und Volkssouveränität die Erklärung dafür lieferte, daß ein Eingriff der monarchischen Exekutive nicht ohne eine von der Volksvertretung wenigstens mitbeschlossene gesetzliche Grundlage erfolgen durfte, beruhen die Verfassungen der Mitgliedstaaten der EMRK durchweg auf einer einheitlichen demokratischen Legitimation. Der alte Gegensatz von monarchischer Exekutive und der demokratisch legitimierten Repräsentativkörperschaft ist damit verwischt. Gleichwohl läßt sich aus der Formulierung der Gesetzesvorbehalte schließen, daß das Eingriffs- und Schrankendenken in der EMRK Aufnahme gefunden hat. Wenn dort von Eingriffen, Einschränkungen oder Beschränkungen die Rede ist, deutet das auf die klassische Grundrechtsfunktion der Freiheit durch Eingriffsabwehr hin. Insofern erscheint es dann auch nicht abwegig, bei der Auslegung die Lehre vom Eingriffsvorbehalt heranzuziehen.

Der Hinweis auf das gemeinsame Erbe an geistigen Gütern und politischen Überlieferungen in Art. 5 der Präambel der EMRK spricht also dafür, daß jedenfalls das Parlament Normgeber i.S.d. Konvention ist.

cc) Demokratie

Der Gedanke der Freiheit durch Selbstbestimmung und die damit verbundene Freisetzung des Volkes als Souverän kann als Grundlage des westlichen Demokratieverständnisses bezeichnet werden, das sowohl in der Präambel der EMRK als auch in den jeweiligen Menschenrechtsgewährleistungen unter dem Hinweis, der jeweilige Eingriff müsse in einer demokratischen Gesell-

---

die mitwirkende Gewährleistung Unserer Landstände stellen ... Überdies sollen wichtige, das Eigenthum, die persönliche Freiheit und die Verfassung betreffende, neue Landesgesetze nicht ohne den Rath und die Zustimmung der Landstände eingeführt werden."

[58] *Jesch*, Gesetz und Verwaltung, S. 109.

[59] *Rottmann*, EuGRZ 1985, 277, 281.

schaft notwendig sein, zum Ausdruck kommt. Volkssouveränität bedeutet aber nichts anderes als Vorherrschaft des Volkes bzw. der unmittelbar durch das Volk legitimierten Vertreter, des Parlaments, vor den anderen Staatsgewalten. Dieser Primat parlamentarischer Entscheidungsbefugnisse im Rahmen der nach dem vorherrschenden Demokratieverständnis vorgegebenen Gewaltenteilung wird vornehmlich dann gesichert, wenn man den Gesetzesvorbehalt als Vorbehalt eines Parlamentsgesetzes versteht[60].

Neben der Entscheidung in demokratischer Legitimation bietet diese Auslegung regelmäßig die größte Gewähr dafür, daß auf demokratische Weise entschieden wird[61], indem auch Minderheiten im Wege der für die Demokratie essentiellen öffentlichen Auseinandersetzung die Möglichkeit erhalten, ihrer mangelnden Übereinstimmung Ausdruck zu verleihen und dadurch an der Bildung des politischen Willens teilzunehmen, um so ein willkürliches Handeln der Mehrheit zu verhindern[62].

dd) Vorherrschaft des Rechts

Auch unter dem Gesichtspunkt der Vorherrschaft des Rechts in Abs. 5 der Präambel der EMRK und Art. 3 EuRat kann der Gesetzesvorbehalt im Sinne eines Parlamentsvorbehalts ausgelegt werden. Als gemeinsamer Nenner des Rechtsstaatsverständnisses der Mitgliedstaaten gelten die Forderungen nach Voraussehbarkeit und Berechenbarkeit staatlichen Handelns. Diesen Forderungen wird ein formelles Gesetz gerecht. Es bringt materiell-rechtliche Regelungsinhalte in eine klare, bestimmte und einsehbare Form und sichert ihnen dadurch eine – relative – rationalisierende und das Gemeinwesen stabilisierende Dauerhaftigkeit und Verbindlichkeit[63].

Versteht man unter Rechtsstaatlichkeit auch den gerechtigkeitssichernden Aspekt des Ausschlusses von Willkür[64], so wird auch dieses Anliegen durch ein formelles Gesetz neben seiner ordnungsstiftenden Funktion erfüllt. Denn mit dem dadurch regelmäßig verbundenen abstrakten und generellen Vorge-

---

[60] *Hesse*, Grundzüge des Verfassungsrechts der Bundesrepublik Deutschland, Rn. 504; *Kloepfer*, JZ 1984, 685, 694; *Maurer*, Allgemeines Verwaltungsrecht, § 4 Rn. 9; *Nawiasky*, Allgemeine Staatslehre, Dritter Teil, S. 122; *Rottmann*, EuGRZ 1985, 277, 292.

[61] *Hesse*, Grundzüge des Verfassungsrechts der Bundesrepublik Deutschland, Rn. 504; *Kloepfer*, JZ 1984, 685, 694; s. auch das Gutachten des IAGMR vom 9.5.1986, OC-6/86, Ziff. 22 = EuGRZ 1987, 168 ff.

[62] *Starck*, Der Gesetzesbegriff des Grundgesetzes, S. 169.

[63] *Hesse*, Grundzüge des Verfassungsrechts der Bundesrepublik Deutschland, Rn. 505 f.; *Rottmann*, EuGRZ 1985, 277, 293.

[64] *Kloepfer*, JZ 1984, 685, 694; *Rottmann*, EuGRZ 1985, 277, 294.

hen und der gleichzeitigen Determinierung des Verwaltungshandelns wird im Einzelfall eine zusätzliche Schranke für willkürliche Privilegierung oder Diskriminierung geschaffen[65].

b) Exekutive

Daß ein Parlamentsgesetz taugliche Grundlage für die Einschränkung von Konventionsrechten sein kann, bedeutet nicht, daß das nicht auch für Rechtsetzungsakte der vollziehenden Gewalt, namentlich für Rechtsverordnungen, gilt[66].

Die dazu vertretenen Meinungen sind vielfältig. Sie reichen von der Verneinung der möglichen Gesetzesqualität von Exekutivakten[67] bis zu deren uneingeschränkter Geltung[68].

Besondere Bedeutung erlangt diese Frage im Hinblick auf die Mitgliedschaft Frankreichs, da dort der in den anderen Vertragsstaaten anerkannte Grundsatz vom Vorrang des Parlamentsgesetzes nur eingeschränkt gilt. Nach der Verfassung der 5. französischen Republik vom 4. Oktober 1958 sind im Gegensatz zu den vorangegangenen Verfassungen Rechtsetzungsbefugnisse der Exekutive nicht mehr denen des Parlaments hierarchisch untergeordnet, wie das in den meisten anderen demokratischen Staaten die Regel ist[69], sondern es bestehen nunmehr nebengeordnete Rechtsetzungsbefugnisse von Parlament und Regierung. Gemäß Art. 34 Abs. 1 der französischen Verfassung wird zwar das Gesetz vom Parlament beschlossen, jedoch sind in Abs. 2 dieser Vorschrift enumerativ die Bereiche aufgezählt, auf die sich die Gesetzgebungsbefugnisse des Parlaments erstrecken. Andere Regelungsgegenstände sind gem. Art. 37 Abs. 1 der französischen Verfassung der Exekutive bzw. der Regierung vorbehalten, ohne daß es dazu einer besonderen gesetzlichen Grundlage bedürfte. Darüber hinaus kann die Regierung bestehende Parlamentsgesetze im Verordnungsbereich gem. Art. 37 Abs. 2 der französischen

---

[65] *Kloepfer*, JZ 1984, 685, 694; Gutachten des IAGMR vom 9.5.1986, OC-6/86, Ziff. 22 = EuGRZ 1987, 168 ff.

[66] Vgl. dazu *Grawert*, ZG 1991, 97, 98, der darauf hinweist, daß sich Gesetzgebung heute als ein komplexer, anonymer Funktions- und Entscheidungszusammenhang darstellt, an dem selbst bei Parlamentsgesetzen die Exekutive maßgebenden Anteil hat. Zur sog. „delegated legislation" in Großbritannien s. *Wade/Forsyth*, Administrative Law, S. 859 ff.; *Yardley*, Introduction to British Constitutional Law, S. 127 ff.

[67] *Guradze*, Die Europäische Menschenrechtskonvention, S. 26, 117.

[68] *Evers*, EuGRZ 1984, 281, 287; *Hoffmann-Remy*, Die Möglichkeiten der Grundrechtseinschränkung, S. 39; *Laeuchli Bosshard*, Die Meinungsäußerungsfreiheit gemäß Art. 10 EMRK, S. 104; *Trechsel*, EuGRZ 1980, 514, 519.

[69] *Klisch*, Gesetz und Verordnung in der Verfassung der 5. französischen Republik vom 4. Oktober 1958, S. 220 f.

Verfassung durch Dekret aufheben bzw. ändern. Desweiteren kann sie unter den Voraussetzungen des Art. 38 Abs. 1 der Verfassung auch im reservierten Gesetzesbereich durch sog. ordonnances[70] rechtsetzend tätig werden. Nach Art. 34 Abs. 2 der französischen Verfassung ist die Regelung der Bürgerrechte zwar Gegenstand der Parlamentsgesetzgebung, der Regierung werden jedoch auch in diesem Bereich Regelungskompetenzen eingeräumt. Denn nach der Rechtsprechung des Conseil Constitutionnel bedeutet „garanties fondamentales", daß der Parlamentsgesetzgeber für die Regelung der Freiheitsrechte nur eine Rahmenkompetenz besitzt, wie das auch bei den semi-legislativen Materien des Art. 34 Abs. 4 der Verfassung der Fall ist[71].

aa) Rechtsprechung des Gerichtshofs

Ob und unter welchen Umständen die vollziehende Gewalt nach Auffassung des Gerichtshofs Gesetze erlassen kann, läßt sich mangels ausreichenden Entscheidungsmaterials nur zum Teil erfassen. Der Gerichtshof hat dazu in den Fällen Golder und Silver Stellung genommen[72].

Anlaß für den Fall Golder gegen das Vereinigte Königreich waren Verstöße gegen die Gefängnisordnung von Parkhurst, die man glaubte dem Beschwerdeführer anlasten zu können. Sein an den britischen Innenminister gerichtetes Ersuchen, sich mit seinem Anwalt zu beraten, wurde abgelehnt. Rechtsgrundlage für diese Ablehnung waren Art. 33 Abs. 2 und 34 Abs. 8 der Prison Rules 1964, die vom Home Secretary unter Vorlage beim Parlament erlassen wurden und den Status eines „Statutory Instrument" haben[73]. Eine Ermächtigungsgrundlage dafür befindet sich im Prison Act 1952, einem Parlamentsgesetz, das Kontaktmöglichkeiten von Strafgefangenen zu Außenstehenden regelt und in Sec. 47 Abs. 1 dem Secretary of State, in diesem Fall dem Innenminister, den Erlaß ausfüllender Regelungen gestattet[74].

---

[70] Gesetzesvertretende Verordnungen.

[71] *Klisch*, Gesetz und Verordnung in der Verfassung der 5. französischen Republik vom 4. Oktober 1958, S. 222.

[72] GH, Fall Golder, Serie A, Nr. 18, Ziff. 45; GH, Fall Silver u.a., Serie A, Nr. 61, Ziff. 25 f., 86 f.

[73] Sec. 1 des Statutory Instruments Act von 1946 bezeichnet als statutory instrument eine amtliche Anordnung, die nach parlamentarischer Ermächtigung als order, rule, regulation oder andere subordinate legislation erlassen wird. Vgl. *Dietl/Lorenz*, Wörterbuch für Recht, Wirtschaft und Politik, Teil I, Stichwort „statutory instrument", S. 788; s. ferner *Wade/Forsyth*, Constitutional Law, S. 869; *Wade/Bradley*, Constitutional and Administrative Law, S. 623 ff.

[74] GH, Fall Golder, Serie A, Nr. 18, Ziff. 17.

Für den Gerichtshof stand außer Zweifel, daß der in Rede stehende Eingriff in Art. 8 EMRK gesetzlich vorgesehen war, wobei er ausschließlich auf die Prison Rules 1964 Bezug nahm. Besondere Anforderungen an die Übertragung der Normsetzungsbefugnis durch das Parlament auf das betreffende Exekutivorgan wurden vom Gerichtshof nicht festgestellt oder geprüft. Ebenso wurde auf einen Nachweis verzichtet, daß sich das Statutory Instrument inhaltlich im Rahmen der Ermächtigungsgrundlage gehalten hat.

Auf derselben Ermächtigungsgrundlage beruhten die Eingriffe, die Gegenstand des Verfahrens vor dem Gerichtshof im Fall Silver u.a. gegen das Vereinigte Königreich waren[75]. Bei fast allen Beschwerdeführern handelte es sich um Strafgefangene in englischen Gefängnissen, die sich in ihrer Beschwerde gegen die Zurückhaltung bzw. Verzögerung von Briefen durch die Gefängnisbehörden wendeten und die Verletzung von Art. 8 EMRK rügten. Die Maßnahmen wurden auch hier auf den Prison Act i.V.m. den Prison Rules 1964 des Innenministers gestützt.

Der Umstand, daß die Exekutive zum Erlaß der Prison Rules 1964 in einem förmlichen Gesetz ausdrücklich ermächtigt wurde und der Gerichtshof bereits im Fall Golder diese Ermächtigung im Prison Act 1952 eingehend beschrieben hat[76], spricht dafür, daß nach seiner Auffassung Organe der vollziehenden Gewalt kein originäres Gesetzgebungsrecht haben, sondern nur dann gesetzeskräftige Ermächtigungsgrundlagen zur Einschränkung von Konventionsrechten schaffen können, wenn ihnen eine solche Kompetenz vermittels eines Parlamentsgesetzes übertragen wurde.

bb) Wortlaut

Die im englischen und im französischen Konventionstext verwendeten Begriffe „law" und „loi" haben eine so allgemeine Bedeutung, daß allein aufgrund des Wortlauts Rückschlüsse darauf, ob der Gesetzesvorbehalt nur durch Parlamentsgesetze ausgefüllt werden darf oder ob auch Gesetze im rein materiellen Sinn Eingriffe legitimieren können, nicht möglich sind[77]. Der Ausdruck „law" bedeutet Gesetz, aber auch Recht im weitesten Sinn[78]. Gleiches gilt für den Ausdruck „loi"[79]. Diese definitorische Offenheit könnte al-

---

[75] GH, Fall Silver u.a., Serie A, Nr. 61.

[76] GH, Fall Golder, Serie A, Nr. 18.

[77] Zum Bedeutungsspektrum des Gesetzesbegriffs s. *Grawert*, in: *Brunner/Conze/Koselleck*, Geschichtliche Grundbegriffe, Bd. II, S. 863.

[78] *Romain*, Wörterbuch der Rechts- und Wirtschaftssprache, Teil I, Stichwort „law", S. 415.

[79] *Bertaux/Lepoint*, Französisch-Deutsches Wörterbuch, Stichwort „loi", S. 736.

lenfalls dann als Hinweis auf ein rein materielles Vorbehaltsverständnis gewertet werden[80], wenn feststeht, daß der Normgeber, hätte er einen Parlamentsvorbehalt verlangen wollen, eine andere Formulierung gewählt hätte. Dieser Nachweis läßt sich indes nicht erbringen.

cc) Demokratie

Unter demokratietheoretischen Gesichtspunkten begegnet die Anerkennung von Rechtsetzungsakten der Exekutive als Gesetze zunächst insoweit Bedenken, als dadurch der einer Demokratie wesensmäßige Grundsatz der Gewaltenteilung berührt wird, der dem Parlament die Aufgabe der Gesetzgebung und der Exekutive die Funktion des Gesetzesvollzugs zuweist[81]. Aus dieser Zuordnung ergibt sich die Vorrangigkeit parlamentarischer Entscheidungsbefugnisse ebenso wie die notwendige Gesetzesabhängigkeit bzw. Parlamentsabhängigkeit der Verwaltung[82].

Diese Interpretation des Demokratieprinzips wird auch durch Art. 6 der Erklärung der Menschen- und Bürgerrechte vom 26. August 1789 gestützt. Danach ist das Gesetz der Ausdruck des allgemeinen Willens, an dessen Gestaltung alle Bürger mitzuwirken berechtigt sind. Der so verstandene allgemeine Wille wird primär durch das vom Volk unmittelbar gewählte Parlament verkörpert.

Diese Führungsrolle des Parlaments würde aber unterlaufen, wenn Rechtsetzungsakte der Exekutive uneingeschränkt Gesetzeskraft hätten, die Exekutive mithin uneingeschränkt befugt wäre, menschenrechtsbeschränkende Rechtsetzungsakte zu erlassen[83]. „Gesetz"-gebung der Exekutive aus eigenem Recht verletzt demnach den Grundsatz der Gewaltenteilung[84].

Interpretiert man den Primat parlamentarischer Entscheidungsbefugnisse als feststehende Koordinate der Rechtsordnung und erkennt man als Korrelat dieser Befugnisse die Verantwortlichkeit der Volksvertretung an, muß das gleiche aber auch dann gelten, wenn der Exekutive eine inhaltlich unbegrenzte Gesetzgebungsbefugnis übertragen wird[85]. Denn auch auf diese Weise wür-

---

[80] So aber *Evers*, EuGRZ 1984, 281, 287; *Hoffmann-Remy*, Die Möglichkeiten der Grundrechtseinschränkung, S. 39.

[81] *Klisch*, Gesetz und Verordnung in der Verfassung der 5. französischen Republik vom 4. Oktober 1958, S. 220 f.; *Maurer*, Allgemeines Verwaltungsrecht, § 4 Rn. 11.

[82] *Rottmann*, EuGRZ 1985, 277, 292.

[83] *Kloepfer*, JZ 1984, 685; Gutachten des IAGMR vom 9.5.1986, OC-6/86, Ziff. 27 = EuGRZ 1987, 168 ff.

[84] *Böckenförde/Grawert*, AöR 95 (1970), S. 1, 16 f.

[85] *Jesch*, Gesetz und Verwaltung, S. 222; *Maurer*, Allgemeines Verwaltungsrecht, § 13 Rn. 4.

de durch die Entäußerung der Normierungs- und Lenkungsaufgabe ein Zustand herbeigeführt, der mit ebendiesen demokratischen Vorgaben nicht vereinbar ist.

Die Bedeutung, die dieses Ergebnis für das französische Recht[86] hat, hängt davon ab, wie man den Umfang der „domaines réservées" des Parlaments definiert. Dabei ist zu berücksichtigen, daß es für die EMRK nur um die Zuordnung solcher Gesetzgebungsmaterien geht, die sich auf die Legitimation von Eingriffen in Konventionsrechte, also im wesentlichen Freiheit und Eigentum, beziehen. Aussagen über das Verhältnis von Parlament und Exekutive hinsichtlich anderer Regelungsgegenstände, etwa solche der Leistungsverwaltung, für die in anderen Mitgliedstaaten der Vorbehalt des förmlichen Gesetzes gilt, müssen daraus nicht notwendig abgeleitet werden. Mit den aus dem Demokratieverständnis entwickelten europäischen Anforderungen an Gesetzgebungsbefugnisse der Exekutive wäre das französische Recht demnach nur dann zu vereinbaren, wenn die den Gewährleistungen der EMRK entsprechenden Regelungsbereiche vollständig in den dem Parlament nach Art. 34 der französischen Verfassung vorbehaltenen Gesetzgebungsbereich fielen, da dann dem Parlament die Möglichkeit eröffnet wäre, durch Spezialermächtigungen Art und Umfang von Rechtsetzungsbefugnissen der Exekutive selbst zu bestimmen. Gemäß Art. 34 Abs. 2 der französischen Verfassung werden durch Gesetz geregelt „les droits civiques et les garanties fondamentales accordées aux citoyens pour l'exercice des libertés publiques; les sujétions imposées par la Défense Nationale aux citoyens en leur personne et en leur biens; ..." Die Verwendung des Ausdrucks „garanties fondamentales", der mit dem deutschen Ausdruck „grundlegende Sicherungen" gleichbedeutend ist[87], könnte darauf hinweisen, daß nur der Erlaß von Rahmengesetzen zur Beschränkung von Menschenrechten in den reservierten Gesetzgebungsbereich des Parlaments fällt, der Erlaß ausfüllender Regelungen hingegen schon aufgrund der Verfassung der Regierung überlassen ist. Eine Bestätigung dieser Auslegung könnte man in Art. 34 Abs. 4 der französischen Verfassung erkennen. Danach bestimmt das Parlamentsgesetz „les principes fondamentaux" über den allgemeinen Aufbau der Landesverteidigung, die Selbstverwaltung der Gebietskörperschaften etc., was ebenfalls nur als Rahmenkompetenz verstanden wird[88]. Auch die durch die Algerien-Krise ausgelösten politischen Überlegungen, die im wesentlichen darin bestanden, eine starke, von dem schwerfälligen Parlament möglichst unabhängige Exekutive

[86] Einen Überblick dazu geben *Burdeau*, Droit Constitutionnel, und *Prélot/Boulois*, Institutions politiques et droit constitutionnel.

[87] *Mayer-Tasch*, Die Verfassungen der nicht-kommunistischen Staaten Europas, S. 197.

[88] *Klisch*, Gesetz und Verordnung in der Verfassung der 5. französischen Republik vom 4. Oktober 1958, S. 222.

zu schaffen[89] und die das Comité consultatif constitutionnel seinerzeit dazu bewogen haben, im Gegensatz zu den vorangegangenen Verfassungen der 3. und 4. französischen Republik originäre Rechtsetzungsbefugnisse der Regierung überhaupt einzurichten, sprechen jedenfalls nicht gegen die Auslegung des Art. 34 Abs. 2 1. Var. der französischen Verfassung als Rahmenkompetenz.

Dennoch erscheint die Auslegung des insoweit nicht eindeutigen Wortlauts dieser Vorschrift lediglich als Rahmenkompetenz im Ergebnis nicht überzeugend. Die französische Verfassung verweist in ihrer Präambel ausdrücklich auf die Erklärung der Menschen- und Bürgerrechte von 1789, nach deren Art. 6, wie gezeigt, das Gesetz Ausdruck des allgemeinen Willens ist, der in erster Linie durch das vom Volk unmittelbar gewählte Parlament verkörpert wird. Das darin zum Ausdruck kommende und die gesamte Verfassungsinterpretation überlagernde Demokratieverständnis läßt jedenfalls eine restriktive Auslegung der Kompetenzen des Parlaments gerade im Bereich der Menschenrechte nicht vertretbar erscheinen. In der danach gebotenen weiten Auslegung, nach der allein das Parlament originäre Rechtsetzungskompetenzen wenigstens im Bereich der Freiheitsrechte hat, die Exekutive hingegen nur nach vorheriger ausdrücklicher förmlicher Ermächtigung durch die Volksvertretung, stimmt das französische Recht mit den bisher gefundenen Vorgaben der EMRK an Rechtsetzungsbefugnisse der Exekutive überein.

Dem Verbot der Delegation von Rechtsetzungsbefugnissen auf die Exekutive durch Generalermächtigungen widerspricht auch nicht das Urteil des Gerichtshofs im Fall Republik Irland gegen das Vereinigte Königreich[90]. Gegenstand der Beschwerde waren Maßnahmen der nordirischen Behörden, insbesondere Haft und Internierung ohne Gerichtsverfahren sowie Mißhandlungen in Vernehmungslagern, aufgrund sog. „Regulations“[91]. Dabei handelte es sich um Vorschriften, die vom Minister of Home Affairs for Northern Ireland ohne jeden legislativen Akt und ohne Verkündung in Kraft gesetzt und neben dem geltenden Straf- und Strafprozeßrecht zur Kontrolle der inneren Ordnung angewendet wurden[92]. Eine Rechtsgrundlage dafür war in dem Civil Authorities (Special Powers) Act 1922, einem (formellen) Gesetz des nordirischen Parlaments, vorhanden, durch das die Regierung ermächtigt wurde, „to take

---

[89] *Klisch*, Gesetz und Verordnung in der Verfassung der 5. französischen Republik vom 4. Oktober 1958, S. 55 ff., 58.

[90] GH, Fall Republik Irland, Serie A, Nr. 25.

[91] Vgl. dazu die Übersetzung bei *Dietl/Lorenz*, Wörterbuch für Recht, Wirtschaft und Politik, Teil I, S. 695, mit (Rechts-)Verordnung, Ausführungsverordnung, Durchführungsverordnung und Verwaltungsvorschrift.

[92] GH, Fall Republik Irland, Serie A, Nr. 25, Ziff. 80 ff.

all such steps and issue all such orders as might be necessary for preserving peace and maintaining order[93]."

Diese Rechtsgrundlage für die von der Beschwerdeführerin angegriffene Maßnahme erscheint, auch und gerade im Hinblick auf die bisher ausgewerteten Entscheidungen, in verschiedener Weise ungeeignet, die von dem u.a. als verletzt gerügten Art. 5 Abs. 1 EMRK aufgestellten Voraussetzungen, insbesondere einen Freiheitsentzug auf dem gesetzlich vorgesehenen Wege, zu erfüllen. Abgesehen davon, daß die Regulations selbst der Öffentlichkeit nicht zugänglich waren[94], hat sich das Parlament mit der im Special Powers Act enthaltenen Generalermächtigung der Exekutive seines Gesetzgebungsauftrages weitgehend entledigt. Daß dennoch eine Konventionsverletzung unter diesem Gesichtspunkt nicht festgestellt wurde, spricht jedoch nicht dafür, daß nach Auffassung des Gerichtshofs auch durch Generalermächtigung Gesetzgebungsbefugnisse auf die Exekutive übertragen werden können. Zwar haben sich weder der Gerichtshof noch die Kommission[95], auf deren Bericht in Ziff. 193 der Entscheidungsgründe verwiesen wird, zu dieser Frage geäußert. Das war zum einen aber auch deshalb nicht mehr erforderlich, weil schon zuvor das Fehlen der sachlichen Voraussetzungen, die Art. 5 EMRK an Freiheitsentziehungen stellt, z.B. die vorangegangene Verurteilung durch ein zuständiges Gericht (Art. 5 Abs. 1 Satz 2 Buchst. a) EMRK), bejaht wurde. Zum anderen wurde eine Konventionsverletzung unter dem Gesichtspunkt des Art. 15 EMRK nicht festgestellt[96].

Das Urteil im Fall Republik Irland spricht daher in der Frage nach der Beschaffenheit der formell-rechtlichen Ermächtigungsnorm nicht gegen das Erfordernis einer Spezialermächtigung.

Durch welche Attribute Generalermächtigungen nun zu Spezialermächtigungen werden, wird entscheidend dadurch beeinflußt, für welche Bereiche die Verwaltung zum Handeln ermächtigt werden soll[97]. Insoweit ist eine Aussage über die Begrenzung der Ermächtigungen nicht möglich. Wenn aber der Zweck der Spezialermächtigung gerade darin bestehen soll, den Vorrang parlamentarischer Entscheidungsbefugnisse zu wahren, spricht das dafür, daß der Umfang der delegierten Befugnisse in der Ermächtigungsnorm genau bestimmt wird[98]. In diesen Grenzen berührt zwar die Rechtsetzung durch die

---

[93] GH, Fall Republik Irland, Serie A, Nr. 25, Ziff. 80.

[94] Vgl. GH, Fall Silver u.a., Serie A, Nr. 61, Ziff. 87; GH, Fall Barthold, Serie A, Nr. 90, Ziff. 47.

[95] GH, Fall Republik Irland, Serie B, Nr. 23-I, S. 93 ff.

[96] GH, Fall Republik Irland, Serie A, Nr. 25, Ziff. 202 ff.

[97] *Jesch*, Gesetz und Verwaltung, S. 222.

[98] *Maurer*, Allgemeines Verwaltungsrecht, § 13 Rn. 4.

Exekutive das Gewaltenteilungsprinzip, sie stellt jedoch gleichwohl keine echte Durchbrechung dar, weil die Exekutive nicht aus eigenem Recht, sondern nur aufgrund und im Rahmen einer formell-gesetzlichen Ermächtigung gesetzgebend tätig werden darf.

Wenn auch der Grundsatz der Gewaltenteilung im Ergebnis nicht gegen Exekutivorgane als Urheber von Gesetzen i.S.d. EMRK spricht, so können sich Bedenken doch daraus ergeben, daß solche Rechtsakte jedenfalls in schwächerem Maße demokratisch legitimiert sind als formelle Gesetze[99], die immerhin unmittelbar auf den Willen der Volksrepräsentanten zurückgehen. Darüber hinaus bietet das demokratische Element des förmlichen Gesetzgebungsverfahrens durch die Gewährleistung von Argumentation, Öffentlichkeit, Kompromiß und Schutz vor Majorisierung eine gewisse Garantie für die inhaltliche Güte des Gesetzes[100]. Da Rechtsakte der Exekutive diese freiheitssichernde Leistung i.d.R. nicht in diesem Maße erbringen, stellt sich die Frage nach der Notwendigkeit, gerade vor dem Hintergrund des Demokratieprinzips auch solche Rechtsakte neben dem Parlamentsgesetz als Eingriffsgrundlage zuzulassen.

Der Vorteil exekutivischer Rechtsetzung gegenüber Parlamentsgesetzen besteht zum einen darin, daß aufgrund der in der Regel kürzeren Verfahrensdauer eine raschere Anpassung der Rechtslage an Situationsveränderungen möglich ist[101]. Zudem ist jedenfalls bei dem Erlaß auf unterer staatlicher Verwaltungsebene gewährleistet, daß regionale Besonderheiten berücksichtigt werden, was zur Förderung und zum Erhalt des Pluralismus, den der Gerichtshof ebenfalls als ein Merkmal einer demokratischen Gesellschaft interpretiert[102], beiträgt. Darüber hinaus ist zu berücksichtigen, daß der Umfang der Regelungsmaterien beträchtlich zugenommen hat. Insoweit stellt die Delegation von Rechtsetzungsbefugnissen auf die Exekutive eine notwendige Entlastung des Parlamentsgesetzgebers dar[103].

Unter den genannten Voraussetzungen ergeben sich aus dem der Konvention zugrunde liegenden Demokratieverständnis mithin keine Bedenken dagegen, daß Gesetze i.S.d. EMRK auch Rechtsetzungsakte der Exekutive sein können.

---

[99] *Hesse*, Grundzüge des Verfassungsrechts der Bundesrepublik Deutschland, Rn. 525.

[100] *Hesse*, Grundzüge des Verfassungsrechts der Bundesrepublik Deutschland, Rn. 504; *Kloepfer*, JZ 1984, 685, 694; *Starck*, Der Gesetzesbegriff des Grundgesetzes, S. 169.

[101] *Hesse*, Grundzüge des Verfassungsrechts der Bundesrepublik Deutschland, Rn. 526; *Starck*, Der Gesetzesbegriff des Grundgesetzes, S. 40.

[102] GH, Fall Sunday Times, Serie A, Nr. 30, Ziff. 61.

[103] *Jesch*, AöR 84 (1959), S. 74, 91; *Starck*, Der Gesetzesbegriff des Grundgesetzes, S. 40.

dd) *Vorherrschaft des Rechts*

Das in der EMRK und der Satzung des Europarates enthaltene Prinzip des Rechtsstaats fordert Vorhersehbarkeit und Berechenbarkeit staatlichen Handelns. Die Durchsetzung dieser Forderungen ist aber nicht unmittelbar mit dem Normgeber verbunden. Vielmehr wird der hinter diesen Anliegen stehende, primär individualrechtssichernde Aspekt des Schutzes vor Willkür ersichtlich auch durch Gesetze im rein materiellen Sinn wahrgenommen[104], sofern sie im übrigen die Qualifikationsmerkmale eines Gesetzes erfüllen.

Schließlich ist zu berücksichtigen, daß sich in den Rechtsordnungen der Mitgliedstaaten keine Übereinstimmung bei der Verwendung des Gesetzesbegriffs erkennen läßt, sondern daß darunter teilweise ein formelles, teilweise aber auch ein materielles Gesetz verstanden wird[105]. Würde man also den Gesetzesvorbehalt der EMRK im Sinne eines Parlamentsvorbehalts auslegen, würde das in den Rechtsordnungen solcher Mitgliedstaaten, in denen Freiheitsbeschränkungen herkömmlicherweise auf Rechtsetzungsakte der Exekutive gestützt werden, Regelungslücken schaffen und damit die Staatstätigkeit bis zum Erlaß ausreichender gesetzlicher Regelungen blockieren. Versteht man die Kontinuität[106] staatlichen Handelns wie der gesamten Rechtsordnung als Merkmal der mit dem Rechtsstaat untrennbar verbundenen Forderung nach Rechtssicherheit, spricht auch insoweit das Prinzip des Rechtsstaats dafür, Rechtsetzungsakte der Exekutive als Eingriffsgrundlagen zuzulassen.

Die Konsequenz dieses Ergebnisses besteht darin, daß solche Rechtsetzungsakte der Exekutive, die ohne eine so beschaffene parlamentarische Ermächtigungsgrundlage ergangen sind, nicht als Gesetz i.S.d. EMRK gelten. Das betrifft vor allem Rechtsetzungsakte, die aufgrund der der Exekutive inhärenten Organisations- und Geschäftsverteilungsgewalt ergehen und typischerweise unmittelbar Rechtswirkungen und Rechtsbindungen nur im verwaltungsinternen Bereich erzeugen, also Verwaltungsvorschriften, Richtlinien, dienstliche Anordnungen etc. Daß solche Akte keine Eingriffe in Menschenrechte legitimieren können, entspricht auch der Rechtsprechung des Gerichtshofs. Im Fall Silver[107] hätte anderenfalls die von der Beschwerdeführerin angegriffene Beschränkung des Briefverkehrs außer auf den Prison Act und die Prison Rules 1964 auch auf die „Standing Orders“ und „Circular Instructions“ gestützt werden können, die zwar wie die Prison Rules 1964 durch das Home Secretary erlassen worden sind, jedoch im Gegensatz zu

---

[104] *Kloepfer*, JZ 1984, 685, 694; *Rottmann*, EuGRZ 1985, 277, 293 f.

[105] *Blum*, Die Gedanken-, Gewissens- und Religionsfreiheit nach Art. 9 der Europäischen Menschenrechtskonvention, S. 112.

[106] Zum Kontinuitätsprinzip *Jesch*, Gesetz und Verwaltung, S. 112.

[107] GH, Fall Silver u.a., Serie A, Nr. 61.

diesen ausschließlich dazu dienten, eine einheitliche Verwaltungspraxis innerhalb des Strafvollzugs herbeizuführen: „With a view to securing uniformity of practice throughout prison establishments, the Home Secretary also issues to prison governors management guides or directives in the form of Standing Orders ... and Circular Instructions. Unless otherwise authorized, governors are required to comply with their directives, but they do not have, or purport to have, the force of law."[108]

c) Judikative

Die Frage, ob Menschenrechte der EMRK auch aufgrund von Judikativakten eingeschränkt werden dürfen, stellt sich nicht nur für Common Law-Staaten wie das Vereinigte Königreich, wo weite Teile des Menschenrechtsschutzes durch Richterrecht geregelt werden[109], sondern ebenfalls, wenn auch in abgeschwächter Form, für das kontinentaleuropäische Recht[110].

Im Unterschied zum anglo-amerikanischen Rechtsdenken richtet sich hier die Rechtsfindung im konkreten Einzelfall zwar durchweg nach bereits vorgegebenen, regelmäßig abstrakten Normen, so daß das Bedürfnis nach einer Bildung richterrechtlicher Regeln von vornherein viel geringer ist. Gerade mit der Abstraktheit der Kodifizierung ist jedoch unabdingbar auch ihre Unvollständigkeit verbunden[111], was daraus resultiert, daß es für den jeweiligen Urheber der Kodifikation bereits faktisch unmöglich ist, alle denkbaren Sachverhalte zu berücksichtigen[112]. Eine weitere Schwierigkeit bei der Kodifizierung besteht aufgrund der oft schwerfälligen Verfahren darin, die Rechtssätze dem raschen Wandel der Verhältnisse anzupassen. Auch in diesen Bereichen verminderter Regelungsdichte ergangene Hoheitsakte müssen schon aufgrund der in Art. 13 EMRK niedergelegten Rechtsschutzgarantie justitiabel sein[113]. Entscheidungsträgerin ist dann aber regelmäßig die Judikative.

---

[108] GH, Fall Silver u.a., Serie A, Nr. 61, Ziff. 26.

[109] *Crombach*, DVBl. 1973, 561, 562.

[110] Im deutschen Recht wurden z.B. die culpa in contrahendo, die positive Vertragsverletzung oder die Gewährung von Schmerzensgeld für erlittene immaterielle Schäden entwickelt, im österreichischen Recht z.B. der Ausschluß der Sicherungsübereignung durch Besitzkonstitut. Vgl. *Bydlinski*, Juristische Methodenlehre und Rechtsbegriff, S. 504; *ders.*, JZ 1985, 149 ff.; weitere Beispiele bei *Esser*, Grundsatz und Norm in der richterlichen Fortbildung des Privatrechts, S. 269 f.; *Germann*, Präjudizien als Rechtsquelle, S. 11 ff.

[111] *Meyer-Cording*, Die Rechtsnormen, S. 61 f.; *Ossenbühl*, in: *Erichsen / Martens*, Allgemeines Verwaltungsrecht, § 7 Rn. 78.

[112] *Grasmann*, in: *David / Grasmann*, Einführung in die großen Rechtssysteme der Gegenwart, S. 151; *Herzog*, in: FS-Sendler, S. 17, 21 f.

[113] Vgl. dazu auch *Larenz*, Methodenlehre, S. 372, mit dem Hinweis darauf, daß es einer Rechtsverweigerung gleichkäme, wenn der Richter mangels Regelung den Fall unentschieden ließe.

Die Unvollständigkeit kodifizierten Rechts kann zum einen darauf beruhen, daß der Normgeber bewußt oder aufgrund mangelnder Eindeutigkeit und Ausdrucksfähigkeit der Sprache notgedrungen offene bzw. auslegungsbedürftige Begriffe verwendet[114]. Mit solchen Begriffen gibt der positive Gesetzgeber einen Rahmen vor, innerhalb dessen das Auslegungsergebnis, d.h. die konkrete, auf den Entscheidungssachverhalt anwendbare, subsumtionsfähige Aussage des positiven Rechts, liegen muß. Der Rechtsetzungsakt der Judikative kann dann darin bestehen, die Brücke zwischen dem abstrakten Rahmen und der auf den Fall anwendbaren, normativen Aussage zu schlagen. Insofern steckt in der richterlichen Interpretation ein Akt der Rechtsetzung[115]. Es kann sich aber auch erweisen, daß für den zu beurteilenden Lebenssachverhalt eine kodifizierte Regelung fehlt. Je nachdem, aus welchen Gründen die Regelungslücke besteht, muß es dann der Judikative obliegen, diese Lücke anstelle des Gesetzgebers zu schließen[116].

aa) Rechtsprechung des Gerichtshofs

Wo die Grenzen des stets mit den originären Rechtsetzungsbefugnissen des Parlaments konkurrierenden Richterrechts liegen, läßt sich der Rechtsprechung des Gerichtshofs nicht klar entnehmen, was zum Teil daran liegen mag, daß jeweils nicht Richterrecht im allgemeinen, sondern überwiegend Common Law als Rechtsgrundlage für Menschenrechtsbeschränkungen diente.

Aus den Entscheidungen in den Fällen Sunday Times[117] und Dudgeon[118] gegen das Vereinigte Königreich geht hervor, daß der Gerichtshof jedenfalls auch Akte der Rechtsprechung als Gesetz anerkannt hat.

Im Fall Sunday Times war der Gerichtshof mit der Frage befaßt, ob das anläßlich des bevorstehenden Artikels über die „Thalidomide"-Tragödie verhängte Veröffentlichungsverbot einen vom Gesetz vorgesehenen Eingriff in das Recht aus Art. 10 Abs. 1 EMRK darstellte. Rechtsgrundlage für diesen Eingriff war das dem Common Law entstammende Institut des „contempt of court"[119]. Unter welchen Voraussetzungen eine solche Mißachtung vorliegt,

---

[114] *Meyer-Cording*, Die Rechtsnormen, S. 62.

[115] *Less*, Von Wesen und Wert des Richterrechts, S. 9; *Ossenbühl*, in: *Erichsen / Martens*, Allgemeines Verwaltungsrecht, § 7 Rn. 83.

[116] Vgl. Art. 1 Abs. 2 Schweizer ZGB, nach dem der Richter insbesondere für die Fälle, in denen es an einer Regelung fehlt, nach der Regel entscheiden soll, die er als Gesetzgeber aufstellen würde.

[117] GH, Fall Sunday Times, Serie A, Nr. 30.

[118] GH, Fall Dudgeon, Serie A, Nr. 45.

[119] *Dietl / Lorenz*, Wörterbuch für Recht, Wirtschaft und Politik, Teil I, Stichwort „contempt of court", S. 164.

ist positiv-rechtlich nicht festgelegt[120], sondern folgt aus richterrechtlichen Grundsätzen, z.B. aus dem „pressure principle“, das das Verbot der Druckausübung auf die streitbeteiligten Parteien konstituiert, oder aus dem „prejudgement principle“, das die Vorwegnahme des Urteils unterbinden soll[121]. Der Gerichtshof problematisierte zwar die Gesetzesqualität dieser Eingriffsgrundlage, gelangte aber schließlich zu dem Ergebnis, daß Rechtsgrundsätzen des Common Law nicht von vornherein eine rechtfertigende Kraft abgesprochen werden könne.

Dabei orientierte er sich überwiegend an den Auswirkungen des Auslegungsergebnisses auf das innerstaatliche Recht eines Common Law-Staates: „It would clearly be contrary to the intention of the drafters of the Convention to hold that a restriction imposed by virtue of the common law is not ‚prescribed by law‘ on the sole ground that it is not enunciated in legislation: this would deprive a common-law State which is Party to the Convention of the protection of Article 10 § 2 and strike at the very roots of that State's legal system“[122].

Keinem Zweifel unterlag die Gesetzesqualität von Common Law und damit auch die Tauglichkeit der Judikative als Gesetzgeber im Fall Dudgeon. Der Beschwerdeführer, ein Homosexueller, wendete sich gegen die in Nordirland geltende Rechtslage, nach der im gegenseitigen Einverständnis begangene homosexuelle Handlungen zwischen männlichen Erwachsenen strafbar sind. Die Strafbarkeit wegen vollendeter Delikte ergab sich aus dem Offences against the Person Act von 1861 sowie aus dem Criminal Law Amendment Act von 1885[123], beides Parlamentsgesetze. Die Versuchsstrafbarkeit war dagegen allein im Common Law verankert[124]. In Ziff. 44 der Entscheidungsgründe verwies der Gerichtshof lediglich auf den Bericht der Kommission, wonach der festgestellte Eingriff in Art. 8 Abs. 1 EMRK, weil er auf bestimmten Vorschriften der Gesetze von 1861 und 1885 sowie auf dem Common Law beruhte, eindeutig „gesetzlich vorgesehen“ war.

Über den Hinweis auf die nachteiligen Folgen eines anderen Auslegungsergebnisses für Common-Law-Staaten hinaus hat der Gerichtshof keine Grün-

[120] Zu den Unsicherheiten bei der Konkretisierung dieses dem englischen Recht eigentümlichen Instituts s. *Bartsch*, EuGRZ 1977, 464 ff.

[121] Der Inhalt dieses Grundsatzes wird in Ziff. 52 der Entscheidungsgründe unter Verweis auf das Urteil des Lordrichters Cotton in der Sache Hunt gegen Clarke (1889) wiedergegeben; GH, Fall Silver u.a., Serie A, Nr. 61.

[122] GH, Fall Sunday Times, Serie A, Nr. 30, Ziff. 47.

[123] GH, Fall Dudgeon, Serie A, Nr. 45, Ziff. 14.

[124] Vgl. GH, Fall Dudgeon, Memorial of the U.K. Government vom 6.2.1981, Serie B, Nr. 40, S. 56 f.: „At common law, an attempt to commit an offence is itself an offence and accordingly it is an offence to attempt to commit an act of gross indecency.“

de dafür angegeben, warum Grundsätze des Common Law eine ausreichende Legitimationsgrundlage für Eingriffe in Menschenrechte darstellen. Darüber hinaus sprach er in den Fällen, in denen Grundlage der vom Beschwerdeführer angegriffenen Maßnahme ein Rechtssatz des Common Law war, nicht verallgemeinernd von richterrechtlichen Prinzipien, sondern verwendet stets den Terminus „common law".

Gegenstand der Entscheidung der Kommission im Fall Rassemblement jurassien gegen Schweiz[125] waren vom Berner Regierungsrat ausgesprochene Versammlungsverbote im Zusammenhang mit dem sog. Jurakonflikt, in dem Teile der französischsprachigen Bevölkerung des Berner Jura eine Loslösung vom mehrheitlich deutschsprachigen Kanton Bern forderten. Beschwerdeführerin war die separatistische Organisation „Rassemblement jurassien", die u.a. die Verletzung von Art. 11 EMRK rügte, indem sie behauptete, die Einschränkung der Ausübung des gewährleisteten Rechts sei nicht „vom Gesetz vorgesehen". Als Rechtsgrundlage für die beanstandeten Maßnahmen hat die Regierung Art. 39 Abs. 2 der Berner Kantonsverfassung[126] sowie, unter Berufung auf das Sunday Times-Urteil, die von der Rechtsprechung entwickelte „allgemeine Polizeiklausel" bezeichnet.

In ihrer Entscheidung hat die Kommission Art. 39 Abs. 2 der Berner Kantonsverfassung als maßgebliche Rechtsgrundlage für die Versammlungsverbote angesehen. Sie erachtete es ausdrücklich als nicht erforderlich, sich zu der Frage zu äußern, ob eine Maßnahme als „vom Gesetz vorgesehen" betrachtet werden kann, die sich auf ein von der Rechtsprechung entwickeltes Prinzip, sei dieses auch unbestritten, stützt[127]. Diese Zurückhaltung wäre überflüssig gewesen, wenn die Übertragung der Rechtsprechung zum Common Law auf das kontinentaleuropäische Recht problemlos für möglich gehalten worden wäre. In diesem Fall hätte die Kommission ohne weiteres die „Allgemeine Polizeiklausel" als ausreichende Ermächtigungsgrundlage anerkennen können, ebenso wie im Fall Dudgeon die Versuchsstrafbarkeit ohne weiteres als „gesetzlich vorgesehen" betrachtet wurde[128]. Daß das nicht geschehen ist, im Gegenteil erhebliche Bedenken bestanden, den im Sunday Times-Urteil entwikkelten Grundsätzen auch für den kontinentaleuropäischen Raum Geltung zu verschaffen[129], scheint dafür zu sprechen, daß nach Ansicht des Gerichtshofs

---

[125] Entscheidung der Kommission vom 10.10.1979, EuGRZ 1980, 36 ff.

[126] Die Vorschrift lautet: „Zur Abwendung von dringender Gefahr kann er (der Regierungsrat) die vorläufigen militärischen Sicherheitsmaßregeln ergreifen oder die nötigen Gebote und Verbote mit Strafandrohung erlassen ...".

[127] Siehe Ziff. 6 der Entscheidungsgründe (FN 75).

[128] GH, Fall Dudgeon, Serie A, Nr. 45.

[129] So *Trechsel*, EuGRZ 1980, 514, 519, der als Mitglied der Europäischen Kommission für Menschenrechte an dieser Entscheidung mitgewirkt hat.

richterlichen Rechtsetzungsakten keine etwa solchen des Parlaments gleichkommende Legitimation als Eingriffsgrundlage zukommt.

bb) Rechtstradition der Mitgliedstaaten

Was das römisch-rechtliche Rechtsdenken betrifft, wurde der rechtsschöpferische Charakter der Gesetzesauslegung schon früh erkannt. Seine Legitimation wurde aus dem Gedanken der Billigkeit (epieikeia) als Grundprinzip des gesamten Rechtssystems abgeleitet. Diese verlangte vom Richter eine den Buchstaben des Gesetzes überwindende Analyse des gesetzgeberischen Grundgedankens und seine, der Gerechtigkeit entsprechende Anwendung auf den gegebenen Fall. Die Interpretation der Normen auf der Grundlage der aequitas, die ein Haften am Gesetz ausschloß, ist bezeichnend für das römische Recht geworden: „ius est ars boni et aequi“[130].

Die Entwicklung der Gesetzesauslegung und Rechtsquellentheorie durch Glossatoren, Kommentatoren und Kanonisten führte zwar zur allgemeinen Umkehr von der extensiven zur restriktiven Auslegung und damit zur Zurückdrängung der schöpferischen, rechtserzeugenden Tätigkeit der Gerichte, das Problem der Auslegungsbedürftigkeit und Lückenfüllung stellte sich aber nach wie vor.

Unter dem rechtspositivistischen Dogma von der Lückenlosigkeit des Rechts und der logischen Geschlossenheit der Rechtsordnung wurde dieses Problem zunächst dadurch zu lösen versucht, daß man unter der Prämisse zwingender innerer Konsequenz des positiven Gesetzes die festgestellten Lücken mittels eines logischen Verfahrens ausfüllte[131]. Diese Lösungsmöglichkeit wich später der teleologisch begründeten Auffassung, der Richter habe, da nicht alle Fälle des vielgestaltigen Lebens vom Gesetz geregelt werden könnten, die Aufgabe, eine Grundlage für seine Entscheidung außerhalb des Gesetzes zu suchen. Sie stützte sich auf die Erkenntnis, daß die Rechtsordnung eine Zweckschöpfung sei und als solche dem Ausgleich der verschiedenen Lebensinteressen diene[132].

Diese Entwicklung führte schließlich zu der Anerkennung rechtsschöpferischer Tätigkeit des Richters[133].

---

[130] *Less*, Von Wesen und Wert des Richterrechts, S. 11.

[131] *v. Savigny*, System des heutigen römischen Rechts, Bd. I, S. 290 f.

[132] *Gény*, Methode d'interpretation et des sources en droit privé positif, 1899; *Zitelmann*, Lücken im Recht, 1903, zit. bei *Less*, Von Wesen und Wert des Richterrechts, S. 13.

[133] *Less*, Von Wesen und Wert des Richterrechts, S. 16; s. auch den Überblick über die Entwicklung des Verhältnisses von Gesetz und Richter bei *Coing*, in: *Staudinger*, Kommentar zum Bürgerlichen Gesetzbuch, Erstes Buch, Einleitung, Rn. 197 ff.

Aus der Sicht der anglo-amerikanischen Rechtstradition verlief die Bildung von Richterrecht gewissermaßen umgekehrt. Es entstand nicht sekundär als Folge ungenauen oder unvollständigen positiven Rechts, sondern als primäre Rechtsquelle.

Das Common Law wurde nach der Eroberung durch die Normannen in der Zeit von 1066 bis 1495 geschaffen, als die Idee der Gewaltenteilung noch nicht als Staatsprinzip erkannt, geschweige denn verwirklicht war. Es ersetzte nach und nach das bis dahin geltende angelsächsische Recht und führte erstmalig zu einem für ganz England einheitlich geltenden Recht. Die Herausbildung des Common Law oblag ausschließlich den königlichen Gerichten[134] und fügte sich damit übergangslos in das damalige System der Feudalherrschaft ein. Entsprechend seinem Ursprung war es reines „case law", wenn auch in der anglo-amerikanischen Rechtswissenschaft jahrhundertelang ein Streit darüber herrschte, ob die richterlichen Urteile noch Ausdruck und Beweis dessen seien, was als „gemeines Recht" schon seit unvordenklicher Zeit bestanden habe, oder ob der Richter durch seine Entscheidung neues Recht schaffe[135]. Daraus, daß die in den Gerichtsentscheidungen formulierten Regeln allgemein verbindlich waren und neben den Gerichten keine anderen Rechtsetzungsinstanzen bestanden, erklärt sich die im Vergleich zum kontinentaleuropäischen Rechtsdenken größere Bedeutung der Rechtsprechung. Es zeigt sich aber auch, daß die Rechtssätze immer anhand und als Folge konkreter und individueller Fälle gebildet wurden, während im Gegensatz dazu die Rechtsfindung auf der Grundlage der römisch-rechtlichen Tradition stets einem bereits vorliegenden Normenkatalog folgte: „Non exemplis sed legibus iudicandum est"[136].

Dem entsprechen auch die Unterschiede in den Prämissen der englischen und der kontinentaleuropäischen Staatsphilosophie. Während man hier von der logischen Apriorität der Allgemeinbegriffe gegenüber der Tatsachenerfahrung ausging[137], es demzufolge keine Schwierigkeiten bereitete, einen Rechtsfall nach bereits vorgegebenen abstrakten Regeln zu lösen, beruhte die englische Staatsphilosophie auf der Prämisse, daß die Erfahrung ausschließliche Erkenntnisquelle sei und Allgemeinbegriffe nur als Produkte dieser Erfahrung angesehen werden könnten[138]. Mit dem Erkenntniswert, der dem empirisch

---

[134] *Blumenwitz*, Einführung in das anglo-amerikanische Recht, S. 4 f.; *Will*, in: *David/Grasmann*, Einführung in die großen Rechtssysteme der Gegenwart, S. 440.

[135] *Less*, Von Wesen und Wert des Richterrechts, S. 19 FN 42.

[136] *Will*, in: *David/Grasmann*, Einführung in die großen Rechtssysteme der Gegenwart, S. 489.

[137] *Darmstaedter*, in: FS-Laun, S. 539 m.w.N.; *Koch*, Zur Einführung eines Grundrechtskataloges im Vereinigten Königreich von Großbritannien und Nordirland, S. 57.

[138] *Darmstaedter*, in: FS-Laun, S. 542 m.w.N.

Vorgefundenen beigemessen wurde, stimmt es überein, daß Rechtsregeln dialektisch an den jeweils zur Entscheidung anstehenden Fällen gebildet wurden. Trotz der Entwicklung des Normenkomplexes der Equity[139] und des Statute Law[140] lebt diese Tradition auch heute noch fort[141].

Diese Entwicklung erklärt auf der einen Seite die Geltung von Common Law als taugliche Grundlage für Eingriffe in Menschenrechte im Vereinigten Königreich überhaupt. Sie zeigt aber auch, daß es sich bei Common Law um Ermächtigungen handelt, die sich zu Zeiten der Feudalherrschaft gebildet haben und die ursprünglich die unbeschränkte Macht des Monarchen widerspiegelten. Wenngleich sich diese Rolle des Common Law auf dem Weg zu einem modernen Verfassungsstaat geändert hat, scheint es doch, gemessen an der kontinentaleuropäischen Entwicklung zum gewalten- und insbesondere funktionenteilenden Rechtsstaat, überholt zu sein. Das gilt insbesondere für den im Verhältnis zu der im römisch-rechtlichen Rechtskreis anerkannten richterlichen Normsetzung gravierenden Unterschied, daß das Common Law aufgrund der Anerkennung einer primären Rechtsetzungsbefugnis der Judikative entstanden ist. Diese Einschätzung bewahrheitet sich umso mehr, wenn man berücksichtigt, daß nicht nur die Gesetzgebungstätigkeit des Parlaments im Vereinigten Königreich erheblich zugenommen hat[142] und daß seit 1965 sog. Law Commissions damit betraut sind, anstehende Gesetzesreformen u.a. durch die Vermittlung der Gesetzesauslegung vorzubereiten, sondern daß auch Bemühungen sichtbar sind, den Menschenrechtsschutz durch die Einführung einer Bill of Rights zu optimieren[143].

Die Rechtstradition der Mitgliedstaaten spricht demnach nicht gegen Rechtsetzungsbefugnisse der Judikative schlechthin, sondern nur gegen primäre, unmittelbar mit den Kompetenzen anderer Organe zur Setzung positiven Rechts konkurrierende Befugnisse.

---

[139] *Blumenwitz*, Einführung in das anglo-amerikanische Recht, S. 6 ff.; *Müller-Gugenberger*, in: *David/Grasmann*, Einführung in die großen Rechtssysteme der Gegenwart, S. 92.

[140] *Blumenwitz*, Einführung in das anglo-amerikanische Recht, S. 42 ff.

[141] *Will*, in: *David/Grasmann*, Einführung in die großen Rechtssysteme der Gegenwart, S. 495 f.

[142] *Will*, in: *David/Grasmann*, Einführung in die großen Rechtssysteme der Gegenwart, S. 495; s. auch *Riedel*, EuGRZ 1980, 192, 194, der auf die angesichts zunehmender Kodifizierung schwindende Bedeutung des durch richterliches Präjudizienrecht entwickelten Habeas Corpus-Verfahrens hinweist.

[143] Zur Bill of Rights-Debatte *Koch*, Zur Einführung eines Grundrechtskataloges im Vereinigten Königreich von Großbritannien und Nordirland, S. 135.

cc) Demokratie

Aus demokratietheoretischer Sicht scheint zunächst der Grundsatz der Gewaltenteilung gegen Gesetzgebungsbefugnisse der Judikative überhaupt zu sprechen[144]. Denn danach besteht die Funktion der Rechtsprechung in der Anwendung des von der gesetzgebenden Gewalt gesetzten Rechts. Ist demnach der Richter an das von Legislativorganen i.e.S. gesetzte Recht gebunden, bedeutet das auf der anderen Seite, daß er sich nicht an die Stelle des Gesetzgebers setzen darf, da dadurch die mit der Gewaltenteilung bezweckte Kontrolle und Balance zwischen den Staatsgewalten gestört würde. Im Sinne von Montesquieu würde der Richter also lediglich die Worte des Gesetzes aussprechen[145].

Dieser Maxime wurde etwa in § 46 der Einleitung zum Allgemeinen Landrecht für die preußischen Staaten Ausdruck verliehen: „Bey Entscheidungen streitiger Rechtsfälle darf der Richter den Gesetzen keinen anderen Sinn beilegen, als welcher aus den Worten, und dem Zusammenhange derselben, in Beziehung auf den streitigen Gegenstand, oder aus dem nächsten unzweifelhaften Grunde des Gesetzes, deutlich erhellt.“

Die Voraussetzungen des montesquieuschen Bildes des Richters haben sich freilich seit dem 18. Jh. geändert[146]. Mit der Komplexität und Dynamik moderner europäischer Gesellschaften haben auch die Rechtsordnungen an Umfang und Differenziertheit zugenommen, denkt man nur an den Bereich des internationalen Handels oder des Verwaltungsrechts. Mit dem Anwachsen gesetzgeberischen Regelungsbedarfs ist aber auch die Wahrscheinlichkeit gesunken, eine Lückenlosigkeit der Kodifikationen, wie sie noch 1794 dem Allgemeinen Preußischen Landrecht zugrunde gelegt werden konnte, zu erreichen. Umso weniger kann dann aber der Richter heute ausschließlich der Mund des Gesetzes sein[147].

Auf der anderen Seite muß durch eine diesem Wandel der Verhältnisse entsprechende Akzeptanz von Rechtsetzungsbefugnissen der Judikative nicht der Gedanke der Gewaltenteilung schlechthin aufgegeben werden. Denn eine solche Anerkennung bedeutet noch nicht, daß der Richter in der gleichen Freiheit wie etwa das Parlament Gesetze kreieren könnte, wenn sich eine von ihm für notwendig oder zweckmäßig erachtete Rechtsfolge nicht aus dem kodifizierten Recht ableiten läßt, wenn richterliche Rechtsetzungsbefugnisse

---

[144] *Less*, Von Wesen und Wert des Richterrechts, S. 15.

[145] *Montesquieu*, De l'Esprit des Loix, 11. Buch, 6. Kap.: „Mais les juges de la nation ne sont, comme nous avons dit, que la bouche qui prononce les paroles de la loi ...“.

[146] *Herzog*, in: FS-Sendler, S. 20 ff.

[147] *Herzog*, in: FS-Sendler, S. 21.

im Verhältnis zum Parlament oder anderen gesetzgebungsbefugten Organen lediglich lückenfüllend bestehen[148].

Unter welchen Voraussetzungen das der Fall ist, muß sich aufgrund der damit in Kauf genommenen Kollision der gesetzgebenden und der rechtsprechenden Gewalt danach richten, auf welche Weise der Vorrang des Parlaments am besten gewahrt bzw. am wenigsten beeinträchtigt wird. In diesem Sinne erscheint es grundsätzlich ausgeschlossen, richterlich entwickelte normative Sätze als Rechtsgrundlage für die Beschränkung von Konventionsrechten anzuerkennen, die dem ausdrücklich oder stillschweigend erklärten Willen des Parlamentsgesetzgebers zuwiderlaufen. Für Regelungslücken im kodifizierten Recht bedeutet das, daß sie nur dann vermittels richterlicher Entscheidungen geschlossen werden können, wenn nachgewiesen ist, daß sie nicht beabsichtigt sind. Hinsichtlich der Art und Weise der Lückenfüllung scheint dem mutmaßlichen Willen des Gesetzgebers die Auslegung am besten zu entsprechen, die sich in den kodifizierten Kontext widerspruchsfrei einfügt.

Bei dieser Begrenzung spricht auch der Primat der Volksvertretung nicht dagegen, daß prinzipiell auch die Rechtsprechung Gesetze i.S.d. Konvention schaffen kann. Denn mit der Möglichkeit der Verwendung unbestimmter Rechtsbegriffe und Blankettnormen liegt es in der Hand des jeweils zur Rechtsetzung berufenen Organs, ob und in welchem Umfang es eine Konkretisierung der Sachverhalte bis ins Detail der Rechtsprechung überläßt, ebenso wie einmal gesetzte Interpretationsspielräume jederzeit durch eine entsprechende Kodifikation wieder zurückgenommen werden können. Gleiches gilt dann, wenn eine Kodifikation die Regelung bestimmter Sachverhalte offen gelassen hat. Auch in diesen Fällen werden nach der hier vertretenen Auffassung (sekundäre) richterrechtliche Grundsätze durch gesetztes Recht derogiert. In beiden Fällen bleibt aber die Vorherrschaft des Volkes bzw. der Volksvertretung unberührt.

Diese nach dem in den Mitgliedstaaten vorherrschenden Demokratieverständnis gebotene Beschränkung richterlicher Rechtsetzungsbefugnisse führt jedenfalls aus demokratietheoretischen Gründen nicht zum Wegfall der auf Common Law beruhenden Eingriffsermächtigungen des anglo-amerikanischen Rechtskreises. Seinen historischen Wurzeln nach war es zwar zunächst primäre Rechtsquelle, mit der Durchsetzung der gerade in diesem Rechtskreis geltenden absoluten Parlamentssouveränität[149] wird es nunmehr aber auch durch kodifiziertes Recht ersetzt und verdrängt, so daß sein Umfang und Geltungsgrund ebenfalls vom Willen der Volksvertretung abhängen. In diesen

---

[148] *Meyer-Cording*, Die Rechtsnormen, S. 69.

[149] *Loewenstein*, Staatsrecht und Staatspraxis von Großbritannien, Bd. I, S. 61, 65 f.

Grenzen spricht das Demokratieprinzip nicht gegen richterliche Rechtsetzungsbefugnisse.

dd) Vorherrschaft des Rechts

Das sowohl der EMRK als auch der Satzung des Europarates zugrunde liegende Prinzip der Vorherrschaft des Rechts wird durch die Anerkennung von Rechtsetzungsbefugnissen der Judikative in unterschiedlicher Art und Weise betroffen, je nachdem, ob sich diese Befugnisse auf die bloße Auslegung bzw. Konkretisierung offener Rechtsbegriffe oder auf die Schließung von Lücken im positiven Recht beziehen. Letzterenfalls ist eine Differenzierung danach angezeigt, ob die Regelungsdefizite bereits durch die Rechtsprechung beseitigt worden sind oder ob es sich um erst gegenwärtig erkannte Unvollständigkeiten handelt.

In allen Fällen spricht mehr oder weniger die rechtsstaatliche Forderung nach Vorhersehbarkeit und Meßbarkeit staatlichen Handelns gegen Rechtsetzungskompetenzen der Rechtsprechung.

Weniger dagegen spricht dieses Postulat, soweit es um die Konkretisierung offener, auslegungsbedürftiger Rechtsbegriffe geht. Denn die, wenn auch relative[150], Exaktheit und Logik der Auslegungsmethoden gewährleistet für den Einzelnen die Berechenbarkeit des Ergebnisses, so gut es angesichts der Ungenauigkeiten der Sprache möglich ist.

Auch soweit in der Vergangenheit Regelungslücken im positiven Recht bestanden, die durch die Rechtsprechung geschlossen worden sind, sind für den Rechtsunterworfenen die Ergebnisse i.d.R. vorhersehbar, wenn auch gerade in Common Law-Staaten die Regeln, die für die Beurteilung eines Sachverhaltes gelten, etwa über das Recht der Unverletzlichkeit der Wohnung, weit verstreut sind.

Problematisch erscheint die Akzeptanz von Rechtsetzungsbefugnissen gerade der Judikative damit allein in den Fällen, in denen der Richter auf eine neue oder bisher noch nicht entscheidungsrelevant gewordene Regelungslücke trifft. Den Anforderungen an Vorhersehbarkeit und Meßbarkeit staatlichen Handelns entspricht es dann jedenfalls nicht, eine freie richterliche Kompetenz zur Schließung einer solchen Lücke anzunehmen. Die Ergebnisse der Rechtsanwendung wären nicht nur nicht berechenbar, es bestünde auch die Gefahr, das Gesetz offen zu mißachten[151]. Ähnlich wie bei dem in rechts-

---

[150] Es verdient einen Hinweis, daß gerade im Völkerrecht die Exaktheit der Auslegungsmethoden durch die WVK erreicht wurde.

[151] *Germann*, Präjudizien als Rechtsquelle, S. 43.

staatlicher Hinsicht tolerierten ersten Fall der Auslegung eines unbestimmten Rechtsbegriffs ist die Ausfüllung einer Gesetzeslücke hingegen dann berechenbar, wenn ihr ein methodologisch exaktes Verfahren zugrunde liegt. Dabei ist zu berücksichtigen, daß das Verfahren neben der bereits angesprochenen (prozessualen) Rechtsschutzgarantie dazu dient, die mit der Setzung positiven Rechts angestrebte Systemgerechtigkeit zu wahren. Dem dahinter stehenden Gedanken der Gleichbehandlung der Rechtsunterworfenen würde es widersprechen, wenn ein Sachverhalt, der im wesentlichen mit positiv-rechtlich geregelten Tatbeständen übereinstimmt, nur deshalb anders beurteilt werden müßte, weil eine entsprechende Regelung im Gesetzestext unbeabsichtigterweise fehlt. Deshalb kann das Verfahren zur Ausfüllung einer zuvor festgestellten Regelungslücke nur darin bestehen, eine Lösung zu finden, die es ermöglicht, den nicht geregelten Fall und den in wesentlicher Hinsicht gleichen, jedoch geregelten Fall der gleichen Rechtsfolge zuzuführen. Unter diesen Voraussetzungen ist auch die erstmalige Ausfüllung von Regelungslücken für den Einzelnen nicht weniger vorhersehbar als die unter rechtsstaatlichen Gesichtspunkten gemeinhin akzeptierte Auslegung offener Rechtsbegriffe.

Insoweit spricht das Prinzip der Vorherrschaft des Rechts auch nicht gegen eine Befugnis der Judikative, durch die erstmalige Ausfüllung von Regelungslücken rechtsetzend tätig zu sein.

Im Ergebnis erscheint das umso eher akzeptbel zu sein, wenn man berücksichtigt, daß auch die erstmalige richterliche Lückenschließung nicht aus dem Nichts kommt, sondern daß ihr i.d.R. eine öffentlich geführte Diskussion in der Rechtslehre vorangegangen ist und sie beeinflußt.

Letztlich können rechtsstaatliche Forderungen nicht jenseits des faktisch Möglichen erfüllt werden. Faktisch unmöglich ist es, wie gezeigt, Kodifikationen ausnahmslos auf dem aktuellen Stand der Entwicklung zu halten[152]. Ebenso unvorstellbar ist ein einheitlicher gesetzgebender Wille, der bis in das Detail der Gesetzesanwendung ausschließlich wirksam sein soll. Was bereits bestehendes Richterrecht betrifft, ist zudem zu berücksichtigen, daß die Verneinung von Gesetzgebungsbefugnissen der Judikative schlechthin zum Wegfall der darauf gestützten Eingriffsbefugnisse führen würde, was am stärksten Common Law-Staaten betreffen würde. Damit wären konventionsmäßige Eingriffe, die zum Schutz des in Abs. 4 der Präambel der EMRK ebenfalls als Schutzgut genannten demokratischen politischen Regimes an sich geboten wären, nicht möglich. Führt demnach der Ausschluß von bestehendem Common Law aus der Gruppe der gesetzeskräftigen Eingriffsgrundlagen bis zum Erlaß ausreichender Ermächtigungen zur partiellen Blockierung der Staats-

---

[152] *Fischer*, Die Weiterbildung des Rechts durch die Rechtsprechung, S. 23.; *Starck*, Der Gesetzesbegriff des Grundgesetzes, S. 148.

tätigkeit, so kann zur Wahrung rechtsstaatlicher Kontinuität[153] nur die Lösung sinnvoll sein, die für neue Normen im Vorbehaltsbereich die bereits genannten für alle Mitgliedstaaten geltenden Anforderungen stellt, im übrigen aber richterrechtlich entwickelte Prinzipien ohne Rücksicht auf die Legitimität ihrer Entstehung nach dem heute vorherrschenden Verfassungsverständnis, soweit sie die ansonsten geltenden Begriffselemente aufweisen, als ausreichende Ermächtigungen gelten läßt.

Die Gesetzesqualität von Richterrecht ist demnach jedenfalls nicht deshalb zu verneinen, weil gerade die Judikative tätig geworden ist.

d) Intermediäre Gewalten

Ein Blick auf die Verfassungsordnungen der Mitgliedstaaten zeigt, daß sich Staat und Gesellschaft nicht als voneinander getrennte Mächte gegenüberstehen, sondern daß eine Vermittlung[154] durch selbständige Verbände und Körperschaften stattfindet. Solche Mittelglieder können, je nach der Ausgestaltung der betreffenden Rechtsordnung, etwa Gemeinden und Landkreise, Universitäten, Rundfunkanstalten oder Ärztekammern sein[155]. Deshalb stellt sich die Frage, ob auch solche, rechtlich selbständige Organisationen i.S.d. EMRK gesetzgebend tätig werden können.

aa) Rechtsprechung des Gerichtshofs

Der Gerichtshof war mit dieser Problematik im Fall Barthold gegen die Bundesrepublik Deutschland befaßt[156]. Gegenstand der Entscheidung war die Reichweite der Meinungsfreiheit in Art. 10 EMRK gegenüber Standesregeln und Wettbewerbsverboten für freie Berufe. Der Beschwerdeführer war Tierarzt in Hamburg und betrieb dort eine tierärztliche Klinik. In dieser Eigenschaft gewährte er einer Journalistin des Hamburger Abendblattes ein Interview, in dem er sich für einen geregelten tierärztlichen Notdienst einsetzte. Nach Veröffentlichung des Beitrags unter Angabe des vollen Namens des Beschwerdeführers und dem Hinweis, dieser sei Leiter der Tierklinik Fuhlsbüttel, wurde gegen ihn ein Verfahren wegen unlauteren Wettbewerbs und Verstoßes gegen die Standesregeln für Tierärzte eingeleitet. Der Verstoß gegen die Standesregeln wurde auf die Berufsordnung der Hamburger Tierärz-

---

[153] Vgl. dazu *Jesch*, Gesetz und Verwaltung, S. 112 ff.

[154] Vgl. *v. Mohl*, Die Geschichte und Literatur der Staatswissenschaften, Bd. I, S. 97 f.

[155] *Maurer*, Allgemeines Verwaltungsrecht, § 4 Rn. 14.

[156] GH, Fall Barthold, Serie A, Nr. 90.

teschaft von 1970 gestützt, die in § 7 Buchst. a) ein allgemeines Werbeverbot für Tierärzte enthält. Dabei handelte es sich nicht um eine unmittelbar vom Parlament erlassene Regelung, sondern um Rechtsvorschriften, die von der Tierärztekammer, einer dem Staat eingeordneten Körperschaft, als autonome Satzung aufgestellt worden sind.

In Ziff. 46 der Entscheidungsgründe führte der Gerichtshof aus, daß die Berufsordnung trotzdem als Gesetz i.S.d. Art. 10 Abs. 2 EMRK gelten müsse, weil sich eine Rechtsetzungsbefugnis der Tierärztekammer aus der landesrechtlichen formellen Ermächtigung in § 8 Abs. 1 des Hamburger Tierärztekammergesetzes ergäbe[157].

Ebenso wie bei der Beurteilung von Rechtsetzungsakten der vollziehenden Gewalt in den Fällen Golder und Silver kommt in dieser Formulierung zum Ausdruck, daß solche Rechtssubjekte nicht ohne weiteres, sondern nur unter bestimmten Bedingungen gesetzgebend tätig sein dürfen. Auch hier sah der Gerichtshof eine dieser Bedingungen in dem Vorliegen einer formell-rechtlichen Ermächtigungsgrundlage. Ausführungen dazu, in welchem Umfang das Parlament Gesetzgebungsbefugnisse delegieren darf und welchen Anforderungen die ermächtigende Norm selbst standhalten muß, fehlen dagegen.

bb) Gemeinsames Erbe an geistigen Gütern und politischen Überlieferungen

Die historischen Wurzeln für die Entwicklung echter Zwischengewalten sind in der Zeit des Konstitutionalismus zu finden. Es gab zwar auch im mittelalterlichen Ständestaat durch die Existenz der Zünfte gewisse Mittelglieder zwischen dem Einzelnen und der durch die jeweilige Stadtobrigkeit repräsentierten Staatsgewalt, die, wenngleich Organe der Stadt[158], eine eigene Rechtssphäre besaßen[159]. Diese auf der ständischen Gliederung beruhenden Korporationen wurden jedoch mit der Nivellierung der Stände im Absolutismus zerschlagen. Trotz der dem Wesen des obrigkeitlichen Staates eigenen Bestrebung nach Zentralisierung und Uniformierung der Staatsgewalt, die konsequenterweise allen zwischen ihm und dem Einzelnen stehenden Besonderheiten entgegenwirkte[160], schuf der absolute Staat durch die Herbeiführung abso-

---

[157] GH, Fall Barthold, Serie A, Nr. 90, Ziff. 24 ff., 46: „ … It is nonetheless to be regarded as a ‚law' within the meaning of Article 10 § 2 of the Convention …".

[158] *v. Gierke*, Das Deutsche Genossenschaftsrecht, Bd. I, S. 372.

[159] *v. Gierke*, Das Deutsche Genossenschaftsrecht, Bd. I, S. 373.

[160] Die auch im absoluten Staat unentbehrlichen Verbände wurden auf eine staatlich verliehene Vermögensfähigkeit beschränkt und galten als Staatsteile. Privatvereine konnten nur als Privilegskorporationen, d.h. vermöge besonderer staatlicher Konzession, bestehen. Dazu *v. Gierke*, Das Deutsche Genossenschaftsrecht, Bd. I, S. 644 f.

luter Individualität und rechtlicher Gleichheit aller Untertanen die Voraussetzungen für die Entwicklung eines modernen Genossenschaftswesens. Dieses unterschied sich von den mittelalterlichen Verbänden insbesondere dadurch, daß sich Vereinigungen für einzelne Zwecke ausbildeten und entsprechend diesen Zwecken ihre Organisation einrichteten, anstatt sie als auf den ganzen Menschen bezogene Gemeinschaften schlechthin zu konstruieren[161]. Was die Körperschaftsverfassung betrifft, so bildete sich der von der Sphäre subjektiver Individualrechtsverhältnisse gelöste Begriff der korporativen Organe, zu denen etwa Mitgliederversammlungen, denen in der Regel die Entscheidung über Beschlußfassungen, Statutenänderungen und Wahlen oblag, Vorstände, Ausschüsse und richterliche bzw. schiedsrichterliche Organe zählten[162]. Nach außen hin erlangten die Verbände neben der Willens- und Handlungsfähigkeit Rechtsfähigkeit[163]. Diese führte bei den hier interessierenden Verbänden des öffentlichen Rechts zu dem Recht der Autonomie, d.h. korporativer Selbstgesetzgebung, Selbstverwaltung und Selbstbesteuerung, sowie der Anerkennung einer genossenschaftlichen Gerichtsbarkeit[164].

Die ideengeschichtlichen Grundlagen gerade dieser Entwicklung sind nur vereinzelt zu finden. Überwiegend wurden keine selbständigen Mittelglieder zwischen Staat und Individuum anerkannt. Insbesondere Hobbes und Rousseau sprachen sich gegen selbständige Sondergesellschaften im Staat und ein freies Assoziationsrecht der Staatsbürger aus[165]. Montesquieu dagegen erkannte wenigstens in der Monarchie sog. puissances intermédiaires als nützlich an, wenngleich er diese Zwischengewalten nicht in solchen aus dem Volk hervorgegangenen Verbänden, sondern im Adel, im Klerus sowie in den Städten erblickte[166]. Deren Funktion erkannte er in der Mäßigung und Stabilisierung der Staatsgewalt[167].

---

[161] *v. Gierke*, Das Deutsche Genossenschaftsrecht, Bd. I, S. 653; *v. Mohl*, Die Geschichte und Literatur der Staatswissenschaften, Bd. I, S. 97.

[162] *v. Gierke*, Das Deutsche Genossenschaftsrecht, Bd. I, S. 883 ff.

[163] *Welcker*, Artikel „Corporation“, in: *v. Rotteck / Welcker*, Staats-Lexikon, Bd. IV, S. 163.

[164] *v. Gierke*, Das Deutsche Genossenschaftsrecht, Bd. I, S. 887 ff.

[165] *v. Gierke*, Das Deutsche Genossenschaftsrecht, Bd. I, S. 649; *Imboden*, Rousseau und die Demokratie, S. 22 f.; *Rousseau*, Discours sur l'origine et les fondements de l'inégalité parmi les hommes – De la société générale du genre humaine, S. 285; *ders.*, Du Contrat Social, 2. Buch, 3. Kap., und 4. Buch, 1. Kap.

[166] *Montesquieu*, De l'Esprit des Loix, 2. Buch, 4. Kap.; *Struck*, Montesquieu als Politiker, S. 51.

[167] *Montesquieu*, De l'Esprit des Loix, 2. Buch, 4. Kap., Abs. 1: „Les pouvoirs intermédiaires, subordonnés (et dependans), constituent la nature du gouvernement monarchique, c'est-à-dire de celui où seul gouverne par les loix fondamentales. ... Ces loix fondamentales supposent nécessairement des canaux moyens par où coule la puissance: car, si'il n'y a

Auf der Grundlage der modernen Verfassungslehren, die die Unterscheidung von Staat und bürgerlicher Gesellschaft zur Voraussetzung haben, beruhte in Deutschland die Konzeption Hegels, eine Einheit zwischen dem subjektiven, besonderen Willen des Einzelnen und dem allgemeinen Willen herzustellen[168]. Den Beitrag, den die Bildung von Zwischengewalten dazu liefern kann, sah er darin[169], daß der besagte Konflikt schon infoge der durch Zwischengewalten ermöglichten konkreten Weise des Regierens verhindert wird[170].

Darüber hinaus finden sich sowohl in der Staatsrechtswissenschaft als auch im positiven Recht zahlreiche Nachweise für die Akzeptanz von Zwischengewalten, von denen hier nur einige herausgegriffen werden sollen.

Eine besondere Stellung nehmen dabei die kommunalen Gebietskörperschaften ein. Sie wurden zwar ursprünglich noch als selbständige Veranstaltungen neben dem Staat aufgefaßt, später aber allgemein als Verwaltungseinrichtungen des Staates mit einem beschränkten eigenen Existenzrecht angesehen, die auch in ihrem eigenen Wirkungsbereich vom Staat abgeleitete öffentliche Gewalt ausüben[171]. Gleiches gilt für die Kirchen[172], die ausweislich Art. 137 Abs. 5 WRV kraft staatlicher Verleihung Körperschaften des öffentlichen Rechts sind und in dieser Eigenschaft bestimmte, dem öffentlichen Recht eigentümliche Gestaltungsmöglichkeiten besitzen[173]. Auch Universitäten wurden schon früh als Körperschaften des öffentlichen Rechts positivrechtlich geschützt[174]. So definierte § 1 II 12 prALR Universitäten als „Veranstaltungen des Staates, welche den Unterricht der Jugend in nützlichen Kenntnissen und Wissenschaften zur Absicht haben.“ Ebenso von einer staat-

---

dans l'Etat que la volonté monentanée et capricieuse d'un seul, rien ne peut être fixe, et par conséquent aucune loi fondamentale.“

[168] *Riedel*, Bürgerliche Gesellschaft und Staat bei Hegel, S. 71.

[169] *Riedel*, Bürgerliche Gesellschaft und Staat bei Hegel, S. 73.

[170] *Hegel*, Grundlinien der Philosophie des Rechts, 3. Teil, § 256: „Der Zweck der Korporationen als beschränkter und endlicher hat seine Wahrheit ... in dem an und für sich allgemeinen Zwecke und dessen absoluter Wirklichkeit; die Sphäre der bürgerlichen Gesellschaft geht daher in den Staat über. ... Weil im Gange des wissenschaftlichen Begriffs der Staat als Resultat erscheint, indem er sich als wahrhafter Grund ergibt, so hebt jene Vermittlung und jener Schein sich ebensosehr zur Unmittelbarkeit auf.“

[171] *Forsthoff*, Die öffentliche Körperschaft im Bundesstaat, S. 7; *Jellinek*, Allgemeine Staatslehre, 3. Buch, 19. Kap., II 2.

[172] *Forsthoff*, Die öffentliche Körperschaft im Bundesstaat, S. 7.

[173] *v. Campenhausen*, in: *v. Mangoldt/Klein*, Das Bonner Grundgesetz, Art. 137 WRV, Rn. 149; *Wolff/Bachof*, Verwaltungsrecht II, § 84 Rn. 21.

[174] *v. Mangoldt*, Universität und Staat, S. 6; *Wolff*, Die Rechtsgestalt der Universität, S. 15 f.

lichen Zulassung abhängig sind u.a. die Handwerks- sowie die Industrie- und Handelskammern[175].

Aus der historischen Betrachtung ergibt sich demnach zum einen, daß der Zweck intermediärer Gewalten darin besteht, gesellschaftliche Kräfte zu aktivieren, indem den entsprechenden Gruppen die Regelung solcher Angelegenheiten, die sie selbst betreffen und die sie in überschaubaren Bereichen auch am sachkundigsten beurteilen können, eigenverantwortlich überlassen wird. Das spricht dafür, daß auch Rechtsetzungsakte solcher Rechtssubjekte, jedenfalls solange sie die an ihrer Schaffung beteiligten Mitglieder betreffen, Gesetze i.S.d. Konvention sein können. Über die staatsphilosophisch begründete Nützlichkeit hinaus zeigt die positiv-rechtliche Normierung von Zwischengewalten, daß ihre Aufgaben und Befugnisse niemals auf originärem Recht beruhten, sondern stets als abgeleitete, staatlicherseits verliehene Hoheitsrechte verstanden wurden[176]. Insofern läßt der geschichtliche Rückblick erkennen, daß für die Wahrnehmung körperschaftlicher Aufgaben und Befugnisse auch stets eine staatliche, mittelbare demokratische Legitimation für erforderlich gehalten wurde. Das spricht dafür, daß Gesetzgebungsbefugnisse intermediärer Gewalten an eine Ermächtigung gebunden sind.

cc) Demokratie

Ebenso wie bei der Diskussion von Rechtsetzungsbefugnissen der Exekutive scheint der Grundsatz der Gewaltenteilung auch bei den intermediären Gewalten auf den ersten Blick gegen derartige Befugnisse zu sprechen, denn auch diese sind rein formal nicht dem Parlament zugehörig. Das Gewaltenteilungsprinzip ist allerdings nicht Selbstzweck, sondern dient der ihm übergeordneten Forderung nach Mäßigung der Staatsherrschaft[177]. Eine solche Mäßigung kann nicht nur durch eine fachliche Gliederung der Staatsorganisation im Sinne einer Verteilung der materiellen Staatstätigkeit auf verschiedene Staatsorgane erreicht werden, sondern ebenfalls durch eine Dezentralisation der Verantwortung für die Setzung und Durchführung von Aufgaben[178]. Insoweit begegnet es unter dem Gesichtspunkt der Gewaltenteilung keinen Bedenken, daß rechtlich selbständige Organisationen gesetzgebend tätig werden können.

---

[175] *Schick*, EvStL, S. 1964; *Wolff/Bachof*, Verwaltungsrecht II, § 97 Rn. 15 f.

[176] *Jellinek*, Allgemeine Staatslehre, 3. Buch, 19. Kap., II 2; vgl. auch § 67 II 12 prALR: „Universitäten haben alle Rechte privilegirter Corporationen."

[177] *Hamann*, Autonome Satzungen und Verfassungsrecht, S. 55; *Jakob*, DÖV 1970, 666, 669.

[178] *Jakob*, DÖV 1970, 666, 669; *Ossenbühl*, in: *Erichsen/Martens*, Allgemeines Verwaltungsrecht, § 7 Rn. 66.

Dieser Gedanke der vertikalen Gewaltenteilung hat in der EMRK keinen sichtbaren Ausdruck gefunden. Schon daraus könnte man schließen, daß es eine eigenständige, nicht vom Parlamentsgesetzgeber abgeleitete Normsetzungsbefugnis intermediärer Gewalten nicht gibt[179]. Zudem widerspräche eine originäre und uneingeschränkte Gesetzgebungsbefugnis dem der Demokratie immanenten Grundsatz der Vorrangigkeit parlamentarischer Entscheidungsbefugnisse. Aus diesen Gründen können Zwischengewalten allenfalls abgeleitete Normsetzungsbefugnisse beanspruchen.

Was die Beschaffenheit parlamentarischer Ermächtigungsnormen betrifft, so spricht für das Ausreichen einer Generalermächtigung, daß der Gedanke der Mäßigung der Staatsgewalt gerade durch die Ausgliederung der Verbände und Körperschaften aus der Exekutive sowie durch die Begründung ihrer Eigenverantwortlichkeit für die Durchführung ihrer Aufgaben erreicht wird und es insofern als institutioneller Widerspruch erscheinen müßte, wenn die einmal begründete rechtliche Selbständigkeit durch die Bindung an Spezialvorbehalte zurückgenommen würde[180]. Darüber hinaus ist zu berücksichtigen, daß aufgrund des auf die Regelung eigener Angelegenheiten begrenzten Funktionsbereichs nachgeordneter Delegationsempfänger die Tragweite der Normsetzungsbefugnisse ungleich geringer ist als etwa bei der Übertragung auf Exekutivorgane, die dann der Materie nach prinzipiell unbeschränkte und allen Bürgern gegenüber wirksame Regelungen treffen könnten[181].

Gegen die Zulässigkeit formell-gesetzlicher Generalermächtigungen spricht auch nicht die demokratische Forderung, daß alle Staatsgewalt vom Volk ausgeht. Denn soweit die betreffenden Verbände und Körperschaften durch demokratisch gebildete Organe, also etwa durch die Mitgliederversammlung oder gewählte Vertreter, repräsentiert werden, ist gewährleistet, daß satzungsrechtliche Eingriffe in Konventionsrechte von den Normadressaten antizipiert und gebilligt worden sind[182].

Soweit nicht am Erlaß der Satzung beteiligte, außenstehende Dritte die Normadressaten sind, ist eine demokratische Legitimation dadurch gewährleistet, daß die satzunggebenden Körperschaften ihre Aufgaben und Befugnisse zur Selbstverwaltung kraft staatlicher Delegation erfüllen, z.B. die Gemeinden als „Teile" des jeweiligen Landes.

Auf der anderen Seite birgt die mit einer Dezentralisierung verbundene Abgabe von Verantwortung jedoch die Gefahr, daß nicht dasjenige Mindest-

---

[179] *Hamann*, Autonome Satzungen und Verfassungsrecht, S. 68, für die Notwendigkeit von Ermächtigungen für den Erlaß von Satzungen unter Geltung des Grundgesetzes.

[180] *Jakob*, DÖV 1970, 666, 669.

[181] Vgl. BVerfGE 33, 125, 157.

[182] *Jakob*, DÖV 1970, 666, 668; *Maurer*, Allgemeines Verwaltungsrecht, § 4 Rn. 16.

maß an Rechtseinheit erhalten wird, das notwendig ist, um eine Auflösung des Staates in eine Vielzahl beziehungslos nebeneinander bestehender Gewaltenträger zu verhindern[183]. Dieser Gefahr wird jedoch nicht erst dann wirksam begegnet, wenn die Rechtsetzung durch intermediäre Gewalten an Spezialermächtigungen der Art, wie sie für entsprechende Befugnisse der Exekutive gelten, gebunden wird. Eine schrankenlose Autonomie ist vielmehr schon dann nicht mehr möglich, wenn aus der Delegationsnorm die Grenzen der Autonomie in sachlicher und persönlicher Hinsicht hervorgehen[184].

Unter diesen Voraussetzungen spricht das Demokratieprinzip nicht dagegen, daß auch Rechtsetzungsakte von Zwischengewalten Gesetze i.S.d. Konvention sein können.

dd) Vorherrschaft des Rechts

Die aus dem Grundsatz der Vorherrschaft des Rechts in der EMRK und der Satzung des Europarates ableitbaren Konkretisierungen der Vorhersehbarkeit und Berechenbarkeit staatlichen Handelns sind nicht unmittelbar mit dem Normgeber verbunden. Insofern gilt für Rechtsetzungsakte vermittelnder Verbände und Körperschaften das gleiche wie für solche der Exekutive. Der Grundsatz der Vorherrschaft des Rechts spricht daher nicht gegen die Normsetzungsbefugnis intermediärer Gewalten.

2. Gewohnheitsrecht

Zu der Frage, ob die Schriftform Qualifikationsmerkmal ist, oder ob auch ungeschriebenes Recht Gesetz i.S.d. Konvention sein kann, hat der Gerichtshof nur vereinzelt Stellung genommen. Abgesehen von den Fällen, in denen der zur Überprüfung gestellte Eingriff auf Common Law beruhte[185], diente als Ermächtigungsgrundlage auf nationaler Ebene immer geschriebenes Recht. Wie gezeigt, läßt sich aber der Nachweis führen, daß neben dem kodifizierten Recht auch in Mitgliedstaaten römisch-rechtlicher Tradition ungeschriebenes Recht als Rechtsquelle anerkannt ist[186]. Als Beispiel können im deutschen Recht etwa die gewohnheitsrechtlichen Institute der culpa in con-

---

183 *Hamann*, Autonome Satzungen und Verfassungsrecht, S. 58; *Jakob*, DÖV 1970, 666, 670.

184 *Hamann*, Autonome Satzungen und Verfassungsrecht, S. 30.

185 GH, Fall Sunday Times, Serie A, Nr. 30; GH, Fall Dudgeon, Serie A, Nr. 45.

186 *Enneccerus/Nipperdey*, Allgemeiner Teil des bürgerlichen Rechts, 1. Halbband, § 40 FN 7; *Grasmann*, in: *David/Grasmann*, Einführung in die großen Rechtssysteme der Gegenwart, S. 156, 193.

trahendo und die positive Vertragsverletzung genannt werden, im französischen Recht etwa die Handelsbräuche[187].

a) Rechtsprechung des Gerichtshofs

Im Fall Sunday Times hat der Gerichtshof festgestellt, „that the word ‚law' in the expression ‚prescribed by law' covers not only statute but also unwritten law"[188].

Der Ausdruck „unwritten law" könnte ein Hinweis auf ungeschriebenes Recht im allgemeinen sein, was bedeuten würde, daß das Schriftformerfordernis nach Auffassung des Gerichtshofs generell kein Qualifikationsmerkmal ist. Gegen eine solche Verallgemeinerung spricht, daß der Gerichtshof die Formulierung „unwritten law" als Kontrast zu „statute law" verwendet hat, das sich auf Rechtsetzungsakte des Parlaments bezieht und als Gegensatz zum Common Law aufgefaßt wird[189]. Auch in den nachfolgenden Entscheidungsgründen stellte der Gerichtshof ausschließlich Legislativakte und Common Law gegenüber, ohne noch einmal allgemein auf ungeschriebenes Recht zurückzukommen. Der Rechtsprechung ist daher lediglich zu entnehmen, daß die Schriftform, was das Common Law betrifft, entbehrlich ist.

b) Vorherrschaft des Rechts

Im Ergebnis ist der Befund, jedenfalls Eingriffsgrundlagen im Common Law von einem etwa festzustellenden Schriftformerfordernis zu dispensieren, nur konsequent, wenn man der hier vertretenen Auffassung folgt, daß auch Judikativakte in Common Law-Staaten Gesetze i.S.d. Konvention sein können. Denn ebenso wie ein völliger Ausschluß der Judikative aus dem Kreis möglicher Normgeber würde ein absolutes Schriftformerfordernis zu dem aus rechtsstaatlicher Sicht nicht vertretbaren Ergebnis führen, daß eine Reihe von Ermächtigungsgrundlagen für konventionsmäßige Eingriffe in Menschenrechte im Vereinigten Königreich entfiele.

Die schriftliche Fixierung eines Rechtssatzes vermeidet zunächst den Streit um seine Existenz. Während bei ungeschriebenem Recht im Streitfall erst der rechtfertigende Nachweis des ihm zugrunde liegenden Konsenses erbracht

---

187 *Grasmann*, in: *David/Grasmann*, Einführung in die großen Rechtssysteme der Gegenwart, S. 190.

188 GH, Fall Sunday Times, Serie A, Nr. 30, Ziff. 47.

189 *Dietl/Lorenz*, Wörterbuch für Recht, Wirtschaft und Politik, Teil I, Stichwort „statute law", S. 787.

werden müßte, ist das geschriebene Recht selbst bereits Ausdruck der Übereinstimmung seines Inhalts mit dem Willen der Normsetzungsbefugten und liefert so einen festen, unstrittigen Rahmen für die Rechtsanwendung. Die Schriftform erleichtert zudem die Nachweisbarkeit des Norminhaltes und seiner Grenzen für die von der Regelung betroffenen Bürger. Für diese wird deutlich, welche Rechtsfolgen an ein bestimmtes Verhalten oder an eine bestimmte Sachlage geknüpft sind. Auf der anderen Seite erleichtert die Schriftlichkeit eines Rechtssatzes den Normvollzug für die staatlichen Organe, indem sie den Umfang der diesen zugewiesenen Kompetenzen für jeden erkennbar anzeigt.

Diese Eigenschaften bringen zum Ausgruck, daß die Gründe für die Schriftform in der rechtsstaatlichen Forderung der Konvention nach Meßbarkeit und Vorhersehbarkeit staatlichen Handelns sowie im Schutz vor Willkür liegen. Sie zeigen gleichzeitig, daß im Hinblick auf den Grundsatz der Rechtssicherheit die Schriftform umso eher dann entbehrlich ist, wenn die freiheitssichernde Leistung, die dadurch erbracht wird, auch auf andere Weise erreicht werden kann bzw. schon unabhängig von ihr vorhanden ist.

Das ist dann der Fall, wenn sich aufgrund langdauernder und allgemeiner Übung eine bestimmte Rechtsüberzeugung gebildet hat, der Inhalt des ungeschriebenen Rechtssatzes den Beteiligten also bekannt ist, und diese von seiner Rechtswirksamkeit und Rechtmäßigkeit überzeugt sind. Sind diese Voraussetzungen erfüllt, steht das ungeschriebene Recht in seiner freiheitssichernden Wirkung dem kodifizierten Recht nicht nach[190]. Demgemäß besteht unter diesen Voraussetzungen auch keine Notwendigkeit, auf der Schriftform eines Rechtssatzes zu beharren.

3. Publizität

Keinem Zweifel unterliegt, daß das Recht, das Gewährleistungen der Konvention einschränkt, ausreichend zugänglich sein muß[191].

Auch der Gerichtshof hat wiederholt darauf hingewiesen, daß der Einzelne in hinreichender Weise erkennen können muß, welche rechtlichen Vorschriften auf einen gegebenen Fall anwendbar sind[192].

---

[190] Vgl. *Forsthoff*, Lehrbuch des Verwaltungsrechts, Bd. I, S. 144 ff.; *Ossenbühl*, in: *Erichsen/Martens*, Allgemeines Verwaltungsrecht, § 7 Rn. 73.

[191] Vgl. *Stern*, Das Staatsrecht der Bundesrepublik Deutschland, Bd. I, S. 831.

[192] GH, Fall Sunday Times, Serie A, Nr. 30, Ziff. 49; GH, Fall Sunday Times, Serie B, Nr. 28, S. 11 ff., Ziff. 203; GH, Fall Silver u.a., Serie A, Nr. 61, Ziff. 87; GH, Fall Malone, Serie A, Nr. 82, Ziff. 66; GH, Fall Barthold, Serie A, Nr. 90, Ziff. 88; GH, Fall Lithgow u.a., Serie A, Nr. 102, Ziff. 110; GH, Fall Groppera, Serie A, Nr. 173, Ziff. 68; GH,

Diese Voraussetzung soll einerseits nicht erst dann erfüllt sein, wenn es sich bei dem jeweiligen Rechtssatz um geschriebenes Recht handelt. Vielmehr soll auch ungeschriebenes Recht die Anforderungen an die Vorhersehbarkeit grundsätzlich erfüllen können[193]. Umgekehrt gilt das jedoch nicht automatisch für geschriebenes Recht, wie aus der Entscheidung im Fall Silver hervorgeht[194]. Bei dem den Eingriff in Art. 8 Abs. 1 EMRK tragenden Prison Act und den daraufhin erlassenen Prison Rules 1964 wurde die Zugänglichkeit aufgrund ihrer Veröffentlichung bejaht. Dagegen ist den konkretisierenden „Standing Orders“ und „Circular Instructions“ u.a. aufgrund fehlender Veröffentlichung die legitimierende Kraft versagt worden.

Für Rechtsetzungsakte des Parlaments bedeutet diese Entscheidungspraxis, daß auch sie erst dann gegenüber dem Bürger wirksam werden können, also Gesetzesqualität erlangen, wenn ihr Regelungsgehalt im Wege der Veröffentlichung nach außen getragen wird.

Die Veröffentlichung von Gesetzen ist eine in den Mitgliedstaaten der EMRK seit langem gesicherte Praxis. Während die Veröffentlichungen zu Anfang nur durch vereinzelte und ungeordnete Bekanntmachungen erfolgten, wurden nach der französischen Revolution bis auf England in sämtlichen Vertragsstaaten besondere Gesetzesblätter als obligatorische Publikationsorgane eingerichtet[195]. Im Vereinigten Königreich galten die in öffentlicher Sitzung gefaßten Beschlüsse des Parlaments gleichzeitig als Bekanntgabe des Rechtssatzes. Eine besondere förmliche und ausdrückliche Veröffentlichung konnte daher unterbleiben[196].

Da diese Praxis mit der Zunahme des Statute Law immer mehr auf Kritik gestoßen ist, entstand aber auch dort das Bedürfnis, die Rechtssätze in Sammlungen festzuhalten, etwa den „Enrolements of Acts of Parliament“ aus dem Jahre 1484 oder die „Revised Statutes“ seit 1870[197].

Fall Autronic, Serie A, Nr. 178, Ziff. 57 unter Hinweis darauf, daß sich die Zugänglichkeit auch nach dem besonderen Adressatenkreis des Rechtsaktes bestimme.

[193] GH, Fall Sunday Times, Serie A, Nr. 30.

[194] GH, Fall Silver u.a., Serie A, Nr. 61.

[195] *Severin*, Das Bundesgesetzblatt, S. 13; *v. Mohl*, Die Geschichte und Literatur der Staatswissenschaften, Bd. III, S. 687 f.; vgl. Art. 2 der Verfassung des Norddeutschen Bundes von 1867, wonach Bundesgesetze „ihre verbindliche Kraft durch ihre Verkündung von Bundes wegen, welche vermittels eines Bundesgesetzblattes geschieht“, erhielten.

[196] *Blackstone*, Commentaries on the Laws of England, 1st Book, S. 185, nach dessen Auffassung über die Bekanntgabe hinaus eine förmliche Verkündung nicht erforderlich sei, „because every man in England is, in judgement of law, party to the making of an act of parliament, being present thereat by his representatives“; *Wade/Forsyth*, Administrative Law, S. 892 f.

[197] *Severin*, Das Bundesgesetzblatt, S. 18.

Die Notwendigkeit und Unabdingbarkeit der Publizität des Gesetzes, das Menschenrechte konventionsmäßig einschränken kann, ergibt sich zum einen aus seiner Funktion als Ordnungsfaktor, die es dadurch erfüllt, daß es durch die Setzung von Rechtsfolgen das Verhalten der Normadressaten lenkt[198]. Diese Aufgabe kann aber nur dann erfüllt werden, wenn das Gesetz den Adressaten bekannt ist[199].

Zum anderen ergibt sich die Notwendigkeit der Publizität aus den rechtsstaatlichen Forderungen der EMRK nach Vorhersehbarkeit und Meßbarkeit staatlichen Handelns[200].

4. Inhalt

a) Regelung

Das die Beschränkung von Menschenrechten der Konvention legitimierende Gesetz enthält notwendigerweise eine mehr oder weniger präzise Aussage darüber, daß und unter welchen Voraussetzungen ein Eingriff erfolgen darf. Mit der Verknüpfung von Tatbestandselementen (= Eingriffsvoraussetzungen) und Rechtsfolge (= Eingriff) wird aber zwangsläufig eine Regelung getroffen, so daß die Frage, ob auch Rechtsakte mit anderen Inhalten Gesetze sein können, hier dahinstehen kann.

Ob nun jede von den möglichen Gesetzgebern aufgestellte Regel unter den bereits festgestellten Voraussetzungen auch ein Gesetz i.S.d. EMRK ist, läßt sich in zweierlei Hinsicht kontrovers beurteilen. Man kann unterschiedlicher Ansicht über den Grad der Bindungswirkung sein, den die jeweiligen in Frage kommenden Rechtsetzungsakte entfalten. Von Bedeutung ist das insbesondere für die Gesetzesqualität richterlicher Prinzipien. Darüber hinaus erscheint es problematisch, ob eine Regelung notwendig allgemein sein muß oder ob auch individuelle Regelungen Gesetze sein können.

b) Bindungswirkung

Welchen Grad von Verbindlichkeit eine Regel erreichen muß, um als Gesetz i.S.d. Konvention Menschenrechte wirksam einschränken zu können, hat der Gerichtshof nicht bestimmt. Fest steht aber, daß die Befolgung einer

---

[198] *Martens*, Öffentlich als Rechtsbegriff, S. 78.

[199] *Martens*, Öffentlich als Rechtsbegriff, S. 78; *Maurer*, in: Bonner Kommentar, Art. 82, Rn. 88; *Severin*, Das Bundesgesetzblatt, S. 8.

[200] GH, Fall Groppera, Serie A, Nr. 173, Ziff. 68; vgl. auch *Stern*, Das Staatsrecht der Bundesrepublik Deutschland, Bd. I, S. 831.

Norm jedermann zur Pflicht gemacht werden muß, wenn ihr Zweck der ordnungstiftenden Funktion erreicht werden soll.

Neben Zweckmäßigkeitserwägungen verlangt auch der Grundsatz der Vorherrschaft des Rechts die Verbindlichkeit einer Regelung, die Menschenrechte einschränken können soll. Denn eine Rechtsfolge ist nur dann vorhersehbar, wenn für den Einzelnen feststeht, daß nach der betreffende Regel künftig jeder gleichgelagerte Fall zu entscheiden ist.

Die Verbindlichkeit ist Regelungen des Parlaments, der Exekutive sowie der Zwischengewalten immanent. Sie ist allein problematisch bei Rechtsetzungsakten der Judikative.

Richterliche Entscheidungen sind grundsätzlich nur inter partes bindend[201]. Gleichwohl kann eine über den Einzelfall hinausgehende Bindung von dem Inhalt der Entscheidungsgründe ausgehen, wenn darin ein sich über den Einzelfall erhebender Rechtsgrundsatz zum Ausdruck kommt[202]. Er stellt damit ein Vorbild für künftige Entscheidungen dar, in denen dieselbe Rechtsfrage von Bedeutung ist. Das kann zu einer Wirkung führen, die faktisch mit der Bindung beispielsweise an Regelungen des Parlamentsgesetzgebers vergleichbar ist[203]. Vor dem Hintergrund der Kontinuität der Rechtsordnung sowie des mit dem Willkürverbot in Art. 14 EMRK ausgesprochenen Gleichheitsgrundsatzes ist eine faktische Verbindlichkeit von richterlich entwickelten Rechtsregeln auch nicht zu beanstanden[204]. Eine darüber hinausgehende normative, prinzipiell unüberwindbare Bindung an solche Regeln erscheint allerdings nicht vertretbar[205].

Es ist zwar eine Grundforderung der Gerechtigkeit, gleichliegende Fälle gleich zu behandeln, und das spricht zunächst dafür, die einmal für „richtig" befundene Gesetzeskonkretisierung oder Lückenfüllung für alle weiteren gleichgelagerten Fälle als maßgeblich zu erachten[206]. Es darf jedoch nicht

---

[201] Eine darüber hinausgehende Bindung besteht nur ausnahmsweise, etwa bei Entscheidungen des Bundesverfassungsgerichts, die gem. § 31 BVerfGG Gesetzeskraft erlangen.

[202] *Larenz*, Methodenlehre, S. 429; *Ossenbühl*, in: *Erichsen / Martens*, Allgemeines Verwaltungsrecht, § 7 Rn. 83.

[203] Vgl. etwa die aufgrund von Gerichtsentscheidungen erstellten Leitlinien der Oberlandesgerichte zur Berechnung des „angemessenen Lebensunterhalts" i.S.d. § 1610 Abs. 1 BGB; vgl. auch *Kriele*, Theorie der Rechtsgewinnung, S. 243 ff., der von einer „präsumtiven Verbindlichkeit", d.h. einer Vermutung zugunsten des Präjudizes spricht.

[204] *Ossenbühl*, in: *Erichsen / Martens*, Allgemeines Verwaltungsrecht, § 7 Rn. 83.

[205] *Larenz*, Methodenlehre, S. 432; *Ossenbühl*, in: *Erichsen / Martens*, Allgemeines Verwaltungsrecht, § 7 Rn. 83.

[206] *Henkel*, Einführung in die Rechtsphilosophie, S. 64, nach dessen Auffassung „das in der Entscheidung entwickelte Richtmaß rechtlichen Sollens über den entschiedenen Einzelfall hinaus auch für andere, künftige Fälle normgebende Bedeutung besitzt".

übersehen werden, daß solche Rechtssätze jeweils anhand und aus Anlaß eines konkreten Lebenssachverhaltes gebildet werden. Dieser kann besondere Einzelzüge aufweisen, die das Gericht dazu bewogen haben, ihn gerade so zu entscheiden, es kann sich aber auch herausstellen, daß der Fall lediglich zur Formulierung ganz allgemeiner Leitsätze Veranlassung gab, obwohl die Materie eine viel differenziertere Betrachtung erfordert hätte[207]. Daran zeigt sich bereits, daß Gerichte aus Mangel an Zeit und dem nötigen Material häufig gar nicht dazu in der Lage sind, die mögliche Tragweite des von ihnen aufgestellten Leitsatzes zu überblicken. Die behauptete Allgemeingültigkeit der in richterlichen Urteilen enthaltenen Normkonkretisierungen oder Ergänzungen muß daher unter dem Vorbehalt stehen, daß die Erwägungen, auf denen sie beruhen, sich auch künftig, für gleichgelagerte Fälle als zutreffend erweisen[208]. Die notwendige Existenz eines solchen Vorbehalts besagt im Ergebnis aber nichts anderes, als daß für den Einzelnen gerade nicht, wie das bei Rechtsetzungsakten der anderen Normgeber der Fall ist, feststeht, daß sein Rechtsfall nach derselben richterlichen Maxime entschieden wird wie ein ähnlicher Fall in der Vergangenheit. Deshalb ist es grundsätzlich nicht tragbar, Judikativakten eine gesetzliche Bindungswirkung zukommen zu lassen.

Etwas anderes gilt dann, wenn sich die einmal gesetzten richterrechtlichen Prinzipien in der Weise verselbständigt haben, daß sie nunmehr nicht kraft Richterspruchs, sondern aufgrund allgemeiner Akzeptanz der Betroffenen als Gewohnheitsrecht gelten[209], und von außen dergestalt auf die Judikative wirken, daß sie daran wie an ein Parlamentsgesetz gebunden ist. Denn in diesem Fall steht für den Betroffenen gerade die Maßstäblichkeit der Regelung auch für seinen Fall fest. Soweit sich Rechtssätze des Common Law zu Gewohnheitsrecht verdichtet haben, was schon aufgrund ihrer Tradition bei den meisten von ihnen der Fall sein wird, genügen auch sie Forderungen nach inhaltlicher Verbindlichkeit des Gesetzes. Das gleiche gilt auch für gewohnheitsrechtliche Institute im römisch-germanischen Rechtskreis, wobei es im Ergebnis keinen Unterschied macht, ob die menschenrechtsbeschränkende Regelung zunächst gewohnheitsrechtlich existierte und dann in richterliche Entscheidungen aufgenommen wurde, oder ob eine – vom hier vertretenen Standpunkt aus gesehen konventionswidrige – originäre Regelung durch Richterspruch getroffen wurde, die sich erst später, begünstigt durch eine ständige Rechtsprechung, in Gewohnheitsrecht verwandelt hat.

---

[207] *Larenz*, in: FS-Henkel, S. 31, 33.

[208] *Larenz*, in: FS-Henkel, S. 31, 33.

[209] *Larenz*, Methodenlehre, S. 433.

c) Allgemeinheit

Mit der Frage nach dem allgemeinen, d.h. auf eine unbestimmte Vielzahl von Fällen anwendbaren Inhalt eines Gesetzes i.S.d. Konvention ist zum einen das Problem angesprochen, wo die Grenze des dem Gesetzgeber obliegenden, konstituierenden Normierens gegenüber den im einzelfallbezogenen Handeln liegenden Aufgaben der Verwaltung zu ziehen ist. Neben der damit möglicherweise verbundenen Beeinträchtigung der mittelbar freiheitssichernden Mäßigung der Staatsgewalt besteht bei einem Verzicht auf die Allgemeinheit des menschenrechtsbeschränkenden Gesetzes die Gefahr, daß der Erlaß willkürlicher Regelungen begünstigt wird.

aa) Rechtsprechung des Gerichtshofs

In allen vom Gerichtshof entschiedenen Fällen war Eingriffsgrundlage eine allgemeine Regelung. Die Gelegenheit, Einzelfallregelungen beanstanden zu können, ergab sich daher nicht.

Allenfalls im Fall Lithgow[210] finden sich Anzeichen, die auf die Ausklammerung individueller Regelungen aus dem Gesetzesbegriff hindeuten. Gegenstand der Beschwerde war der Aircraft and Shipbuilding Industries Act 1977, durch den gewisse Eigentumspositionen verstaatlicht wurden. Die Beschwerdeführer rügten eine Verletzung des Art. 1 ZP mit der Begründung, die ihnen gewährte Entschädigung sei unangemessen gewesen, da nach der durch das Parlament getroffenen Entschädigungsregelung spätere Entwicklungen der Gesellschaftsvermögen bis zum Eigentumsübergang nicht mehr berücksichtigt werden konnten[211]. Dagegen war für den Gerichtshof eine schon vor Beginn der Verstaatlichungsmaßnahme feststehende Regelung, die ganz allgemein auf sämtliche betroffene Gesellschaften angewendet werden konnte, unverzichtbar[212]. Die Möglichkeit, eine Entschädigung für jeden Einzelfall zu bestimmen, wurde ausdrücklich abgelehnt. Der Gerichtshof begründete die Notwendigkeit einer allgemeinen und nicht nur für den Einzelfall geltenden Regelung einerseits mit dem Interesse an Rechtssicherheit, zum anderen ließ er sich von Praktikabilitätserwägungen leiten.

---

[210] GH, Fall Lithgow u.a., Serie A, Nr. 102.

[211] GH, Fall Lithgow u.a., Serie A, Nr. 102, Ziff. 18 ff., 138. Die Aktien der verstaatlichten Unternehmen wurden auf der Grundlage einer Referenzperiode bewertet. Die Inflationsrate blieb unberücksichtigt.

[212] GH, Fall Lithgow u.a., Serie A, Nr. 102, Ziff. 139.

bb) Rechtstradition der Mitgliedstaaten

Der im Fall Lithgow vom Gerichtshof angedeutete Gedanke, daß den Gesetzen ein allgemeiner Charakter eigen sein solle, zieht sich durch die gesamte europäische Rechtsgeschichte[213]. Bereits im römischen Recht hat er in den Sätzen „Lex est commune praeceptum“ und „Iura non in singulas personas, sed generaliter constituuntur“ seinen Niederschlag gefunden[214]. Er ist später von den Vertretern des Vernunftrechts in der Aufklärung wieder aufgenommen worden. In dem Entwurf der Menschenrechtserklärung von 1789 hieß es in Anknüpfung an Rousseau[215]: „La loi étant l'expression de la volonté générale, doit être générale dans son objet“[216]. Diese Aussage wurde dann zu dem Satz „La loi est l'expression de la volonté générale. Elle doit être le même pour tous, soit qu'elle protège, soit qu'elle punisse.“ verkürzt. Das Gesetz erschien daher zuerst in seiner Bedeutung als allgemeine Rechtsregel[217].

Auch in der Ideengeschichte sind die Forderungen nach der Allgemeinheit von Gesetzen zahlreich[218]. Neben Rousseau findet sich bei Kant die im Ergebnis ähnliche Aussage, daß „nur der übereinstimmende und vereinigte Wille aller, sofern ein jeder über alle und alle über einen jeden dasselbe beschließen, mithin nur der allgemein vereinigte Volkswille gesetzgebend sein“ könne, denn es sei, „wenn jemand etwas gegen einen anderen verfügt, immer möglich, daß er ihm dadurch Unrecht tue, nie aber in dem, was er über sich selbst beschließt“[219]. Die unverkennbare Parallelität dieser eher formalistischen Erklärung mit dem materielle Gerechtigkeit verkörpernden „kategorischen Imperativ“ weist darauf hin, daß die Allgemeinheit des Gesetzes als die Gewähr gerechter, d.h. moralisch-sittlicher Gesetze verstanden wird[220].

Diese Begründung für die Forderung nach Allgemeinheit taucht etwa auch bei Hegel auf. Die Sittlichkeit ist für ihn die Idee der Freiheit als der sich selbst bestimmenden Allgemeinheit. Demgemäß sei es Aufgabe der Gesetz-

---

[213] *Schneider*, Gesetzgebung, S. 21.

[214] *Schneider*, Gesetzgebung, S. 21 FN 1.

[215] *Rousseau*, Du Contrat Social, 2. Buch, 6. Kapitel: „Mais quand tout le peuple statue sur tout le peuple, il ne considère que lui-même; et s'il se forme alors un rapport, c'est de l'objet entier sous un point de vue à l'objet entier sous un autre point de vue, sans aucune division du tout. Alors la matière sur laquelle on statue est générale commune la volonté qui statue. C'est cet acte que j'appelle une loi“; *Grawert*, in: *Brunner/Conze/Koselleck*, Geschichtliche Grundbegriffe, Bd. II, S. 863, 900 f.

[216] *Schneider*, Gesetzgebung, S. 22; *Jellinek*, Gesetz und Verordnung, S. 73.

[217] *Jellinek*, Gesetz und Verordnung, S. 73; s.a. *Grawert*, Jura 1982, 247, 252 f.

[218] *Vogel*, VVDStRL 24 (1966), S. 125, 137 ff.

[219] *Kant*, Metaphysik der Sitten, Erster Teil, § 46.

[220] *Vogel*, VVDStRL 24 (1966), S. 125, 140.

gebung, dieses Allgemeine und somit auch Sittliche zu bestimmen und festzusetzen[221].

Diesen staatsphilosophischen Ansätzen entsprechend war das Gesetz des konstitutionellen Staates seinem Inhalt nach ein als Verwirklichung einer überzeitlichen Gerechtigkeitsidee gedachtes Werk[222]. Hinzu kam, daß die Antithese von monarchischer Exekutive und demokratisch legitimierter Repräsentativkörperschaft, d.h. die konstitutive Unterscheidung zwischen der Normierung als der Funktion der Volksvertretung und dem Handeln als der Funktion des zweckorientierten Willens der Verwaltung, dem damaligen Gesetzgeber erlaubte, sich auf die Aufstellung genereller und auf bestimmte Dauer angelegter Regelungen der aus den genannten Gründen noch statischen gesellschaftlichen Verhältnisse zu beschränken[223].

Diese Vorgabe der strikten Trennung von Staat und autonomer Gesellschaft ist heute allerdings nicht mehr gegeben. Vielmehr ist der Gesetzgeber immer wieder genötigt, in den Ablauf gesellschaftlicher Verhältnisse ordnend einzugreifen, um Fehlläufe abzuwenden bzw. ganz konkrete, krisenhafte gesellschaftliche Probleme zu bewältigen. So wie die den Konstitutionalismus kennzeichnenden Strukturen es ausschlossen, daß die Gesetzgebung zur Regelung eines Einzelfalles tätig werden mußte, ist es aufgrund der geänderten Umstände heute erforderlich, von dem „Urbild" des klassischen Gesetzes abzurücken. In diesem Sinn wird der Abstand zwischen Gesetz und Verwaltungshandeln schon dadurch verringert, daß die meisten Gesetze von vornherein und notwendigerweise so stark differenziert sind, daß sie ohnehin nur einen mehr oder minder begrenzten Personenkreis bzw. begrenzte Sachverhalte betreffen[224]. Deshalb kann die Rechtstradition der Mitgliedstaaten der EMRK nicht ohne weiteres als Argument dafür herangezogen werden, daß ein Gesetz i.S.d. Konvention nur eine inhaltlich allgemeine Regelung sein kann.

cc) Demokratie

Gewissermaßen unter umgekehrten Vorzeichen wie bei der Erörterung von Rechtsetzungsbefugnissen anderer Instanzen als des Parlaments spricht der dem Demokratieverständnis der Mitgliedstaaten der EMRK gemeinsame Grundsatz der Gewaltenteilung zunächst gegen einen Verzicht auf eine inhaltlich allgemeine Regelung bei der Beschränkung von Konventionsrechten.

---

221 *Hegel*, Grundlinien der Philosophie des Rechts, §§ 21, 24, 142, 273.

222 *Herzog*, in: *Maunz/Dürig*, Grundgesetz, Art. 19 Abs. 1, Rn. 5.

223 *Herzog*, in: *Maunz/Dürig*, Grundgesetz, Art. 19 Abs. 1, Rn. 5; *Forsthoff*, in: GS-Jellinek, S. 221, 222.

224 *Hesse*, Grundzüge des Verfassungsrechts der Bundesrepublik Deutschland, Rn. 330.

Während sich dort die Bedenken daraus ergaben, Exekutive, Judikative oder Zwischengewalten könnten in den geschützten Funktionsbereich der Volksvertretung einfallen und deren Primat unterhöhlen, besteht bei der Möglichkeit des Erlasses individueller Regelungen die Gefahr des Parlamentsabsolutismus[225]. Denn wenn alles, was das Parlament unter der Bezeichnung „Gesetz“ beschließt, ohne Rücksicht auf dessen Inhalt als Gesetz zu gelten hätte, könnten etwa auch exekutivische Einzelfallentscheidungen vom Parlamentsgesetzgeber an sich gezogen werden[226].

Auf der anderen Seite haben die Ausführungen zum Normgeber gezeigt, daß der Schwerpunkt der Gewaltenteilung jedenfalls nicht auf einer streng durchgeführten Grenzziehung zwischen den verschiedenen Funktionen liegt, sondern vielmehr auf der Mäßigung der Staatsgewalt i.S.e. „balance of powers“[227]. Wenn daher auch für die Legislative einerseits und die Exekutive andererseits bestimmte Handlungsformen typisch sind, so läßt sich allein damit der Verstoß typenfremder Akte der Funktionenträger gegen das Gewaltenteilungsprinzip nicht nachweisen. Eine Regelung individuellen Inhalts greift also nicht per se in den Grundsatz der Gewaltenteilung ein[228].

Welche Kriterien es sind, die die Klassifizierung auch individueller Regelungen als Gesetz i.S.d. EMRK unter dem Gesichtspunkt des Demokratieverständnisses akzeptabel machen und eine insoweit erforderliche Beschränkung des Gesetzgebers garantieren, erschließt sich aus dem Grund, aus dem eine Mäßigung der Staatsgewalt für erforderlich gehalten wird, nämlich der Verhinderung von Willkür. Danach kann die Menschenrechtsbeschränkung aufgrund einer individuellen Regelung nur dann legitim sein, wenn besondere sachliche Gründe vorliegen, die die Normierung durch eine allgemeine Regelung ausschließen, mithin gerade die vorgefundenen Sachgesetzlichkeiten den Parlamentsgesetzgeber veranlassen, Individual- oder Maßnahmegesetze zu erlassen. Dagegen wäre eine allgemeine Regelung immer dann erforderlich, wenn solche besonderen Umstände nicht vorliegen, der Eingriff, der durch das Gesetz legitimiert werden soll, vielmehr an Tatbestandsvoraussetzungen gebunden ist, die an sich in gleicher Weise bei einer unbestimmten Vielzahl von Personen und denkbaren Sachverhaltsvarianten gegeben sind. Unter dieser Voraussetzung besteht in demokratietheoretischer Hinsicht keine Notwendigkeit, das Gesetz i.S.d. EMRK als allgemeine Regelung zu definieren[229].

---

[225] *Forsthoff*, in: GS-Jellinek, S. 221, 228.

[226] *Schneider*, Gesetzgebung, S. 24.

[227] Ebenso *Menger*, in: Bonner Kommentar, Art. 19 Abs. 1 S. 1, Rn. 36.

[228] *Menger*, in: Bonner Kommentar, Art. 19 Abs. 1 S. 1, Rn. 37.

[229] *Forsthoff*, in: GS-Jellinek, S. 221, 228 f.

dd) Vorherrschaft des Rechts

Den aus dem Grundsatz der Vorherrschaft des Rechts in der EMRK und der Satzung des Europarates ableitbaren Konkretisierungen der Vorhersehbarkeit und Berechenbarkeit staatlichen Handelns wird eine allgemeine Regelung jedenfalls gerecht. Denn der Adressat kann sich regelmäßig auf das Gesetz einstellen, da es zumindest auch für Fälle gilt, die erst künftig eintreten werden[230]. Demgegenüber wird eine Individualregelung z.B. als Maßnahmegesetz überwiegend erst als Reaktion auf eine konkrete, gerade aktuell gewordene Gefährdungssituation für Gemeinschaftswerte oder Rechte Dritter erlassen werden, so daß es vorstellbar ist, daß der Einzelne sein Verhalten zur Zeit des Tatsachengeschehens, an das die Regelung die Ermächtigung zur Beschränkung von Menschenrechten bindet, noch nicht darauf einrichten konnte. Abgesehen davon, daß bestimmte regelungsbedürftige Sachverhalte so vereinzelt sind, daß sie sich schon rein faktisch nicht für eine allgemeine Regel eignen[231], ist jedoch die insoweit auftretende Problematik die gleiche wie bei einem neuen allgemeinen Gesetz, da auch dieses regelmäßig auf Sachverhalte trifft, die bereits in der Vergangenheit begonnen haben. Es handelt sich dabei um eine Schwäche, die jeder Gesetzgebung immanent ist.

Versteht man unter Rechtsstaatlichkeit auch den gerechtigkeitssichernden Aspekt des Ausschlusses von Willkür, so kann unter diesem Gesichtspunkt gegen eine individuelle Regelung als taugliche Grundlage für Eingriffe in Menschenrechte eingewendet werden, daß dabei die Gefahr der Bevorzugung oder Benachteiligung Einzelner besonders groß sei[232], daß es gar eine Gleichheit vor dem, wenn auch normierten, Einzelbefehl nicht gäbe[233]. Auf der anderen Seite ist jedoch zu berücksichtigen, daß auch das formelle Merkmal der Allgemeinheit nur der Sicherstellung des dahinter stehenden materialen Prinzips der Gerechtigkeit dient[234]. Diesem Prinzip widerspricht aber eine Gleichbehandlung von Ungleichem durch die Konstituierung einer Pflicht zu allgemeiner Regelung ebenso wie die Ungleichbehandlung von Gleichem durch den Mißbrauch der Möglichkeit, auch Individualregelungen treffen zu dürfen. Deshalb gestattet das Willkürverbot gleichwohl, etwas Einmaliges seiner Besonderheit entsprechend zu behandeln[235], wenn sachliche, d.h. empirisch nachvollziehbare Gründe dafür vorliegen. Die Bindung des Gesetzgebers an den Gleichheitssatz über Art. 14 EMRK muß demnach einen Absolutismus des allgemeinen Gesetzes sogar ausschließen.

---

[230] *Starck*, Der Gesetzesbegriff des Grundgesetzes, S. 235.

[231] *Starck*, Der Gesetzesbegriff des Grundgesetzes, S. 236.

[232] *Herzog*, in: *Maunz/Dürig*, Grundgesetz, Art. 19 Abs. 1, Rn. 9.

[233] Darauf weist *Schneider*, Gesetzgebung, S. 24, hin.

[234] *Menger*, in: Bonner Kommentar, Art. 19 Abs. 1 S. 1, Rn. 62.

[235] *Starck*, Der Gesetzesbegriff des Grundgesetzes, S. 54.

B. Rechtmäßigkeit des Gesetzes

I. Geltung von Rechtmäßigkeitsanforderungen

Die von der EMRK angestrebte freiheitssichernde Funktion des Gesetzesvorbehalts kann nur dann erfüllt werden, wenn das Gesetz nicht beliebige Regelungen enthält, sondern wenn der Gesetzgeber über die konstitutiven inhaltlichen Begriffsmerkmale hinaus auch hinsichtlich der Art und Weise der Normierung konkreter Eingriffsermächtigungen an Vorgaben der Konvention gebunden ist. Denn auch bei Beachtung der Begriffsmerkmale eines Gesetzes wären anderenfalls Beschränkungen von Individualrechten möglich, die dem Anspruch der EMRK und der Satzung des Europarates nach Gerechtigkeit[236] zuwiderliefen. Allein die die Mitgliedstaaten verpflichtenden Begriffsmerkmale wären beispielsweise keine Garantie gegen die Ermächtigung zu Eingriffen, die in ihrer Intensität für den Betroffenen völlig außer Verhältnis zu dem damit verfolgten Zweck stünden. Vom Ergebnis her ist das so überzeugend, daß an sich jede weitere Nachforschung überflüssig erscheinen müßte. Auch der Gerichtshof hat in keiner Entscheidung die Frage aufgeworfen, ob nicht möglicherweise schon ein rechtswirksames Gesetz genüge, sondern durch die Prüfung bestimmter Rechtmäßigkeitsvoraussetzungen stets zum Ausdruck gebracht, daß unter einem Gesetz i.S.d. Konvention das rechtmäßige Gesetz zu verstehen sei[237].

Nun bedeutet aber die Vorgabe von Rechtmäßigkeitsanforderungen gleichzeitig eine Spezifizierung der Vertragspflichten der Mitgliedstaaten, deren Einhaltung von Gerichtshof und Kommission gem. Art. 19 i.V.m. Art. 1 EMRK überprüft werden soll. Die internationalen Instanzen führen mithin inzident bei jeder Prüfung einer Menschenrechtsverletzung eine Normenkontrolle durch, ggf. also auch eine Überprüfung von Parlamentsgesetzen[238]. Mit dem Stellenwert, der der Volksvertretung in dem jeweiligen Mitgliedstaat beigemessen wird, ist das zu vereinbaren, wo auch in der nationalen Rechtsordnung die Möglichkeit einer Normenkontrolle im Sinne einer Kontrolle von Parlamentsgesetzen besteht oder gar die Konvention mit Verfassungsrang gilt wie z.B. in Österreich[239]. Denn dann sind Prüfungskompetenz (als prozessuale Komponente) und auch die Maßstäblichkeit der Konvention (als materiellrechtliche Komponente) gegeben. Schwierigkeiten könnten sich dagegen als Konsequenz der Aufstellung von Rechtmäßigkeitsvoraussetzungen dort er-

---

[236] Vgl. Abs. 4 Präambel EMRK; Abs. 2 Präambel EuRat.

[237] GH, Fall Sunday Times, Serie A, Nr. 30; GH, Fall Silver u.a., Serie A, Nr. 61; GH, Fall Malone, Serie A, Nr. 82; GH, Fall Müller u.a., Serie A, Nr. 133.

[238] *Frowein*, in: *Frowein/Peukert*, EMRK-Kommentar, Art. 53, Rn. 2.

[239] *Frowein*, in: *Frowein/Peukert*, EMRK-Kommentar, Einführung, Rn. 6.

geben, wo in der nationalen Rechtsordnung aus dem Prinzip der Souveränität des parlamentarischen Gesetzgebers das Prinzip der Unüberprüfbarkeit von Gesetzen abgeleitet wird und infolgedessen schon auf nationaler Ebene gerichtliche Kontrollmöglichkeiten nur sehr eingeschränkt existieren oder sogar abgelehnt werden[240]. Denn mit einer so verstandenen Parlamentssouveränität wäre vom innerstaatlichen Standpunkt aus gesehen die Unterwerfung unter die Kontrolle internationaler Instanzen ohne weiteres nicht zu vereinbaren.

Ein Beispiel für die Unüberprüfbarkeit von Parlamentsgesetzen bietet die Verfassung der 5. französischen Republik vom 4. Oktober 1958. Im Gegensatz zu den Verfassungen der 3. und 4. französischen Republik ist dort der Bereich der Gesetzgebung von vornherein zwischen dem Parlament und der verordnunggebenden Exekutive aufgeteilt und allein auf die Wahrung dieses Kompetenzverhältnisses bezieht sich die Möglichkeit, gem. Art. 37 Abs. 2 der Verfassung Übergriffe des Parlaments auf den von Verfassungs wegen der Exekutive zugesprochenen Verordnungsbereich durch den Conseil Constitutionnel überprüfen zu lassen. Ebenso wie in den vorangegangenen Verfassungen ist aber, abgesehen davon, die gerichtliche Unüberprüfbarkeit ein charakteristisches Merkmal des Parlamentsgesetzes[241]. In Kraft getretene Gesetze können also durch kein Gericht im Hinblick auf ihre materielle Rechtmäßigkeit überprüft und ggf. annuliert werden.

Auch in der Rechtsordnung des Vereinigten Königreichs ist eine gerichtliche Kontrolle von Parlamentsgesetzen nicht vorgesehen, was zum einen aus dem Fehlen einer geschriebenen Verfassungsurkunde, die für das Parlamentsgesetz maßstäbliches höheres Recht wäre, zum anderen aus der dogmatischen Gewichtung der Parlamentssouveränität erklärt werden kann[242].

Auf der anderen Seite ist jedoch zu berücksichtigen, daß die mit der europäischen Inzidentkontrolle von Parlamentsgesetzen verbundene „Einmischung in eigene Angelegenheiten“ keine Intensität erreicht, die auch für diese Mitgliedstaaten nicht tolerierbar wäre, denn das eine solche Kontrolle abschließende Urteil des Gerichtshofs stellt ggf. lediglich die Konventionswidrigkeit eines staatlichen Handelns fest, Art. 50 EMRK. Es kann also nicht wie regelmäßig bei einer prinzipalen Normenkontrolle unmittelbar die Nichtigkeit eines Gesetzes bewirken. Zwar sind die Mitgliedstaaten gem. Art. 53 EMRK daran gehalten, sich in allen Fällen, an denen sie beteiligt sind, nach der Ent-

---

[240] *Phillips*, Constitutional Law, S. 39 f.

[241] *Klisch*, Gesetz und Verordnung in der Verfassung der 5. französischen Republik vom 4. Oktober 1958, S. 103 m.w.N.

[242] *Loewenstein*, Staatsrecht und Staatspraxis von Großbritannien, Bd. I, S. 46; *Scheuner*, Das Mehrheitsprinzip in der Demokratie, S. 41 FN 144, mit dem Hinweis darauf, daß sich in England die Unabhängigkeit der Abgeordneten von Weisungen tatsächlich durchgesetzt hat.

scheidung des Gerichtshofs zu richten. Wie sich aus Art. 50 EMRK ergibt, bedeutet das aber noch keine unmittelbare Verpflichtung zur restitutio in integrum[243]. Vielmehr soll es auf die nationale Rechtsordnung ankommen, in welcher Weise eine Verletzung der Konvention korrigiert werden kann[244]. Daran zeigt sich, daß auch, soweit der Gerichtshof eine Konventionsverletzung durch ein rechtswidriges Gesetz feststellt, die Autorität des nationalen Parlaments gewahrt bleibt.

Daß man auch in der Praxis so zu verfahren scheint, zeigt der Fall Tyrer gegen das Vereinigte Königreich[245]. Gegenstand der Beschwerde war die Verurteilung des zur Zeit der Tat 15jährigen Beschwerdeführers durch das Jugendgericht Castletown auf der Insel Man zur Erduldung von drei Birkenrutenhieben auf das entblößte Gesäß bzw. deren nach erfolgloser Berufung vorgenommene Vollstreckung. Die Verurteilung wurde auf Sec. 56 Abs. 1 des Petty Sessions and Summary Jurisdiction Act von 1927 gestützt, einem vom Inselparlament erlassenen Gesetz. Danach kann eine Person, die unrechtmäßig eine andere Person tätlich angreift oder ein Verhalten zeigt, welches zu einer Störung des Friedens führt, zu einer Prügelstrafe verurteilt werden, wenn der Täter ein Kind oder ein Jugendlicher bzw. Heranwachsender männlichen Geschlechts ist[246]. Der Gerichtshof kam zu dem Ergebnis, daß die Prügelstrafe auf der Insel Man gegen das Verbot erniedrigender Strafen in Art. 3 EMRK verstoße[247]. Das Parlament hat daraufhin die Gesetzgebung zwar nicht geändert, gleichwohl ist es in der Folgezeit entsprechend einer offiziellen Erklärung nicht mehr zur Verhängung von Prügelstrafen gekommen. Der Umstand, daß eine förmliche Gesetzesänderung nicht durchgesetzt wurde, ist von den Gemeinschaftsorganen nicht moniert worden, was dafür spricht, daß das Vereinigte Königreich seinen vertraglichen Verpflichtungen gleichwohl nachgekommen ist[248].

Es zeigt sich daher, daß auch eine bei der Aufstellung von Rechtmäßigkeitsanforderungen unausweichliche inzidente Überprüfung von Parlamentsgesetzen bei der hier vertretenen Auslegung der Vertragsverpflichtungen aus

---

[243] A.A. *Ress*, in: *Maier*, Europäischer Menschenrechtsschutz, S. 227, 235.

[244] Vgl. GH, Fall Vermeire, Serie A, Nr. 214-C, Ziff. 26, wo der Gerichtshof nach dem Fall Marckx erneut über die Diskriminierung nichtehelicher Kinder im belgischen Erbrecht zu entscheiden hatte. Der Umstand, daß das Erbrecht bis dahin noch nicht angepaßt war, hatte über die Begründetheit der Beschwerde hinaus keine weiteren Auswirkungen. *Frowein*, in: *Frowein/Peukert*, EMRK-Kommentar, Art. 53, Rn. 4; *ders.*, in: *Maier*, Europäischer Menschenrechtsschutz, S. 307.

[245] GH, Fall Tyrer, Serie A, Nr. 26.

[246] GH, Fall Tyrer, Serie A, Nr. 26, Ziff. 11.

[247] GH, Fall Tyrer, Serie A, Nr. 26, Ziff. 35.

[248] In diese Richtung tendiert offenbar auch *Frowein*, in: *Maier*, Europäischer Menschenrechtsschutz, S. 307.

Art. 50 und 53 EMRK die vereinzelt vorherrschende Dogmatik absoluter Parlamentssouveränität nicht in einer Intensität beeinträchtigt, die es rechtfertigen würde, auf die durch Rechtmäßigkeitsvoraussetzungen erreichbare starke Absicherung der Menschenrechte zu verzichten. „Gesetz“ i.S.d. EMRK meint also das rechtmäßige Gesetz.

II. Eigenständige Bedeutung der Rechtmäßigkeit gegenüber nationalem Recht

Von vornherein ist zu unterscheiden zwischen der Befugnis der Mitgliedstaaten, die Voraussetzungen eines rechtmäßigen Gesetzes der jeweiligen nationalen Rechtsordnung zu entnehmen, und einem nationalen Beurteilungsspielraum hinsichtlich der Frage, ob die sodann festgestellten Rechtmäßigkeitsvoraussetzungen im konkreten Fall auch erfüllt sind.

Was die Erfüllung der Rechtmäßigkeitsvoraussetzungen betrifft, spricht einiges dafür, die Beurteilung zumindest in einem Teilbereich aufgrund ihrer Sachnähe den staatlichen Organen zu überantworten. Allein die Feststellung, daß eine Gefahr für ein Schutzgut der Konvention vorliegt, und die Einschätzung, welche Maßnahmen die Situation zwingend gebietet, bereiten besondere Schwierigkeiten, die es rechtfertigen können, den nationalen Instanzen innerhalb eines europäischen Rahmens einen Beurteilungsspielraum einzuräumen[249]. Indessen betrifft diese Frage den hier vorgegebenen Untersuchungsgegenstand allenfalls am Rande, denn sie bezieht sich weniger auf die Autonomie der Rechtmäßigkeitsvoraussetzungen eines Gesetzes gegenüber nationalem Recht als vielmehr auf die ganz andere Problematik, in welchem Umfang der Gerichtshof die Erfüllung dieser Voraussetzungen im konkreten Fall nachprüfen kann.

Gegen die Akzessorietät der Rechtmäßigkeitsanforderungen sprechen prima facie die gleichen Überlegungen, die die Eigenständigkeit der Begriffsmerkmale des Gesetzes tragen. Das Ziel der EMRK, den Einzelnen vor staatlicher Willkür zu schützen, würde hier ebenso wie bei einer Akzessorietät der das Gesetz konstituierenden Merkmale verfehlt, wenn es dem Ermessen des jeweiligen Mitgliedstaates anheim gestellt wäre, selbst zu bestimmen, welche Rechtmäßigkeitsanforderungen für ein Gesetz gelten sollen[250]. Auch dem

[249] Zur „marge d'appréciation“-Doktrin s. *Bernhardt*, in: FS-Mosler, S. 75, 81 f., 86; *Frowein*, in: *Frowein/Peukert*, EMRK-Kommentar, Vorbemerkung zu Art. 8 bis 11, Rn. 14; *Hailbronner*, in: FS-Mosler, S. 359, 363 f.; *Morrisson Jr.*, Human Rights Journal 6 (1973), S. 263 ff.

[250] Vgl. auch GH, Fall Open Door, Serie A, Nr. 246, Ziff. 69, mit dem Hinweis darauf, daß das einem Verzicht auf die Verantwortung des Gerichtshofs gleichkomme, die Ein-

Zweck der Konvention, eine engere Verbindung unter den Mitgliedern des Europarates herbeizuführen[251], entspräche es nicht, die Voraussetzungen eines rechtmäßigen Gesetzes aus den jeweiligen nationalen Rechtsordnungen zu erschließen. Für eine Autonomie spricht darüber hinaus, daß die Konvention selbst Rechtmäßigkeitsvoraussetzungen benennt. Art. 8 Abs. 2 EMRK läßt beispielsweise einen Eingriff in das Privat- und Familienleben nur unter der Bedingung zu, daß es sich dabei um eine Maßnahme handelt, die in einer demokratischen Gesellschaft zum Schutz bestimmter Rechtsgüter notwendig ist. Da aber unmittelbar auch ein Gesetz den Tatbestand einer Menschenrechtsbeschränkung erfüllen kann[252], steht außer Zweifel, daß eine solche Beschränkung nur dann rechtmäßig ist, wenn das Gesetz selbst eine in dem genannten Sinne notwendige Regelung enthält.

Die Rechtmäßigkeitsanforderungen an ein Gesetz i.S.d. EMRK sind demnach aus der Konvention abzuleiten, sie sind also gegenüber nationalem Recht autonom.

III. Rechtmäßigkeitsanforderungen

1. Formelle Rechtmäßigkeit

a) Erforderlichkeit eines formell rechtmäßigen Gesetzes

Der Erlaß von Gesetzen setzt notwendigerweise Regeln über die Verteilung der Gesetzgebungskompetenzen für die unterschiedlichen Regelungsmaterien auf die möglichen Normgeber sowie über die Verfahren zur Ermittlung der Regelungsinhalte voraus. Das gilt nicht nur für Parlamentsgesetze, sondern – wenn auch in abgeschwächter Form – für Gesetze der Exekutive, Judikative oder der Zwischengewalten. Die Abgrenzung der Gesetzgebungskompetenzen ist im Interesse der Rechtsklarheit erforderlich, um widersprüchliche oder sich überschneidende Regelungen zu vermeiden.

Das Gesetzgebungsverfahren liefert eine nicht hinwegzudenkende Vorgabe für die Umsetzung des Volkswillens bzw. des Willens der Volksrepräsentanten in eine entsprechende Regelung.

---

haltung der Verpflichtungen der Vertragsparteien sicherzustellen; GH, Fall Informationsverein Lentia, Serie A, Nr. 276, Ziff. 35.

[251] Abs. 3 Präambel EMRK; Abs. 4 Präambel EuRat.

[252] Vgl. z.B. das „G 10", das Beschwerdegegenstand im Fall Klass u.a. war, oder der Offences against the Person Act 1861 bzw. der Criminal Law Amendment Act 1885, gegen die sich die Beschwerden in den Fällen Dudgeon und Norris richteten.

Neben diesen eher pragmatischen Gründen kann das Verfahren je nach seiner Ausgestaltung aber auch Auswirkungen auf die inhaltliche Qualität und „Richtigkeit" eines Gesetzes haben, indem es z.B. durch die Beteiligung von Verbänden oder die Einsetzung bestimmter Ausschüsse auch die Berücksichtigung von Minderheitsinteressen gewährleistet und der Durchsetzung ausschließlich partikularer Interessen gegenüber Gemeinwohlbelangen entgegenwirkt. Formelle Rechtmäßigkeitsvoraussetzungen haben daher u.U. über den bloßen Erlaß einer Regelung hinaus auch Einfluß auf deren Inhalt. Insoweit können die Ausgestaltung und Einhaltung des Gesetzgebungsverfahrens im weiteren Sinne den materiellen Gehalt eines Freiheitsrechts bestimmen. Eine Freiheitsbeschränkung, die auf einem Gesetz beruht, das unter Mißachtung solcher formeller Rechtmäßigkeitsanforderungen oder unter Beachtung rechtswidriger Verfahrensvorschriften entstanden ist, kann daher materiell zu einer Verletzung von Konventionsrechten führen[253]. Diese inhaltliche Legitimation, die durch ein rechtmäßiges Verfahren erreicht werden kann, rechtfertigt es, das Gesetz i.S.d. Konvention als formell rechtmäßiges Gesetz zu definieren.

b) Formelle Rechtmäßigkeitsvoraussetzungen

Damit stellt sich die Frage, welche formellen Rechtmäßigkeitsvoraussetzungen aus der EMRK abgeleitet werden können.

Die EMRK enthält keine detaillierten Aussagen über Gesetzgebungszuständigkeiten und -verfahrensgestaltung. Gewisse Essentialia ergeben sich jedoch daraus, daß der durch das Gesetz gerechtfertigte Eingriff, jedenfalls was die Gewährleistungen in Art. 8–11 EMRK und Art. 2 4. ZP betrifft, gerade in einer demokratischen Gesellschaft notwendig sein muß. Aber auch die übrigen Gewährleistungen, in denen dieser Hinweis fehlt, stehen über das Bekenntnis zum demokratischen politischen Regime in Abs. 4 der Präambel der EMRK unter dem besonderen Schutz, den das Demokratieprinzip verbürgt. Dieses verkörpert mit dem Grundsatz der Vorherrschaft des Volkes den Gedanken der Freiheit des Einzelnen durch Selbstbestimmung. Übertragen auf den Prozeß politischer Willensbildung bedeutet das, daß die Herstellung einer Einigung aller am Verfahren Beteiligter die vollständige Verwirklichung des Freiheitsprinzips bewirkt und deshalb primäres Ziel eines demokratischen Gesetzgebungsverfahrens sein muß[254]. Die Umsetzung dieses Ideals freier politischer Willensbildung wird faktisch jedoch dadurch erschwert, daß aufgrund der Vielzahl und Unterschiedlichkeit partikularer Inter-

253 *Herzog*, AöR 86 (1961), S. 194, 211 f.

254 *Hesse*, Grundzüge des Verfassungsrechts der Bundesrepublik Deutschland, Rn. 142; ähnlich *Scheuner*, Das Mehrheitsprinzip in der Demokratie, S. 41; *Rousseau*, Du Contrat Social, 4. Buch, 2. Kap.

essen eine Einigung regelmäßig nur über ein Minimum, insoweit also nur über einen kleinen Ausschnitt regelungsbedürftiger Fragen erzielt werden kann, oder aber der Entscheidungs- bzw. Einigungsprozeß unverhältnismäßig lange dauern würde. Deshalb ist es erforderlich, einen Entscheidungsmodus zu finden, der unter größtmöglicher Wahrung demokratischer Selbstbestimmung der Unbeweglichkeit des Gesetzgebungsverfahrens entgegenwirkt.

Der geschichtlichen Entwicklung nach ist dieser Entscheidungsmodus das Mehrheitsprinzip. Das entspricht nicht nur der neuzeitlichen europäischen Verfassungsentwicklung, das Mehrheitsprinzip war vielmehr auch in „vor"-demokratischen und aristokratischen, antiken und mittelalterlichen Gemeinwesen, soweit nicht absolute Monarchie oder Tyrannei herrschten[255], als Entscheidungsmodalität obwohl nicht unumstritten[256] so doch faktisch etabliert[257]. Obwohl sein Geltungsgrund zunächst nicht in dem demokratischen Gedanken gesehen, sondern es mehr als formales Prinzip im Sinne quantitativer Evidenz verstanden wurde[258], wirkte sich das Prinzip der Majorität in der Weise aus, daß unter den Abstimmenden Gleichheit angenommen werden mußte, wenn die Mehrheit für alle bestimmend sein sollte. Insoweit zeigten sich auch in einem rein formalistisch begründeten Mehrheitsprinzip bereits demokratische Tendenzen[259]. Die Geltung des Mehrheitsprinzips gehört demnach zu dem gemeinsamen Erbe an geistigen Gütern und politischen Überlieferungen i.S.d. Abs. 5 der Präambel der EMRK.

Nach dem in den Mitgliedstaaten vorherrschenden Demokratieverständnis ist es deshalb vorzugswürdig, weil dadurch die Wirkungen, die im Fall der Einigung einträten, jedenfalls zu einem wesentlichen Teil erzielt werden[260]. Soweit es die Mehrheit betrifft ist der Inhalt des Gesetzes dadurch legitimiert, daß er mit dem Willen der sie bildenden Personen übereinstimmt. Die Minderheit, deren Wille in dem Gesetz keinen Ausdruck gefunden hat, ist zwar in einem dem Demokratieverständnis an sich widersprechenden Sinn fremdbestimmt. Unter demokratietheoretischen Gesichtspunkten spricht das jedoch dann nicht gegen die Geltung des Mehrheitsprinzips, wenn die Möglichkeit sich verändernder Mehrheitsverhältnisse gegeben ist, so daß die ein-

---

[255] *Heun*, Das Mehrheitsprinzip in der Demokratie, S. 42.

[256] *Platon*, Politeia, 6. Buch, § 486 f., der der Mehrheitsentscheidung ein tiefes Mißtrauen entgegenbrachte, weil sie zur Herrschaft der Unkundigen und der Masse führe; ähnlich, die Tyrannei der Mehrheit fürchtend, *Tocqueville*, Über die Demokratie in Amerika, VII. Kap., Unterkap. „Tyrannei der Mehrheit".

[257] *Heun*, Das Mehrheitsprinzip in der Demokratie, S. 41 m.w.N.; *Scheuner*, Das Mehrheitsprinzip in der Demokratie, S. 17 f. m.w.N.

[258] Zur geschichtlichen Entwicklung: *v. Gierke*, Schmollers Jahrbuch 39 (1915), S. 565 ff., abgedruckt in: *Guggenberger/Offe*, An den Grenzen der Mehrheitsdemokratie, S. 22 ff.

[259] *Scheuner*, Das Mehrheitsprinzip in der Demokratie, S. 29.

[260] *Hesse*, Grundzüge des Verfassungsrechts der Bundesrepublik Deutschland, Rn. 142.

mal Unterliegenden die real gleiche Chance haben, bei einer späteren Entscheidung die Mehrheit zu gewinnen, und wenn (zumindest deshalb) ein Konsens aller über die Geltung des Mehrheitsprinzips besteht[261]. Für die Anforderungen an die für den Beschluß eines Gesetzes erforderliche Mehrheit ergibt sich daraus, daß eine Annäherung an das Einigungsprinzip, d.h. eine qualifizierte Mehrheit, umso eher erforderlich ist, je geringer die faktische Chance der Minderheit ist, die getroffene Entscheidung später bei einer Änderung der Mehrheitsverhältnisse rückgängig zu machen oder je grundlegender die Entscheidung für das Gemeinwesen ist[262].

Aus dem Demokratieverständnis der Konvention ergibt sich demnach, daß ein Gesetz nur dann formell rechtmäßig sein kann, wenn es in einem Verfahren zustande gekommen ist, bei dem das Mehrheitsprinzip beachtet wurde.

Weitere Verfahrensanforderungen sowie Vorgaben über die Verteilung der funktionellen und örtlichen Gesetzgebungszuständigkeiten gehen aus der EMRK nicht hervor. Die Frage der formellen Rechtmäßigkeit eines Gesetzes könnte daher im übrigen allenfalls anhand der jeweiligen nationalen Rechtsordnungen beantwortet werden.

c) Reichweite einer europäischen Kontrolle

Keiner weiteren Erörterung bedarf, daß Gerichtshof und Kommission jedenfalls die formellen Rechtmäßigkeitsvoraussetzungen prüfen, die sich unmittelbar aus der EMRK ergeben. Soweit jedoch ein Gesetz darüber hinausgehende, nur in der nationalen Rechtsordnung vorgesehene formelle Rechtmäßigkeitsanforderungen nicht erfüllt, und dadurch zweifellos formell rechtswidrig wird, stellt sich die Frage nach der Reichweite einer europäischen Kontrolle.

Aus Art. 19 EMRK geht hervor, daß es die Aufgabe des Gerichtshofs und der Kommission ist, die Einhaltung der von den Vertragsstaaten übernommenen Verpflichtungen sicherzustellen. Diese Verpflichtungen bestehen gem. Art. 1 EMRK in der Zusicherung der in Abschnitt I der Konvention niedergelegten Rechte und Freiheiten. Das spricht dafür, daß sich die europäische Kontrolle auf die Übereinstimmung nationaler Hoheitsakte mit der Konvention beschränkt. Auch Art. 38 Abs. 1 Buchst. d) der Verfahrensordnung der Europäischen Kommission für Menschenrechte spricht dafür, daß Prüfungsmaßstab für Menschenrechtsverletzungen allein die EMRK ist. Nach dieser Vorschrift ist vom Beschwerdeführer neben dem Gegenstand der Beschwerde

---

[261] *Hesse*, Grundzüge des Verfassungsrechts der Bundesrepublik Deutschland, Rn. 143.

[262] *Hesse*, Grundzüge des Verfassungsrechts der Bundesrepublik Deutschland, Rn. 144, für Entscheidungen im Bereich der Verfassungsänderung.

lediglich die Bestimmung der Konvention, deren Verletzung behauptet wird, anzugeben, nicht aber eine möglicherweise mißachtete Bestimmung des innerstaatlichen Rechts[263].

Für die Begrenzung des Prüfungsmaßstabes auf die EMRK spricht darüber hinaus, daß die Verfassungsbereiche der Mitgliedstaaten und der Konvention schon aufgrund der Souveränitätsschranken grundsätzlich selbständig nebeneinander stehen[264]. Bezogen auf die Ausgestaltung des Gesetzgebungsverfahrens im weiteren Sinne bedeutet das, daß von den Mitgliedstaaten gem. Abs. 3 der Präambel der EMRK zwar ein gewisses Maß an Homogenität gefordert wird, sie im übrigen jenseits der von der Konvention aufgestellten Voraussetzungen an die formelle Rechtmäßigkeit eines Gesetzes in der Ausgestaltung jedoch frei sind. Die damit ausgesprochene Wertung würde nun unterlaufen, wenn die europäischen Instanzen auch die Vereinbarkeit eines Gesetzes mit der nationalen Rechtsordnung überprüfen könnten. Das kann vielmehr nur dann möglich sein, wenn die EMRK nationales Recht ausdrücklich inkorporiert und damit zu ihrem Bestandteil gemacht hat, wie das etwa bei Art. 5 und 12 EMRK der Fall ist[265]. Nur in diesem Fall erscheint es vertretbar, (ursprünglich) nationales Recht als Prüfungsmaßstab für Menschenrechtsverletzungen heranzuziehen.

Im Ergebnis entspricht diese Beschränkung europäischer Kontrolle auch der Auffassung des Gerichtshofs. Gegenstand der Beschwerde im Fall Winterwerp gegen die Niederlande[266] war die Unterbringung eines Geisteskranken in einer psychiatrischen Klinik. Gerügt wurde eine Verletzung von Art. 5 EMRK mit dem Vorbringen, der Beschwerdeführer sei vor der Anordnung der Unterbringung unter Mißachtung innerstaatlichen Rechts nicht gehört worden. Der Gerichtshof führte dazu aus, es gehöre normalerweise nicht zu seinen Aufgaben, die Beachtung innerstaatlichen Rechts durch die nationalen Behörden zu prüfen. Etwas anderes gelte nur dann, wenn die Konvention direkt auf jenes Recht verweise, da in diesen Fällen eine Nichtbeachtung des innerstaatlichen Rechts einen Verstoß gegen die Konvention bedeute[267]. Daraus geht hervor, daß im übrigen die Einhaltung nationalen Rechts nicht überprüft wird.

---

[263] Die Entbehrlichkeit einer entsprechenden Regelung in der Verfahrensordnung des Europäischen Gerichtshofs erklärt sich daraus, daß dem Verfahren vor dem Gerichtshof notwendigerweise ein solches vor der Kommission vorausgeht, Art. 32 Abs. 1 Buchst. a) der Verfahrensordnung des Europäischen Gerichtshofs für Menschenrechte.

[264] Vgl. das parallele Verhältnis von Bundesrecht und Landesrecht und der damit korrespondierenden, eingeschränkten Prüfungskompetenz des Bundesverfassungsgerichts BVerfGE 41, 88, 118 ff.

[265] GH, Fall Van Oosterwijck, Serie B, Nr. 36, Ziff. 55.

[266] GH, Fall Winterwerp, Serie A, Nr. 33.

[267] GH, Fall Winterwerp, Serie A, Nr. 33, Ziff. 46.

Übertragen auf die formellen Rechtmäßigkeitsanforderungen eines Gesetzes bedeutet das, daß die Kontrolle des Gerichtshofs und der Kommission auf die Überprüfung der aus dem gemeinsamen Demokratie- und Rechtsstaatsverständnis ableitbaren Anforderungen an Zuständigkeit und Verfahren beschränkt ist.

2. Materielle Rechtmäßigkeit

a) Legitimität des Eingriffszwecks

Was die inhaltliche Rechtmäßigkeit eines Gesetzes betrifft, stellt sich zunächst die Frage, ob die Menschenrechtsgewährleistungen der EMRK zur Verfolgung beliebiger Zwecke beschränkt werden dürfen oder ob auch hier Vorgaben der Konvention bestehen.

aa) Zulässige Eingriffszwecke

Gemäß Art. 8–11 Abs. 2 EMRK, Art. 2 Abs. 3 4. ZP muß ein Eingriff, um konventionsmäßig zu sein, auf einem Gesetz beruhen und zum Schutz bestimmter, jeweils im einzelnen aufgezählter Rechtsgüter in einer demokratischen Gesellschaft notwendig sein. Zu diesen Rechtsgütern gehören die nationale Sicherheit[268], der Schutz der Gesundheit und der Moral[269], die Rechte und Freiheiten anderer[270], aber auch der Schutz des guten Rufes oder des Ansehens und der Unparteilichkeit der Rechtsprechung[271].

Jedenfalls dann, wenn das Gesetz selbst den Eingriff darstellt, muß es diese qualifizierten Voraussetzungen erfüllen[272]. Aber auch in den Fällen, wo das Gesetz den Freiheitsbereich nicht unmittelbar beeinträchtigt, sondern lediglich zu einem solchen Hoheitsakt ermächtigt, ist die Konventionsmäßigkeit der konkreten Maßnahme nicht zu erwarten, wenn schon das zugrunde liegende Gesetz die o.g. Anforderungen nicht erfüllt. In diesem Sinne hat auch der Gerichtshof dann, wenn noch ein Einzelakt folgte, das Gesetz daraufhin überprüft, ob diese qualifizierten Voraussetzungen gegeben sind[273].

---

[268] Art. 8 Abs. 2 EMRK; Art. 2 Abs. 3 4. ZP.

[269] Art. 8 Abs. 2, 9 Abs. 2, 10 Abs. 2, 11 Abs. 2 EMRK; Art. 2 Abs. 3 4. ZP.

[270] Art. 8 Abs. 2, 9 Abs. 2, 10 Abs. 2, 11 Abs. 2 EMRK.

[271] Art. 10 Abs. 2 EMRK.

[272] Vgl. nur GH, Fall Klass u.a., Serie A, Nr. 28; GH, Fall Marckx, Serie A, Nr. 31; Fall Hamer, Bericht der Kommission vom 10.7.1980, Nr. 7114/75, EuGRZ 1982, 531 f.; GH, Fall Norris, Serie A, Nr. 142, Ziff. 38.

[273] GH, Fall Sunday Times, Serie A, Nr. 30; GH, Fall Silver u.a., Serie A, Nr. 61; GH, Fall Malone, Serie A, Nr. 82; GH, Fall Barthold, Serie A, Nr. 90.

Gleiches gilt für Art. 1 Abs. 1 und 2 ZP und Art. 2 Abs. 4 4. ZP, die im Unterschied zu den anderen Gewährleistungen Eingriffe bereits dann gestatten, wenn es das öffentliche Interesse verlangt[274].

Selbst Beschränkungen der Rechte aus Art. 5 und 12 EMRK, die nach ihrem Wortlaut offenbar keine qualifizierten Rechtmäßigkeitsanforderungen an ein Gesetz stellen, sind nach Auffassung der Kommission nur dann konventionsgemäß, wenn sie durch das öffentliche Interesse gefordert werden[275]. Das ist nur konsequent, wenn man die EMRK als Mittel zur Effektuierung des Menschenrechtsschutzes versteht und daraus die Forderung ableitet, die Gewährleistungen so wenig wie möglich zu beschränken, auf der anderen Seite aber die Notwendigkeit erkennt, neben der Achtung der Menschenrechte auch das demokratische politische System zu schützen[276].

Nach den genannten Artikeln kann ein Gesetz demnach die dort gewährleisteten Rechte nur dann rechtmäßig einschränken oder zu Einschränkungen ermächtigen (was im folgenden gleichgesetzt werden soll), wenn es einen der dort aufgeführten Zwecke verfolgt. Durch Art. 18 EMRK ist dabei klargestellt, daß die Aufzählung dieser Zwecke abschließend ist. So darf z.B. in die durch Art. 9 Abs. 1 EMRK gewährleistete Gedanken-, Gewissens- und Religionsfreiheit nur zum Schutz der öffentlichen Sicherheit und Ordnung, der Gesundheit und der Moral oder der Rechte und Freiheiten anderer eingegriffen werden, während beispielsweise das Recht auf freie Meinungsäußerung gem. Art. 10 Abs. 2 EMRK aufgrund der Verfolgung weitergehender Ziele wie etwa der nationalen Sicherheit oder der Gewährleistung des Ansehens der Rechtsprechung beschränkt werden kann.

bb) Eigenständige Bedeutung der Eingriffszwecke gegenüber nationalem Recht

Neben der Frage nach der Bedeutung jedes einzelnen Eingriffszwecks, der hier nicht weiter nachgegangen werden kann, tritt jedoch auch hier das allgemeine Problem auf, ob die aufgeführten Ziele eine autonome Bedeutung haben oder nach dem jeweiligen innerstaatlichen Verständnis des betreffenden Begriffs auszulegen sind. Die Antwort auf diese Frage ist dabei durch die begründete Forderung nach einer europäischen, d.h. nicht akzessorischen

---

[274] GH, Fall James u.a., Serie A, Nr. 98, S. 9 ff., Ziff. 40; *Frowein*, in: *Frowein/Peukert*, EMRK-Kommentar, Art. 1 ZP, Rn. 38 ff.

[275] Fall Hamer, Bericht der Kommission vom 10.7.1980, Nr. 7114/75, EuGRZ 1982, 531, 532.

[276] Abs. 4 Präambel der EMRK; *Hoffmann-Remy*, Die Möglichkeiten der Grundrechtseinschränkung, S. 69.

Auslegung des Gesetzesbegriffs noch nicht vorgegeben. Zwar bedeutet es zwangsläufig eine Relativierung des Konventionsinhaltes in diesem Bereich, wenn man das nationale Recht für die Definition der Eingriffszwecke für maßgeblich hält, da ein einheitliches europäisches Maß damit nicht vorgegeben wird. Auf der anderen Seite ist jedoch zu berücksichtigen, daß durch dieses Vorgehen der Pluralismus als ein Wesensmerkmal der demokratischen Gesellschaft[277] erhalten bleibt und auch die Auffassungen von Minderheiten in einem gewissen Rahmen toleriert werden können, während bei strikter Eigenständigkeit, etwa des Schutzzwecks der Moral, solche Staaten, in denen ein von der Mehrheit der übrigen Mitglieder abweichendes Moralverständnis herrscht, übergangen bzw. zur Anpassung gezwungen würden. Dieser Gesichtspunkt kann umso eher vernachlässigt werden, als es um die Definition rein normativer Begriffe geht, da diese keine Entsprechung in der „außer"-rechtlichen Gesellschaftsordnung haben und aus diesem Grunde auch nicht von regional unterschiedichen Auffassungen abhängen. Bei der Definition des Gesetzesbegriffs und der Festlegung von Rechtmäßigkeitsvoraussetzungen ist das der Fall, während die Ausfüllung der in der EMRK genannten Eingriffsziele durchaus von regional unterschiedlichen Auffassungen beeinflußt sein kann.

Der Gerichtshof hat zu diesem Problem erstmals im Fall Handyside gegen das Vereinigte Königreich Stellung genommen[278]. Gegenstand des Falles war das vom Beschwerdeführer verlegte „Kleine rote Schülerbuch", dessen Beschlagnahme und Vernichtung aufgrund eines Verstoßes gegen den Obscene Publications Act zum Schutz der Moral angeordnet wurde. Im Rahmen der Prüfung eines Verstoßes dieser Maßnahme gegen Art. 10 EMRK untersuchte der Gerichtshof, ob der festgestellte Eingriff zugunsten des Schutzes der Moral erfolgte.

Im Hinblick auf die Methode, der sich der Gerichtshof bei der Auslegung des Moralbegriffs bediente, wurde zunächst darauf hingewiesen, daß das Rechtsschutzsystem der Konvention gegenüber den staatlichen Einrichtungen nur subsidiären Charakter habe und insoweit unterschiedlichen Grundrechtskonzeptionen der Mitgliedstaaten ausreichend Rechnung tragen müsse[279]. Bereits in dieser Feststellung kam zum Ausdruck, daß ein gegenüber nationalen Vorstellungen blindes Aufdrängen europäischer Standards die Anliegen der Konvention nicht erfüllen kann.

Darüber hinaus stellte der Gerichtshof fest, daß die Vorstellungen von den Anforderungen der Moral, die den jeweiligen nationalen Gesetzen zugrunde

---

[277] *Hesse*, Grundzüge des Verfassungsrechts der Bundesrepublik Deutschland, Rn. 135.

[278] GH, Fall Handyside, Serie A, Nr. 24.

[279] GH, Fall Handyside, Serie A, Nr. 24, Ziff. 48.

lägen, nach Zeit und Ort wechselten und insbesondere in unserer Epoche durch schnelle und tiefgreifende Weiterentwicklung der Auffassungen auf diesem Gebiet gekennzeichnet seien. Aus diesem Grund ließe sich kein einheitlicher europäischer Moralbegriff finden, so daß hier die Anforderungen der Konvention durch das Verständnis von Moral am Ort der Tat ausgefüllt würden[280]. Der Gerichtshof hat also zur Definition des Moralbegriffs die Rechtsvergleichung herangezogen und ist auf diese Weise mangels eines übereinstimmenden Verständnisses in den Mitgliedstaaten zu einer Akzessorietät des Begriffs gelangt.

Diese Rechtsprechung wurde auch in späteren Entscheidungen hinsichtlich des Moralbegriffs beibehalten. Im Fall Dudgeon, in dem die nordirische Gesetzgebung bezüglich homosexuellen Verhaltens zur Prüfung stand, stellte der Gerichtshof fest, daß das Ziel dieser Gesetze der Schutz der Moral im Sinne der in Nordirland vorherrschenden moralischen Normen sei[281].

Diese zum Schutz der Moral zitierten Entscheidungen legen den Schluß nahe, die Heranziehung der Rechtsvergleichung gäbe das Bestreben des Gerichtshofes wieder, den Konventionsinhalt auf einen europäischen Minimalstandard festzuschreiben und die legitimen Eingriffsziele durchweg nach dem innerstaatlichen Verständnis zu definieren[282].

Daß indes diese Einschätzung der Autonomie des Moralbegriffs nicht verallgemeinert und auf die anderen nach der Konvention zulässigen Eingriffszwecke übertragen werden kann, ergibt sich aus der Entscheidung des Gerichtshofes im Fall Sunday Times[283]. Dort stellte sich die Frage, ob das gegenüber der Times Newspaper Ltd. ausgesprochene Veröffentlichungsverbot den Zweck verfolgte, das Ansehen der Rechtsprechung i.S.d. Art. 10 Abs. 2 EMRK zu wahren. Anders als in den Fällen Handyside und Dudgeon hat der Gerichtshof bei der Definition dieses Schutzzwecks nicht auf die Einzelstaatenpraxis verwiesen, sondern dargelegt, daß die Gründe, die für die Akzessorietät des Moralbegriffs sprächen, bei der Formulierung „Ansehen der Rechtsprechung“ nicht in gleicher Weise Geltung beanspruchen könnten. Im Gegensatz zum Moralbegriff offenbarten die Vertragsstaaten hier zum einen ein hohes Maß an Übereinstimmung, zum anderen sei der Begriff „Ansehen der Rechtsprechung“ viel objektiver als jener[284]. So hat der Gerichtshof als „An-

---

280 GH, Fall Handyside, Serie A, Nr. 24, Ziff. 48; kritisch dazu *Ermacora*, EuGRZ 1977, 363 ff.

281 GH, Fall Dudgeon, Serie A, Nr. 45, Ziff. 46.

282 In diesem Sinne auch die Kritik von *Ermacora*, EuGRZ 1977, 363 ff.

283 GH, Fall Sunday Times, Serie A, Nr. 30.

284 GH, Fall Sunday Times, Serie A, Nr. 30, Ziff. 59.

sehen der Rechtsprechung" den Schutz derjenigen Personen definiert, die ihr angehören und die sich an sie wenden[285].

Die eigenständige Bedeutung der verschiedenen Eingriffszwecke orientiert sich nach Auffassung des Gerichtshofs demgemäß an einem etwa bestehenden Konsens der Mitgliedstaaten sowie an der Objektivität des auszulegenden Begriffs. Nichtsdestoweniger erfolgte die Prüfung, ob im Einzelfall ein Gesetz einen konventionsmäßigen Zweck verfolgte, eher oberflächlich, wenn auch keiner der ausgewerteten Fälle Anlaß gegeben hätte, an der Legitimität des jeweiligen Gesetzeszwecks zu zweifeln[286]. Das Schwergewicht der Rechtmäßigkeitsprüfung lag in den meisten Fällen bei der Notwendigkeit der Regelung in einer demokratischen Gesellschaft.

b) Notwendigkeit in einer demokratischen Gesellschaft

Die Einschränkungsklauseln der Art. 8–11 Abs. 2 EMRK und Art. 2 Abs. 3 4. ZP enthalten die Formel, daß die Beschränkung von Menschenrechten „in einer demokratischen Gesellschaft notwendig" sein muß. Eingriffe in die Gewährleistungen der Art. 1 Abs. 1 und 2 ZP, Art. 2 Abs. 4 4. ZP sind nur dann zulässig, wenn es das öffentliche Interesse verlangt. Auch Beschränkungen der Art. 5 und 12 EMRK sollen unter dem Vorbehalt stehen, daß das öffentliche Interesse sie erfordert[287]. Unter welchen Voraussetzungen nun ein Eingriff notwendig bzw. erforderlich ist, geht aus der Konvention nicht unmittelbar hervor. Wenn aber die Präambel der EMRK als Grundpfeiler jeder europäischen Verfassungsordnung die Aufrechterhaltung eines wahrhaft demokratischen politischen Regimes einerseits und die Achtung der Menschenrechte andererseits benennt und eine Beeinträchtigung der Menschenrechte demzufolge nur zugunsten der z.T. explizit genannten Schutzgüter einer demokratischen Gesellschaftsordnung erlaubt ist, dann kann von vornherein nur eine solche Menschenrechtsbeschränkung „in einer demokratischen Gesellschaft notwendig" sein, die tatsächlich auch geeignet ist, den von der EMRK vorgegebenen legitimen Eingriffszweck zu erfüllen oder zumindest zu fördern[288]. Der von der Konvention bezweckten Effektivität des

---

285 GH, Fall Sunday Times, Serie A, Nr. 30, Ziff. 56.

286 Das kommt auch in den Entscheidungen klar zum Ausdruck. Im Fall Silver, Serie A, Nr. 61, Ziff. 96, sah der Gerichtshof keinen Grund, daran zu zweifeln, daß die Maßnahmen der Verhinderung strafbarer Handlungen dienten. Im Fall Barthold, Serie A, Nr. 90, Ziff. 51, bestanden nach seiner Auffassung keine Anhaltspunkte dafür, daß konventionsfremde Zwecke verfolgt wurden. Beispiele für ähnliche Formulierungen finden sich in GH, Fall Olsson, Serie A, Nr. 130, Ziff. 65; GH, Fall Müller u.a., Serie A, Nr. 133, Ziff. 30.

287 Fall Hamer, Bericht der Kommission vom 10.7.1980, Nr. 7114/75, EuGRZ 1982, 531, 532.

288 *Hoffmann-Remy*, Die Möglichkeiten der Grundrechtseinschränkung, S. 36.

Menschenrechtsschutzes entspricht es dabei, daß, wenn schon ein öffentliches Interesse nur um den hohen Preis eines Eingriffs in Menschenrechte verfolgt werden kann, von mehreren gleich geeigneten nur der den Einzelnen am wenigsten belastende Eingriff konventionsmäßig ist[289].

Auch aus der Rechtsprechung des Gerichtshofs geht hervor, daß ein Gesetz, das weder geeignet ist, den von der EMRK vorgegebenen legitimen Eingriffszweck zu erfüllen, noch das unter gleich geeigneten Mitteln mildeste darstellt, nicht die Anforderungen der Notwendigkeit in einer demokratischen Gesellschaft erfüllen kann[290].

Auch dann, wenn das Gesetz geeignet und die Eingriffsintensität erforderlich ist, ist es jedoch nur dann „in einer demokratischen Gesellschaft notwendig", wenn die Schwere des Eingriffs in das Individualrechtsgut in angemessenem Verhältnis zu dem verfolgten berechtigten Zweck steht[291]. Das läßt sich nicht nur aus den Rechtsordnungen sämtlicher Mitgliedstaaten ableiten[292], es entspricht auch der Auffassung des Gerichtshofs, daß unverhältnismäßige Eingriffe in Menschenrechte nicht konventionsmäßig sind[293].

Die danach erforderliche Güterabwägung[294] wirft allerdings in dreierlei Hinsicht Probleme auf.

Zunächst stellt sich die Frage, welche Bedeutung das Leitprinzip der demokratischen Gesellschaft für die Abwägung hat. Im Rahmen der Abwägung tritt das Problem der Wertigkeit der in sie einzustellenden Schutzgüter auf, indem entschieden werden muß, ob zwischen dem betroffenen Individualrechtsgut und dem Eingriffszweck eine echte Güterabwägung im Sinne der Herstellung einer Balance zwischen zwei kollidierenden, gleichwertigen Rechtsgütern stattfindet, oder ob möglicherweise die Individualrechtsfreiheit prinzipiell höherrangig zu bewerten und dementsprechend nur ausnahmsweise beschränkbar ist.

---

[289] *Hoffmann-Remy*, Die Möglichkeiten der Grundrechtseinschränkung, S. 36.

[290] GH, Fall Klass u.a., Serie A, Nr. 28, Ziff. 48; GH, Fall Müller u.a., Serie A, Nr. 133, Ziff. 40.

[291] GH, Fall Norris, Serie A, Nr. 142, Ziff. 46; *Hoffmann-Remy*, Die Möglichkeiten der Grundrechtseinschränkung, S. 36, 63.

[292] *Hailbronner*, in: FS-Mosler, S. 359, 376; *Hoffmann-Remy*, Die Möglichkeiten der Grundrechtseinschränkung, S. 78 ff.

[293] GH, Fall AGOSI, Serie A, Nr. 108, Ziff. 54, wo der Gerichtshof geprüft hat, ob der Staat ein angemessenes Gleichgewicht zwischen den öffentlichen Interessen und denen des Einzelnen beachtet hat; GH, Fall Olsson, Serie A, Nr. 130, Ziff. 67; GH, Fall Müller u.a., Serie A, Nr. 133, Ziff. 32; GH, Fall Soering, Serie A, Nr. 161, Ziff. 89; GH, Fall W., Serie A, Nr. 107, Ziff. 60; GH, Fall Hakansson, Serie A, Nr. 171, Ziff. 51.

[294] GH, Fall Klass u.a., Serie A, Nr. 28, Ziff. 48.

Eng mit dieser Frage verbunden ist die dritte Unsicherheit bei der Verhältnismäßigkeitsprüfung i.e.S. Sie betrifft die Reichweite eines nationalen Beurteilungsspielraums bzw. die Prüfungsdichte einer europäischen Kontrolle.

aa) Leitbild der demokratischen Gesellschaft

Für die Prüfung der Notwendigkeit einer Menschenrechtsbeschränkung in einer demokratischen Gesellschaft ist von Interesse, ob der Zusatz „demokratische Gesellschaft" dem Gesetzesvorbehalt eine zusätzliche rechtliche Qualität gibt und die Funktion einer übergeordneten Eingriffsschranke mit einer eigenen materiellen Bedeutung hat oder ob es sich dabei um einen Ausdruck handelt, der lediglich den schon in der Präambel der EMRK enthaltenen Verweis auf das gemeinsame Demokratieverständnis noch einmal in Erinnerung ruft und in diesem Sinne allenfalls die Auslegung der einzelnen Eingriffszwecke beeinflußt.

Für eine zusätzliche rechtliche Qualität spricht zunächst die Entstehungsgeschichte der EMRK. In Art. 3 des Entwurfs der Europäischen Bewegung wurde die Rechtmäßigkeit von Menschenrechtsbeschränkungen u.a. davon abhängig gemacht, daß sie in Übereinstimmung mit den allgemeinen, von den zivilisierten Nationen anerkannten Rechtsprinzipien stehen. Damit sollte Eingriffen eine zusätzliche, allgemeine und übergeordnete Schranke gesetzt werden. Mit Ausnahme des Art. 7 Abs. 2 EMRK wurde dieser klassische völkerrechtliche Begriff der „allgemeinen von den zivilisierten Völkern anerkannten Rechtsgrundsätze"[295] in der endgültigen Fassung durch den Begriff der „demokratischen Gesellschaft" ersetzt, was darauf schließen läßt, daß dem Hinweis auf die demokratische Gesellschaft ebenfalls die Funktion einer echten, zusätzlichen Eingriffsschranke neben der Verhältnismäßigkeit i.w.S. zukommt[296].

Darüber hinaus ist zu berücksichtigen, daß ein Ziel der EMRK die Herbeiführung einer größeren Einigkeit unter den Mitgliedstaaten ist[297]. Dem entspricht es, den Ausdruck demokratische Geselschaft als Hinweis auf ein übergeordnetes Leitbild zu verstehen.

Für eine zusätzliche rechtliche Qualität spricht schließlich, daß auch in dem in seiner Effektivität hinter der EMRK zurückbleibenden Internationalen Pakt über bürgerliche und politische Rechte vom 19. Dezember 1966 (IPbürgR) der Hinweis auf die demokratische Gesellschaft in dem Art. 11

---

[295] Vgl. Art. 38 Abs. 1 Buchst. c) IGH-Statut.

[296] *Hoffmann-Remy*, Die Möglichkeiten der Grundrechtseinschränkung, S. 62; *Vegleris*, Revue des Droits de l'Homme 1 (1968), S. 219, 230.

[297] Abs. 3 Präambel der EMRK.

EMRK nachgebildeten Art. 21 IPbürgR als zusätzliche Eingriffsschranke gesehen wird[298]. Noch deutlicher kommt seine Bedeutung in Art. 4 des Internationalen Paktes über wirtschaftliche, soziale und kulturelle Rechte vom 19. Dezember 1966 zum Ausdruck, wonach die dort gewährleisteten Rechte nur solchen Beschränkungen unterworfen werden dürfen, deren ausschließlicher Zweck es ist, das allgemeine Wohl in einer demokratischen Gesellschaft zu fördern.

Welche rechtlichen Anforderungen das Leitbild der demokratischen Gesellschaft nun an Gesetze stellt, geht aus der EMRK unmittelbar nicht hervor.

Wie bei anderen Konventionsbegriffen besteht zum einen auch hier die Möglichkeit, die „demokratische Gesellschaft" i.S.d. Konvention mit der Gesellschaft des jeweils belangten Staates gleichzusetzen. In der Rechtsprechung ist dieser Ansatz in der abweichenden Meinung des Richters Zekia im Fall Dudgeon erkennbar[299]. Im Gegensatz zur Mehrheit des Gerichts, die die Notwendigkeit einer Strafbarkeit jedes männlichen homosexuellen Verhaltens mit Blick auf die Reformen des innerstaatlichen Rechts bei den übrigen Mitgliedstaaten verneinte[300], führte der Richter Zekia aus, eine demokratische Gesellschaft werde von der Mehrheit regiert, die in Nord-Irland dem Schutz der Moral einen hohen Stellenwert beimesse[301]. Er verstand damit die „demokratische Gesellschaft" der EMRK als die nationale Gesellschaft. Einer solchen Auslegung kann jedoch nicht gefolgt werden, wenn man, wie das hier der Fall ist, einen Grund für die Bedeutung der demokratischen Gesellschaft als zusätzliche Eingriffsschranke gerade darin sieht, die Rechtsvereinheitlichung in den Mitgliedstaaten zu fördern.

Auch die Alternative, die demokratische Gesellschaft im Sinne einer fiktiven einheitlichen europäischen Gesellschaft zu definieren, kann nicht überzeugen. Denn die lückenlose Vorgabe dessen, was unter einer demokratischen Gesellschaft zu verstehen sei, würde zu einer Nivellierung der Rechtsordnungen führen, wie sie abgesehen von der noch fehlenden Akzeptanz nicht nur nicht möglich ist[302], sondern möglicherweise auch dem Pluralismus als Ausprägung des Demokratieprinzips selbst zuwiderliefe.

Auch der Gerichtshof hat in dieser Ausschließlichkeit weder dem einen noch dem anderen Extrem den Vorzug gegeben.

---

[298] *Nowak*, CCPR-Kommentar, Art. 21, Rn. 19 ff. m.w.N.

[299] GH, Fall Dudgeon, Serie A, Nr. 45, S. 29 ff.

[300] GH, Fall Dudgeon, Serie A, Nr. 45, Ziff. 60.

[301] GH, Fall Dudgeon, Serie A, Nr. 45, S. 30, Ziff. 3.

[302] *Hoffmann-Remy*, Die Möglichkeiten der Grundrechtseinschränkung, S. 60.

Auf der einen Seite schien er umso eher geneigt zu sein, die Notwendigkeit einer Regelung „in einer demokratischen Gesellschaft“ zu bejahen, wenn sie so oder so ähnlich in der Mehrzahl der Mitgliedstaaten ebenfalls existierten[303]. Das kommt in seiner Entscheidung im Fall Klass gegen die Bundesrepublik Deutschland zum Ausdruck[304]. Gegenstand der Beschwerde war das Gesetz vom 13.8.1968 zur Beschränkung des Brief-, Post- und Fernmeldegeheimnisses (G 10), das unter bestimmten Umständen zu Überwachungsmaßnahmen ermächtigt, ohne die Behörden in jedem Fall zur nachträglichen Unterrichtung der betroffenen Person zu verpflichten, und das darüber hinaus den Rechtsweg gegen jene Maßnahmen ausschließt. In der Antwort auf die Frage, ob dieses Eingriffssystem in einer demokratischen Gesellschaft notwendig sei, schloß sich der Gerichtshof der Auffassung der Kommission an. Danach zeige ein rechtsvergleichender Blick auf Bestimmungen ähnlicher Art in den verschiedenen Konventionsstaaten, daß irgendein Schutzsystem ähnlich dem in Frage stehenden in einer „demokratischen Gesellschaft“ i.S.d. Konvention für notwendig erachtet werde[305].

Auch am Fall De Becker gegen Belgien[306] wurde deutlich, daß die Notwendigkeit eines Gesetzes in einer „demokratischen Gesellschaft“ zumindest nicht ausschließlich nach dem innerstaatlichen Verständnis beurteilt, sondern maßgeblich von der Handhabung in den anderen Mitgliedstaaten beeinflußt werden soll. Gegenstand der Beschwerde war die Frage, ob im Anschluß an die Bestrafung wegen Kollaboration mit dem Feind in Kriegszeiten dem Verurteilten auch, wie es das belgische Strafgesetzbuch vorsah, auf Dauer die Ausübung der wesentlichsten Rechte des Art. 10 EMRK untersagt werden konnte. Gemäß Art. 123 des belgischen Strafgesetzbuches war jede nach dem 27.8.1939 erfolgte Verurteilung zu einer Freiheitsstrafe von mehr als fünf Jahren wegen eines Verbrechens gegen die äußere Sicherheit des Landes mit dem zeitlich unbegrenzten Ausschluß des Betreffenden von jeder Tätigkeit im öffentlichen Leben verbunden, bei der auch nur die Möglichkeit einer erneuten Gefährdung der staatlichen Sicherheit gegeben war. Dazu zählten etwa die Beteiligung an der Nutzung, Verwaltung oder Redaktion, an dem Druck oder Vertrieb einer Zeitung, aber auch die Mitwirkung an kulturellen Veranstaltungen. Die Kommission führte dazu aus, daß ein umfassender, lebenslanger Entzug des Rechts auf Meinungsfreiheit kaum mit den Idealen und Traditionen der Demokratien der Europaratstaaten übereinstimme, da in keiner von ihnen ein derartiger, absoluter Rechtsverlust für notwendig erachtet

---

303 GH, Fall Norris, Serie A, Nr. 142, Ziff. 46.

304 GH, Fall Klass, Serie A, Nr. 28 und Serie B, Nr. 26.

305 Vgl. GH, Fall Klass u.a., Serie B, Nr. 26, Ziff. 65.

306 GH, Fall De Becker, Serie A, Nr. 4 und Serie B, Nr. 2.

werde. Deshalb überschreite das Gesetz die Grenzen dessen, was in einer demokratischen Gesellschaft notwendig sei.

Auf der anderen Seite verneinte der Gerichtshof jedoch nicht automatisch die Notwendigkeit einer Regelung „in einer demokratischen Gesellschaft", wenn der beklagte Staat damit einer Praxis folgte, die von den übrigen Staaten nicht geteilt wurde. Eine unter den Mitgliedstaaten herrschende Meinung solle also einen Einzelstaat nicht in jedem Fall zur Anpassung seiner Gesetzgebung zwingen[307]. Als Begründung dafür nannte der Gerichtshof die Definitionsmerkmale Pluralismus, Toleranz und Großzügigkeit der demokratischen Gesellschaft, die ein Aufdrängen europäischer Standards unbesehen nationaler Besonderheiten verböten[308].

Welche objektivierbaren Kriterien darüber entscheiden, ob nationale Auffassungen ggf. hinter einen europäischen Standard zurücktreten müssen oder ob bezüglich der in Rede stehenden Sachfrage ein solcher Standard nicht besteht und die Auffassung der Einzelstaaten also respektiert wird, geht aus der Rechtsprechung nicht klar hervor. Immerhin indizieren die ausgewerteten Entscheidungen jedoch, daß der Gerichtshof im Grundsatz zur Anpassung einer abweichenden Einzelstaatenpraxis an einen unter den übrigen Mitgliedstaaten bestehenden Konsens tendiert, während er einen erhöhten Begründungsaufwand für den Fall für erforderlich hält, in dem er eine solche Praxis akzeptieren will[309]. In diese Richtung weist auch die größere Zahl derjenigen Fälle, die der Gerichtshof zugunsten eines einheitlichen Standards und damit zu Lasten einer vereinzelten Staatenpraxis entschieden hat[310].

Ein Grund für die Einheitlichkeit dessen, was in einer „demokratischen Gesellschaft" notwendig ist, besteht nach der Rechtsprechung dann, wenn im Rahmen des Europarates bestimmte einheitliche Vorstellungen über Grundrechtsschranken außerhalb der Konvention offiziell niedergelegt worden sind. Ein Beispiel dafür gibt der bereits beschriebene Fall Marckx gegen Belgien[311]. Die Beschwerdeführerin zu 1) hatte, um verwandtschaftliche Beziehungen zu ihrer als nichteheliches Kind geborenen Tochter herzustellen, die

---

[307] Vgl. dazu GH, Fall Dudgeon, Serie A, Nr. 45, Ziff. 56. Der Umstand, daß ähnliche Maßnahmen in anderen Mitgliedstaaten des Europarats nicht als notwendig in einer demokratischen Gesellschaft angesehen werden, bedeutet nach Auffassung des Gerichtshofs nicht, daß sie in Nord-Irland nicht notwendig sein können.

[308] GH, Fall Handyside, Serie A, Nr. 24, Ziff. 49; GH, Fall Dudgeon, Serie A, Nr. 45, Ziff. 53; GH, Fall Müller u.a., Serie A, Nr. 133, Ziff. 33.

[309] GH, Fall Handyside, Serie A, Nr. 24, Ziff. 57.

[310] GH, Fall Sunday Times, Serie A, Nr. 30, Ziff. 60 ff.; GH, Fall Marckx, Serie A, Nr. 31, Ziff. 41; GH, Fall Dudgeon, Serie A, Nr. 45, Ziff. 56 ff., 60; GH, Fall Barthold, Serie A, Nr. 90, Ziff. 58 f. und zustimmende Meinung des Richters Pettiti, ebd. S. 31.

[311] GH, Fall Marckx, Serie A, Nr. 31, Ziff. 41.

Mutterschaft nach Art. 334 des belgischen Code Civil anerkannt und ihre Tochter später adoptiert. Mit ihrer Beschwerde wendete sie sich dagegen, daß das Kind nach belgischem Recht dennoch nicht mit den Verwandten der Mutter verwandt war und deshalb eine schlechtere erbrechtliche Stellung hatte als ein ehelich geborenes Kind. Diese nach damaligem belgischen Recht praktizierte Unterscheidung zwischen der „ehelichen" und der „nichtehelichen" Familie wurde vom Gerichtshof deshalb für konventionswidrig erklärt, weil sie mit dem Brüsseler Übereinkommen vom 15. Oktober 1975 über die Rechtsstellung der außerhalb der Ehe geborenen Kinder nicht übereinstimmte. Der Gerichtshof hat also insoweit die Strukturen der „demokratischen Gesellschaft" mit Hilfe völkerrechtlicher Verträge im Rahmen des Europarates konkretisiert.

Eine demgegenüber weniger zuverlässige, aber dennoch vom Gerichtshof angewandte Methode, die demokratische Gesellschaft i.S.d. EMRK zu definieren, besteht darin, Entwicklungstendenzen zu erkennen und einen Staat mit dem Argument, seine Gesetzgebung sei in dieser Hinsicht rückständig, zur Anpassung an den für fortschrittlicher gehaltenen Standard zu drängen. So hat der Gerichtshof im Fall Dudgeon die Strafbarkeit einfacher Homosexualität in Nord-Irland für konventionswidrig erklärt, weil ein heute vertiefteres Verständnis für homosexuelles Verhalten bereits zu entsprechenden bemerkenswerten Reformen des innerstaatlichen Rechts der anderen Mitgliedstaaten geführt habe[312].

Im Fall Barthold hat der Gerichtshof die Konventionswidrigkeit der in der Bundesrepublik Deutschland geltenden strengen Standesregeln und Wettbewerbsverbote für Tierärzte festgestellt[313]. Den Entscheidungsgründen hat Richter Pettiti hinzugefügt, es sei schon jetzt nicht zu übersehen, daß sowohl in Europa als auch in Nordamerika eine bedeutende Entwicklung des Standesrechts in Richtung auf eine Öffnung für gewisse Formen der Werbung erkennbar wäre[314].

Im Ergebnis erscheint die Ermittlung der Merkmale einer demokratischen Gesellschaft auf der Grundlage einer Analyse des betreffenden Rechts unter Heranziehung des Verständnisses in den Mitgliedstaaten überzeugend[315]. Denn dadurch kann erreicht werden, daß ein auf nationaler Ebene im Einzelfall defizitärer Menschenrechtsschutz ggf. auf ein europäisches Niveau angehoben wird. Wegen der demokratischen Elemente des Pluralismus, der Toleranz und der Großzügigkeit muß dabei freilich sichergestellt sein, daß

---

312 GH, Fall Dudgeon, Serie A, Nr. 45, Ziff. 60.

313 GH, Fall Barthold, Serie A, Nr. 90, Ziff. 59.

314 GH, Fall Barthold, Serie A, Nr. 90, S. 31.

315 *Hailbronner*, in: FS-Mosler, S. 359, 370.

die nationalen Beschränkungen wirklich ein Minus gegenüber einem Konsens der anderen Mitgliedstaaten darstellen und nicht etwa durch besondere gesellschaftliche oder politische Umstände gerechtfertigt sind. Insoweit kann auch, wie das in der abweichenden Ansicht des Richters Zekia zum Ausdruck gekommen ist[316], berücksichtigt werden, daß Adressat des nationalen Gesetzes in erster Linie die nationale Gesellschaft ist und demgemäß die Effektivität einer am mehrheitlichen europäischen Demokratieverständnis orientierten Regelung auch durch ihre Akzeptanz in der nationalen Gesellschaft beeinflußt wird.

bb) Verhältnis von Menschenrecht und beschränkendem Rechtsgut

Im Fall Sunday Times, wo zu entscheiden war, ob der Eingriff in das Recht auf Meinungsäußerung gemessen an dem mit ihm verfolgten Zweck, das Ansehen der Rechtsprechung zu schützen, verhältnismäßig war, vertrat der Gerichtshof die Auffassung, daß er es nicht mit einer Entscheidung zwischen zwei widerstreitenden Grundsätzen zu tun habe, sondern mit dem Grundsatz der freien Meinungsäußerung, der einer Reihe von eng auszulegenden Ausnahmeregelungen unterläge. Es genüge wegen der besonderen Bedeutung, die der Meinungsäußerungsfreiheit in einer demokratischen Gesellschaft zukomme[317] demnach nicht, daß der Eingriff unter die in Art. 10 Abs. 2 EMRK aufgeführten Ausnahmen falle[318]. Denn die Meinungsäußerungsfreiheit sei nicht nur eine der Grundsäulen einer demokratischen Gesellschaft, sondern eine der wesentlichen Bedingungen für ihren Fortschritt und für die Selbstverwirklichung des Einzelnen[319]. Für den Fall Sunday Times folgerte der Gerichtshof daraus, daß das Veröffentlichungsverbot nur dann gerechtfertigt gewesen wäre, wenn anderenfalls das Ansehen der Rechtsprechung i.S.d. Art. 10 Abs. 2 EMRK „mit absoluter Sicherheit" gefährdet worden wäre[320].

Aus dieser Entscheidung folgt zwar nicht zwingend, daß jedes Individualrecht der Konvention zu jedem legitimen Eingriffszweck in einem Regel-Ausnahme-Verhältnis steht, die nachfolgende Rechtsprechung bestätigt jedoch den einmal eingeschlagenen Weg[321]. Das zeigt sich am deutlichsten an der

---

[316] GH, Fall Dudgeon, Serie A, Nr. 45, Ziff. 29 ff.

[317] GH, Fall Sunday Times, Serie A, Nr. 30, Ziff. 65.

[318] GH, Fall Sunday Times, Serie A, Nr. 30, Ziff. 65.

[319] GH, Fall Handyside, Serie A, Nr. 24, Ziff. 49; GH, Fall Barthold, Serie A, Nr. 90, Ziff. 58; GH, Fall Müller u.a., Serie A, Nr. 133, Ziff. 33.

[320] GH, Fall Sunday Times, Serie A, Nr. 30, Ziff. 66.

[321] GH, Fall Silver u.a., Serie A, Nr. 61, Ziff. 97, wo der Gerichtshof wiederholt, daß die

Definition, die der Gerichtshof für die „Notwendigkeit" einer Beschränkung entwickelt hat. Unabhängig davon, welche Gewährleistung im Einzelfall betroffen war, hat der Gerichtshof vertreten, „notwendig" sei einerseits nicht synonym mit „unerläßlich"[322], habe aber andererseits auch nicht die Weite von Ausdrücken wie „zulässig", „üblich", „nützlich", „angemessen" oder „angebracht". Eine Regelung sei vielmehr nur bei Vorliegen eines „pressing social need" notwendig i.S.d. EMRK[323]. Unter Anwendung dieser Grundsätze ist der Gerichtshof im Fall Sunday Times zu dem Ergebnis gelangt, daß das beanstandete Veröffentlichungsverbot nicht einem sozialen Bedürfnis entspreche, das hinreichend zwingend sei, um das öffentliche Interesse an der Freiheit der Meinungsäußerung zu überwiegen[324]. In einer gemeinsamen abweichenden Meinung von immerhin neun Richtern des Gerichtshofs wurde der Eingriff dagegen für notwendig gehalten, was nach den dafür mitgeteilten Gründen darauf beruhte, daß das Verhältnis von Menschenrecht und beschränkendem Rechtsgut nicht als Regel-Ausnahme-Verhältnis definiert wurde, sondern daß eine echte Güterabwägung stattfand[325].

Gemäß Art. 4 der Präambel der EMRK beruhen Gerechtigkeit und Friede wesentlich auf einem wahrhaft demokratischen politischen Regime einerseits und auf einer gemeinsamen Auffassung und Achtung der Menschenrechte andererseits. Ein Wertigkeitsgefälle etwa in dem Sinne, daß der Menschenrechtsschutz gegenüber Schutzgütern der demokratischen Gesellschaft prinzipiell vorrangig wäre, ist daraus nicht zu entnehmen. Die Gegenüberstellung spricht vielmehr dafür, daß Individualrechte und Schutzgüter gleichwertig sind. Darüber hinaus ergibt sich aus den einzelnen Gewährleistungen, daß zu den Schutzgütern einer demokratischen Gesellschaft nicht nur kollektive Werte wie das wirtschaftliche Wohl des Landes oder die öffentliche Sicherheit zählen, sondern daß Menschenrechtseingriffe auch zum Schutz der Rechte und Freiheiten anderer zulässig sind. In der Konstellation, daß Freiheitsbeschränkungen zum Schutz von Individualrechten anderer normiert werden, stehen sich kollidierende Menschenrechte gegenüber. Warum aber allein aufgrund der Verschiedenheit der Positionen dem beschränkten Individualrecht bei der Abwägung im Rahmen der Verhältnismäßigkeitsprüfung ein höherer

---

Absätze, die eine Ausnahme zu einem von der Konvention geschützten Recht enthielten, eng ausgelegt werden müßten.

[322] Was gegen die Authentizität der deutschen Übersetzung von „necessary" mit „unentbehrlich" in Art. 10 Abs. 2 EMRK spricht.

[323] GH, Fall Handyside, Serie A, Nr. 24, Ziff. 48; GH, Fall Sunday Times, Serie A, Nr. 30, Ziff. 59; GH, Fall Dudgeon, Serie A, Nr. 45, Ziff. 51; GH, Fall Silver u.a., Serie A, Nr. 61, Ziff. 97; GH, Fall Barthold, Serie A, Nr. 90, Ziff. 55; GH, Fall Olsson, Serie A, Nr. 130, Ziff. 67; GH, Fall Müller u.a., Serie A, Nr. 133, Ziff. 32.

[324] GH, Fall Sunday Times, Serie A, Nr. 30, Ziff. 67.

[325] GH, Fall Sunday Times, Serie A, Nr. 30, S. 47 ff., Ziff. 6.

Wert zukommen sollte als den Rechten und Freiheiten anderer, ist zumindest in diesem Fall nicht begründbar.

Etwas anderes könnte sich daraus ergeben, daß Menschenrechtsbeschränkungen nach dem Wortlaut der Konvention nicht schon dann rechtmäßig sind, wenn sie der Verfolgung der genannten Eingriffszwecke lediglich dienen, sondern nur dann, wenn die Beschränkung notwendig ist. Daraus von vornherein auf die Höherrangigkeit der Menschenrechte zu schließen, ist jedoch nicht zwingend. Denn die Notwendigkeit einer Menschenrechtsbeschränkung kann sich auch allein auf die Gegenüberstellung der Eingriffsintensität für die Betroffenen und dem Gefährdungsgrad für das Schutzgut der demokratischen Gesellschaft ergeben, ohne daß vorab eine abstrakte Gewichtung der kollidierenden Rechtsgüter stattfinden müßte.

Aus diesen Gründen erscheint auch die Rechtsprechung des Gerichtshofs nicht uneingeschränkt zustimmungswürdig, soweit man darin ein generelles Regel-Ausnahme-Verhältnis zwischen Menschenrecht und beschränkendem Rechtsgut vertreten sieht.

cc) Reichweite eines nationalen Beurteilungsspielraumes

Ansatzpunkte für einen Spielraum der Staaten bei der Einschätzung der Verhältnismäßigkeit einer Regelung können theoretisch alle diejenigen Faktoren sein, die die Abwägung beeinflussen, neben der Auslegung des Schutzgutes also die Einschätzung der Gefährdung für dieses Schutzgut und die Auswahl der Abwehr- bzw. Eingriffsmittel auf der einen sowie die Beurteilung der Eingriffsintensität auf der anderen Seite.

Nach Auffassung des Gerichtshofs will die EMRK keine umfassende Vereinheitlichung der Rechtsordnungen bewirken[326]. Aus den ermittelten Strukturen der „demokratischen Gesellschaft" wird vielmehr geschlossen, daß Raum für nationale Verschiedenheiten bleiben soll[327].

Danach ergäbe sich ein Beurteilungsspielraum jedenfalls dann, wenn staatliches Handeln einen Regelungsbereich beträfe, in dem europäische Standards überhaupt nicht oder nur vereinzelt bestehen. Unter Berücksichtigung der Ausführungen zu den nach der Konvention legitimen Eingriffszwecken bedeutet das, daß der den Mitgliedstaaten zukommende Beurteilungsspielraum bei der Einschätzung der Verhältnismäßigkeit umso geringer ist, je objektiver

---

[326] Vgl. nur GH, Fall Sunday Times, Serie A, Nr. 30, Ziff. 61; GH, Fall Groppera, Serie A, Nr. 173, Ziff. 72; GH, Fall Weber, Serie A, Nr. 177, Ziff. 47; GH, Fall Autronic, Serie A, Nr. 178, Ziff. 61.

[327] GH, Fall Sunday Times, Serie A, Nr. 30, Ziff. 61; GH, Fall Open Door, Serie A, Nr. 246, Ziff. 68.

der mit der Regelung verfolgte Zweck definiert werden kann, umso größer dagegen, soweit der betreffenden Regelung ein Werturteil zugrunde liegt[328].

Für die Abwägung ist jedoch nicht nur eine Definition des jeweiligen Schutzzwecks der Konvention erforderlich, es muß auch der Grad der Gefährdung festgestellt werden, der etwa die Moral oder die nationale Sicherheit ausgesetzt sind und die mit Hilfe eines Eingriffs in ein Individualrecht beseitigt werden soll. Die Gefährdung entspricht der Einschätzung einer konkreten innerstaatlichen Situation, die aber, auch nach Meinung des Gerichtshofs, von Gemeinschaftsorganen nur bedingt nachvollziehbar ist. Im Fall Handyside wurde darauf hingewiesen, daß die nationalen Behörden dank ihrer direkten und ständigen Beziehung zu den innerstaatlichen Verhältnissen und Entwicklungen grundsätzlich in einer besseren Lage seien als die internationalen Richter, um über das Vorliegen eines „dringenden sozialen Bedürfnisses" zu entscheiden[329].

Wenn also die konkrete Gefahrenprognose vom Gerichtshof nur eingeschränkt nachvollzogen werden kann und u.U. auch das betroffene Allgemeingut ganz oder zum Teil aus dem innerstaatlichen Verständnis heraus definiert wird, ist auch die Entscheidung, welche Regelung zur Gefahrenabwehr getroffen wird, durch Gemeinschaftsorgane nicht vollständig überprüfbar. So hat der Gerichtshof im Fall Klass darauf hingewiesen, daß es nicht seine Aufgabe sei, die Bewertung durch die staatlichen Behörden durch irgendeine andere Bewertung dessen, was die beste Politik auf diesem Gebiet sein könnte, zu ersetzen[330].

Lediglich die Intensität des Eingriffs in ein Individualrechtsgut, die gegen die Gemeinwohlbelange abzuwägen ist, ist vollständig erkennbar und setzt nach der Entscheidung des Gerichtshofs im Fall Dudgeon dem nationalen Beurteilungsspielraum gewisse Grenzen[331]. Der Gerichtshof stellte dort fest, daß die in Frage stehende nordirische Homosexualitätsgesetzgebung einen der innersten Bereiche des Privatlebens betreffe und deshalb nur durch das Vorliegen schwerwiegender Gründe gerechtfertigt werden könne, auch wenn sie sich mit Anliegen der Moral befasse, die den Staaten einen größeren Gestaltungsspielraum lasse als andere Eingriffszwecke. Daraus läßt sich ableiten, daß nach Ansicht des Gerichtshofs der nationale Beurteilungsspielraum umso eher einer europäischen Kontrolle weicht, je stärker im Einzelfall die Eingriffsintensität ist[332].

---

[328] GH, Fall Handyside, Serie A, Nr. 24, Ziff. 48; GH, Fall Sunday Times, Serie A, Nr. 30, Ziff. 59; GH, Fall Dudgeon, Serie A, Nr. 45, Ziff. 52.

[329] GH, Fall Open Door, Serie A, Nr. 246, Ziff. 68.

[330] GH, Fall Klass u.a., Serie A, Nr. 28, Ziff. 49.

[331] GH, Fall Dudgeon, Serie A, Nr. 45, Ziff. 52.

[332] Vgl. GH, Fall Norris, Serie A, Nr. 142, Ziff. 46.

Ein Beurteilungsspielraum der Mitgliedstaaten besteht nach allem insoweit, als die Auslegung der nach der EMRK legitimen Eingriffszwecke Raum für die Berücksichtigung nationaler Besonderheiten eröffnet. Ein weiterer Grund für die Einschränkung einer europäischen Kontrolle liegt in der größeren Sachnähe der nationalen Organe bei der Einschätzung von Gefahren für die in der Konvention jeweils aufgezählten Schutzgüter sowie der Auswahl der Eingriffsmittel. In diesem Bereich ist jedoch eine europäische Kontrolle umso strenger, je intensiver der Eingriff in ein Individualrechtsgut ist.

c) Schutz des Wesensgehalts

Die Sicherung, die durch das Rechtmäßigkeitsmerkmal der Notwendigkeit in einer demokratischen Gesellschaft erreicht werden kann, ist relativ, hängt doch der Umfang des Menschenrechtsschutzes und damit der Wert, den eine Gewährleistung für den Einzelnen hat, im konkreten Fall immer von den Variablen der Intensität der beabsichtigten Menschenrechtsbeschränkung und dem Grad und Umfang der Gefährdung für ein Schutzgut der demokratischen Gesellschaft ab. Deshalb ist von Interesse, ob die Konvention über die relative Sicherung hinaus auch eine absolute Sperre für Menschenrechtsbeschränkungen enthält.

Ausdrücklich ist der EMRK eine Wesensgehaltsgarantie in dem genannten Sinne nicht zu entnehmen. Allerdings geht aus den Art. 17, 18 und 15 Abs. 2 EMRK hervor, daß die Konvention auch die Funktion übernimmt, einen bestimmten Kernbereich der Menschenrechte vorbehaltslos zu gewährleisten[333].

Art. 17 EMRK hat nach seinem Wortlaut den Zweck, Tätigkeiten und Handlungen zu verhindern, die auf die „Abschaffung der in der vorliegenden Konvention festgelegten Rechte und Freiheiten oder auf weitergehende Beschränkungen" hinzielen. Gerade das Verbot der Abschaffung deutet aber darauf hin, daß nationale Regelungen nur so weit in Menschenrechtsgewährleistungen der Konvention eingreifen dürfen, wie von ihnen noch ein wie auch immer bestimmter Kernbereich übrig bleibt[334]. Auch Art. 18 EMRK, nach dem Einschränkungen nicht für andere Zwecke als die jeweils vorgese-

---

[333] *Häberle*, Die Wesensgehaltsgarantie des Art. 19 Abs. 2 Grundgesetz, S. 271 ff., zu Wesensgehaltsklauseln in der EMRK. Auch *Guradze*, Die Europäische Menschenrechtskonvention, S. 202 sieht in Art. 17 EMRK eine „in eine Auslegungsregel gekleidete materiellrechtliche Schranke".

[334] Vgl. auch Art. 30 AEMR und Art. 5 IPbürgR; *Nowak*, CCPR-Kommentar, Art. 5, Rn. 5, mit dem Hinweis, daß der den Art. 30 AEMR und 17 EMRK entsprechende Art. 5 IPbürgR eine Verstärkung der Grenzen bedeute, die sich aus den verschiedenen besonderen Schrankenklauseln (Art. 12 Abs. 3, 14 Abs. 1, 18 Abs. 3, 19 Abs. 3 IPbürgR) für die Vertragsstaaten ergäben.

henen angewandt werden dürfen, läßt sich als inhaltliche Grenze der Einschränkungsmöglichkeiten von Menschenrechten verstehen, die ein Stück „absolute" Sicherung bewirkt[335]. Selbst in Notstandsfällen, in denen Art. 15 Abs. 1 EMRK eine über den Verhältnismäßigkeitsgrundsatz hinausgehende Relativierung der Rechte in dem Umfang, „den die Lage unbedingt erfordert", erlaubt, gilt gem. Art. 15 Abs. 2 EMRK die absolute Sicherung eines Kernbestandes der Art. 2, 3, 4 Abs. 1 und 7 EMRK.

Die Auslegung, daß die Konvention eine absolute Sperre für Freiheitsbeschränkungen enthält, wird durch den Umstand gestützt, daß der Schutz des Wesensgehalts Bestandteil der Rechtsordnungen fast aller Mitgliedstaaten ist[336].

Auch Entscheidungen des Gerichtshofs und der Kommission lassen erkennen, daß der EMRK Elemente einer Wesensgehaltsgarantie entnommen werden können[337].

Gegenstand der Beschwerde im sog. Belgischen Sprachenfall[338] war die behauptete Verletzung des Rechts auf Bildung gem. Art. 2 Satz 1 ZP. Hintergrund des Falles waren einige Aspekte des Sprachenregimes für das Unterrichtswesen in Belgien. Die Beschwerdeführer, die sich als französischsprachig bezeichneten und ihre Kinder in dieser Sprache unterrichten lassen wollten, warfen dem belgischen Staat im wesentlichen vor, in ihren Gemeinden keinen Unterricht in französischer Sprache vorzusehen oder wenigstens zu subventionieren. In Ziff. 5 der Entscheidungsgründe führte der Gerichtshof aus, das dort betroffene Recht auf Bildung verlange schon seiner Natur nach eine Regelung durch den Staat, es verstehe sich jedoch von selbst, daß eine solche Regelung niemals den Wesensgehalt dieses Rechts („substance de ce

---

[335] *Häberle*, Die Wesensgehaltsgarantie des Art. 19 Abs. 2 Grundgesetz, S. 272, dort insbesondere FN 59.

[336] *Hailbronner*, in: FS-Mosler, S. 359, 376. Vgl. neben Art. 19 Abs. 2 des Grundgesetzes für die Bundesrepublik Deutschland vom 23. Mai 1949 etwa Art. 18 Abs. 3 der Verfassung der Republik Portugal vom 2. April 1976: „Gesetze, die die Rechte, Freiheiten und Garantien einschränken, müssen genereller und abstrakter Natur sein und dürfen den Umfang und Anwendungsbereich des Wesensgehaltes der Verfassungsbestimmungen nicht verringern" (deutsche Übersetzung in EuGRZ 1981, 55). — Ähnlich auch Art. 53 Abs. 1 der spanischen Verfassung vom 27. Dezember 1978: „Nur durch Gesetz, das in jedem Fall ihren Grundgehalt achten muß, kann die Ausübung dieser Rechte und Freiheiten geregelt werden" (deutsche Übersetzung in EA 34 (1979/2 u. 3), D 110 ff., 119). — Ähnlich auch Art. 11 Abs. 2 der Verfassung der türkischen Republik vom 27. Mai 1961: „Das Gesetz darf den Kern der Grundrechte und -freiheiten nicht antasten" (zit. nach *Mayer-Tasch*, Die Verfassungen der nicht-kommunistischen Staaten Europas, S. 730).

[337] Dazu *Häberle*, Die Wesensgehaltsgarantie des Art. 19 Abs. 2 Grundgesetz, S. 273 f.

[338] GH, Belgischer Sprachenfall, Serie A, Nr. 6.

droit") antasten dürfe, womit institutionelle Elemente einer Wesensgehaltsgarantie angesprochen wurden[339].

Weitere Anhaltspunkte ergeben sich aus dem Bericht der Kommission im Fall Oosterwijck[340]. Gegenstand der Beschwerde war die personenstandsrechtliche Beurteilung Transsexueller nach einer Geschlechtsumwandlung. Der Beschwerdeführer, der sich einer solchen Behandlung unterzogen hatte, beantragte erfolglos die Berichtigung der Geschlechtsangabe im Geburtenbuch, in dem er noch als „weiblich" geführt wurde, um eine Heirat mit einer Frau zu ermöglichen. Die Ablehnung der Berichtigung durch die belgischen Behörden veranlaßte die Kommission zu der Feststellung, die Verweisung auf die nationalen Gesetze in Art. 12 EMRK ermächtige die Staaten nicht, einer Person oder einer Personengruppe das Recht auf Eheschließung absolut zu nehmen. Die mit der Unterzeichnung der Konvention übernommene Verpflichtung, jeder Person im heiratsfähigen Alter das subjektive Recht auf Eheschließung zuzusichern, würde anderenfalls leerlaufen[341]. Die Kommission verwies dabei ausdrücklich auf die Rechtsprechung des Gerichtshofs zu Art. 2 ZP, wonach eine Maßnahme nicht zu einer Beeinträchtigung der Substanz dieses Rechts führen dürfe.

Ebenso wurde im Fall Hamer argumentiert, in dem es um das Recht eines Strafgefangenen ging, während der Haft die Ehe zu schließen. Auch dort wies die Kommission darauf hin, daß die nationalen Gesetze nur die Ausübung des Rechts aus Art. 12 EMRK regeln, nicht aber das Recht auf Heirat gänzlich ausschließen könnten[342].

Gegenstand der Beschwerde im Fall Young, James und Webster gegen das Vereinigte Königreich[343] war § 6 Abs. 5 des Trade and Labour Relations Act 1974[344], nach dem die Verweigerung des Gewerkschaftsbeitritts einen gesetzlichen Kündigungsgrund darstellte, wenn der betreffende Betrieb tarifvertraglich zum closed shop verpflichtet war. Die Beschwerdeführer wurden nach dem Abschluß des closed-shop-Übereinkommens wegen ihrer Weigerung, einer Gewerkschaft beizutreten, entlassen. Sie rügten mit ihrer Beschwerde die Verletzung des Art. 11 Abs. 1 EMRK. In Ziff. 52 der Entscheidungsgründe führte der Gerichtshof aus, daß „to construe Art. 11 as permitting every

---

[339] Vgl. auch GH, Fall Campbell und Cosans, Serie A, Nr. 48, wo neben der Substanzklausel (Ziff. 41) auch auf die Verbindung zur Menschenwürde hingewiesen wurde (Ziff. 36).

[340] GH, Fall Van Oosterwijck, Serie B, Nr. 36.

[341] GH, Fall Van Oosterwijck, Serie B, Nr. 36, Ziff. 56.

[342] Bericht der Kommission im Fall Hamer vom 16.7.1980, Nr. 7114/75, EuGRZ 1982, 531.

[343] GH, Fall Young, James und Webster, Serie A, Nr. 44 und Serie B, Nr. 39.

[344] Übersetzt in EuGRZ 1979, 116.

kind of compulsion in the field of trade union membership would strike at the very substance of the freedom it is designed to guarantee". Die individualrechtliche Seite der Wesensgehaltsgarantie kam in der Formulierung zum Ausdruck, daß „an individual does not enjoy the right to freedom of association if in reality the freedom of action or choice which remains available to him is either non-existent or so reduced as to be of no practical value"[345].

Nach allem kann festgehalten werden, daß menschenrechtsbeschränkende Gesetze nur dann konventionsmäßig sind, wenn sie den Wesensgehalt des Rechts in seiner institutionellen und individualrechtlichen Ausprägung unangetastet lassen.

Nach den ausgewerteten Entscheidungen lagen Verletzungen des Wesensgehalts immer bei besonders intensiven Eingriffen in Individualrechtsgüter vor.

Damit ist aber ein Gesichtspunkt herausgegriffen, der bei den unter Eingriffsvorbehalt stehenden Rechten ohnehin, nämlich bereits im Rahmen der Verhältnismäßigkeit, berücksichtigt wird, so daß der Schutz ihres Wesensgehalts in den Anforderungen, die im Rahmen der Verhältnismäßigkeitsprüfung an ein Gesetz gestellt werden, aufgeht. Ein Gesetz, das den Wesensgehalt antasten würde, wäre demnach regelmäßig ein unverhältnismäßiger Eingriff in ein Konventionsrecht[346].

So hat auch der Gerichtshof im Fall Müller u.a. gegen die Schweiz[347] die Verhältnismäßigkeit des zuvor festgestellten Eingriffs in Art. 10 Abs. 1 EMRK geprüft. Dabei zitierte er die Auffassung des Beschwerdeführers, die gerügte Maßnahme würde den Wesensgehalt des Rechts auf freie Meinungsäußerung betreffen, ohne eine Unterscheidung dieser Prüfungspunkte zu treffen[348].

Es zeigt sich mithin, daß die Wesensgehaltsgarantie als Rechtmäßigkeitsvoraussetzung eines Gesetzes regelmäßig nur deklaratorischen Charakter hat. Gleichwohl darf die Bedeutung dieses Rechtmäßigkeitsmerkmals nicht unterbewertet werden, hebt es doch das Verbot übermäßiger Freiheitsbeschränkungen durch die Konstituierung einer absoluten Sicherung ausdrücklich hervor[349].

---

[345] GH, Fall Young, James und Webster, Serie A, Nr. 44, Ziff. 56.

[346] *Hesse*, Grundzüge des Staatsrechts der Bundesrepublik Deutschland, Rn. 332 f. zu Art. 19 Abs. 2 GG.

[347] GH, Fall Müller u.a., Serie A, Nr. 133, Ziff. 31.

[348] GH, Fall Müller u.a., Serie A, Nr. 133, Ziff. 31.

[349] In diesem Sinne auch *Hesse*, Grundzüge des Staatsrechts der Bundesrepublik Deutschland, Rn. 332.

d) Bestimmtheit

Bereits mehrfach wurde darauf hingewiesen, daß wesentlicher Bestandteil des der Konvention zugrunde liegenden Verständnisses der Vorherrschaft des Rechts[350] der Schutz des Einzelnen vor staatlicher Willkür ist. Aus individualrechtlicher Perspektive entspricht dem der Schutz vor unkalkulierbaren Zugriffen des Staates auf die durch die EMRK geschützten Freiheitsbereiche[351]. Kalkulierbar sind Freiheitsbeschränkungen jedoch nur dann, wenn die Gesetze so klar und bestimmt sind, daß der Einzelne sein Verhalten darauf einrichten kann[352].

Unter dem Gesichtspunkt der Vorhersehbarkeit staatlichen Handelns hat auch der Gerichtshof bei zahlreichen Gelegenheiten geprüft, ob das den Eingriff legitimierende Gesetz hinreichend bestimmt war. In dieser Hinsicht hat er verlangt, das jeweilige Gesetz müsse so präzise formuliert sein, daß der Bürger sein Verhalten danach einrichten könne. Dieser müsse – ggf. aufgrund entsprechender Beratung – in der Lage sein, die Folgen eines bestimmten Verhaltens mit einem den Umständen entsprechenden Grad an Gewißheit zu erkennen[353].

Darüber hinaus läßt sich die Bestimmtheit als materielle Rechtmäßigkeitsanforderung auch aus dem rechtsstaatlichen Verbot der Diskriminierung ableiten[354]. Denn je bestimmter ein Gesetz gefaßt ist, desto mehr gleichen sich die Fälle, an die das Gesetz dieselbe Rechtsfolge knüpft, und umso geringer ist infolgedessen die Gefahr, daß Ungleiches willkürlich gleich behandelt wird. Gerade diese Argumentation zeigt jedoch auch, daß die Forderung nach Bestimmtheit nicht strikt gelten kann, sondern der Relativierung bedarf. Denn es ist nicht zu verkennen, daß umso mehr Fälle von einer Rechtsfolge ausgeschlossen sind, je bestimmter der Tatbestand eines Gesetzes formuliert ist. Das aber kann insoweit zu einem Willkürverstoß führen, als nun möglicherweise gleiche Sachverhalte ohne Erkennbarkeit eines sachlichen Grundes ungleich behandelt werden. Aber auch aus anderen Gründen ist die Forderung

---

[350] Abs. 5 Präambel EMRK, Abs. 3 Präambel EuRat.

[351] *Herzog*, in: *Maunz/Dürig*, Grundgesetz, Art. 20, Rn. VII 62 f.; *Rüping*, in: Bonner Kommentar, Art. 103 Abs. 2, Rn. 15.

[352] *Schneider*, Gesetzgebung, Rn. 66 ff. mit Beispielen aus der amerikanischen Judikatur, in der seit langem Gesetze wegen der Ungenauigkeit und Unklarheit ihres Inhalts für ungültig angesehen werden („void of vagueness").

[353] GH, Fall Sunday Times, Serie A, Nr. 30, Ziff. 49; GH, Fall Silver u.a., Serie A, Nr. 61, Ziff. 88; GH, Fall Malone, Serie A, Nr. 82, Ziff. 66; GH, Fall Barthold, Serie A, Nr. 90, Ziff. 45; GH, Fall Lithgow u.a., Serie A, Nr. 102, Ziff. 110; GH, Fall Olsson, Serie A, Nr. 130, Ziff. 61; GH, Fall Müller u.a., Serie A, Nr. 133, Ziff. 29; GH, Fall Herczegfalvy, Serie A, Nr. 242-B, Ziff. 89 ff., 91.

[354] *Schlehofer*, JuS 1992, 572, 573.

nach absoluter Bestimmtheit nicht vertretbar. Sie würde zum einen dazu führen, daß wegen der durch die Genauigkeit erreichten Enge einer Regelung eine Vielzahl in der gleichen Weise zu regelnder Phänomene jedenfalls gerade durch sie nicht erfaßt werden könnte, sondern daß dafür eigenständige Tatbestände mit derselben Rechtsfolge normiert werden müßten. Gerade die dadurch provozierte Flut kasuistischer Regelungen liefe der rationalisierenden Funktion abstrakt-genereller Regelungen[355] entgegen. Insofern ist die Verwendung verallgemeinernder und damit ausfüllungsbedürftiger Begriffe durch abstrakte Rechtsetzung bereits vorgegeben. Darüber hinaus ist zu berücksichtigen, daß bestimmte Materien entweder von vornherein keiner präzisen Regelung zugänglich sind, ohne daß dabei Regelungslücken aufträten, oder aber notwendigerweise etwa wegen sich schnell ändernder Lebensverhältnisse flexibel ausgestaltet sein müssen.

Auch der Gerichtshof hat mehrfach darauf hingewiesen, daß seine Forderung nach Bestimmtheit nicht mit einer absoluten Bestimmtheit gleichzusetzen sei[356]. Der Grund dafür wurde zum einen in der Notwendigkeit gesehen, mit wechselnden Umständen Schritt zu halten. Am Beispiel des Falles Müller u.a. gegen die Schweiz hat der Gerichtshof dargelegt, daß eine übermäßige Starrheit bei vielen Gesetzen nur durch die Verwendung mehr oder weniger vager Begriffe verhindert werden könne[357].

Im Rahmen der „Fri-Art 81", einer der zeitgenössischen Kunst gewidmeten Ausstellung, schuf der Erstbeschwerdeführer an Ort und Stelle drei große Gemälde mit dem Titel „Drei Nächte, drei Bilder", die jedoch schon kurz nach Ausstellungseröffnung aufgrund des Protestes von Besuchern beschlagnahmt wurden. Gestützt auf Art. 204 des Schweizer Strafgesetzbuches wurden die Beschwerdeführer in der Folge zu Geldstrafen verurteilt, da die Bilder einen Inhalt hätten, der sie für die Mehrheit der Bevölkerung grob anstößig erscheinen lasse, und der sie damit als „unzüchtig" i.S.d. Strafbestimmung qualifiziere[358]. In seiner Stellungnahme zu der Frage, ob die Formulierung „unzüchtige Bilder" in der gesetzlichen Grundlage für die Sanktion bestimmt genug sei, hat der Gerichtshof ausgeführt, daß gerade solche Regelungsbereiche, die Schwankungen der jeweils herrschenden Anschauungen in besonderer Weise ausgesetzt sind wie Regelungen der Moral, notwendig auf eine flexible Ausgestaltung angewiesen seien.

---

[355] *Hesse*, Grundzüge des Verfassungsrechts der Bundesrepublik Deutschland, Rn. 506.

[356] GH, Fall Silver u.a., Serie A, Nr. 61; GH, Fall Müller u.a., Serie A, Nr. 133, Ziff. 29; GH, Fall Herczegfalvy, Serie A, Nr. 242-B, Ziff. 91.

[357] GH, Fall Müller u.a., Serie A, Nr. 133, Ziff. 29.

[358] GH, Fall Müller u.a., Serie A, Nr. 133, Ziff. 9 ff.

Als Beispiel für solche Fälle, in denen es aufgrund der Verschiedenartigkeit der zu regelnden Sachverhalte schon faktisch unmöglich ist, eine absolut präzise aber dennoch zugleich abstrakte Formulierung zu finden, hat der Gerichtshof neben Bestimmungen zum Schutz der Moral auch solche im Bereich der Jugendwohlfahrt angesehen.

Im Fall Olsson gegen Schweden war der Gerichtshof mit der Frage befaßt, ob die von den schwedischen Behörden angewendeten Vorschriften des Kinderwohlfahrtsgesetzes 1960 dem Bestimmtheitsgebot genügten[359]. Diese Vorschriften enthielten die Ermächtigung, eine unter 18 Jahre alte Person dann in Obhut zu nehmen, wenn sie zu Hause in einer Art und Weise behandelt werde, die Schäden für die körperliche und geistige Gesundheit erwarten ließe[360]. Auch hier hat der Gerichtshof festgestellt, daß die konkreten Umstände, die eine solche hoheitliche Maßnahme, hier die Trennung der Kinder von ihren Eltern, erforderten, so verschiedenartig seien, daß mit Rücksicht auf den Gesetzeszweck eine präzisere Formulierung seitens des schwedischen Gesetzgebers nicht möglich gewesen wäre[361].

Die in diesen beiden Urteilen zum Ausdruck gekommenen Kriterien, nämlich die erforderliche Flexibilität und die praktische Unmöglichkeit einer präziseren, aber dennoch abstrakten Regelung, bestätigen, daß die Grenzen maximaler Bestimmtheit nicht vorab allgemeingültig mit mathematischer Genauigkeit festgelegt werden können, um sie dann auf den Einzelfall anzuwenden, sondern wesentlich von dem behandelten Gegenstand abhängen.

Die Forderung nach Bestimmtheit ist nicht Selbstzweck, sondern dient der Vorhersehbarkeit einer Menschenrechtsbeschränkung. Ein Gesetz ist deshalb regelmäßig dann bestimmt genug, wenn sich aus dem Normtext selbst die tatbestandlichen Voraussetzungen eines Eingriffs sowie die Rechtsfolgen, die an das Verhalten geknüpft werden, ergeben. Die Vorhersehbarkeit ist jedoch auch dann noch gegeben, wenn für den Einzelnen aufgrund außerhalb der konkreten Norm liegender Umstände erkennbar ist, unter welchen Voraussetzungen er mit welchen Hoheitsakten rechnen muß. In diesem Sinne kann ein ungenauer Gesetzeswortlaut etwa durch Gerichtsentscheidungen, andere Rechtsetzungsakte oder die Vorarbeiten, also durch Elemente, die im Rahmen jeder Auslegung zu berücksichtigen sind, präzisiert werden, sofern sie dem Adressaten zugänglich sind.

Aus der Rechtsprechung geht hervor, daß auch der Gerichtshof dieser Auffassung ist.

---

[359] GH, Fall Olsson, Serie A, Nr. 130.

[360] Im Fall der beschwerdeführenden Eltern wurde deren Unfähigkeit festgestellt, ihren Kindern die notwendige Fürsorge zukommen zu lassen, und daraufhin die Unterbringung der Kinder veranlaßt.

[361] GH, Fall Olsson, Serie A, Nr. 130, Ziff. 62.

Was den Tatbestand betrifft, hat der Gerichtshof mehrfach betont, daß eine hoheitliche Maßnahme nur dann für den Bürger vorhersehbar sei, wenn ihm die Voraussetzungen und das Verfahren eines Eingriffs bekannt wären. Nach den Entscheidungsgründen zum Fall Klass sollte das dann der Fall sein, wenn das Gesetz selbst Auskunft über die Eingriffsmodalitäten gibt[362]. Die Voraussetzungen und das Verfahren für Überwachungsmaßnahmen waren in dem G 10 genau geregelt, die Anforderungen an die Bestimmtheit daher ohne weiteres erfüllt.

Erst in späteren Entscheidungen trat das Problem auf, ob ein Gesetz auch dann noch bestimmt genug sei, wenn die Eingriffsmodalitäten außerhalb geregelt sind. Der Gerichtshof hat diese Frage im Fall Silver bejaht[363] und dazu ausgeführt, daß die Innenrechtssätze in Form der „Standing Orders" und „Circular Instructions", die die gesetzliche Grundlage des Strafvollzugs[364] ergänzten, für die Beurteilung der Vorhersehbarkeit herangezogen werden könnten, soweit sie den Betroffenen bekannt wären. Er lockerte damit ausdrücklich die im Fall Klass aufgestellten Anforderungen an die Bestimmtheit und kam zu dem Ergebnis, daß eine Maßnahme auch dann dem Grundsatz der Vorhersehbarkeit genügen könne, wenn die Bedingungen und Verfahren im Gesetz selbst nicht enthalten wären[365].

Was die Formulierung der Rechtsfolgen eines Verhaltens betrifft brauche das Gesetz, das zu Eingriffen ermächtigt, dem jeweiligen Hoheitsträger keine bindende Entscheidung vorzugeben, sondern könne ihm einen Ermessensspielraum einräumen[366]. Nach der Rechtsprechung ist in diesem Fall die Vorhersehbarkeit einer Beschränkung jedoch nur dann gewährleistet, wenn das Gesetz die Reichweite des Ermessens anzeigt[367]. Dazu soll es erforderlich sein, daß das Maß und die Ausübungsmodalitäten einer solchen Ermächtigung genügend klar festgelegt sind[368].

---

[362] GH, Fall Klass u.a., Serie A, Nr. 28, Ziff. 43; GH, Fall Klass u.a., Serie B, Nr. 26, Ziff. 63 = EuGRZ 1977, 419, 421. Gegenstand der Beschwerde waren die im „G 10" enthaltenen Regelungen bezüglich der geheimen Überwachung des Brief-, Post- und Fernmeldeverkehrs.

[363] GH, Fall Silver u.a., Serie A, Nr. 61, Ziff. 88 f.

[364] Wie bereits dargestellt, handelte es sich dabei um den Prison Act 1952 und um die Prison Rule 1964.

[365] GH, Fall Silver u.a., Serie A, Nr. 61, Ziff. 89.

[366] GH, Fall Olsson, Serie A, Nr. 130, Ziff. 61.

[367] GH, Fall Silver u.a., Serie A, Nr. 61, Ziff. 88; GH, Fall Malone, Serie A, Nr. 82, Ziff. 68; GH, Fall Herczegfalvy, Serie A, Nr. 242-B, Ziff. 89.

[368] GH, Fall Malone, Serie A, Nr. 82, Ziff. 68; GH, Fall Olsson, Serie A, Nr. 130, Ziff. 61.

Im übrigen hat der Gerichtshof darauf hingewiesen, daß die zugunsten der Flexibilität einer Regelung oder aufgrund der praktischen Unmöglichkeit, den betreffenden Lebensbereich präziser zu regeln, in Kauf zu nehmenden Ungenauigkeiten durch veröffentlichte Entscheidungen der nationalen Gerichte zu solchen Rechtsbegriffen gemildert würden. Diese ergänzten insoweit den Gesetzeswortlaut[369]. Eine ähnliche konkretisierende Funktion hat der Gerichtshof den einschlägigen Vorarbeiten zugeschrieben. Auch diese könnten Leitlinien etwa in bezug auf die Ermessensausübung zur Verfügung stellen[370].

e) Vertrauensschutz

Ebenfalls die Vorhersehbarkeit staatlichen Handelns betrifft die weitere Frage, ob die Konvention Anforderungen an die zeitliche Geltung der Regelungsinhalte freiheitsbeschränkender Gesetze, insbesondere im Hinblick auf in der Vergangenheit liegende, begonnene oder abgeschlossene Sachverhalte stellt, ob m.a.W. auch der Erlaß „rückwirkender"[371] oder „rückanknüpfender"[372] Gesetze konventionsmäßig ist. Die praktische Relevanz dieser Problematik liegt darin, wie schnell der Gesetzgeber seine Ordnungsvorstellungen realisieren darf[373]. Unter dem Gesichtspunkt der Vorhersehbarkeit können solche Gesetze als unproblematisch gelten, die durch die Konstituierung von Übergangsregelungen für einen gewissen Zeitraum eine Fortgeltung alter Rechtsverhältnisse ermöglichen. Etwas anderes kann sich u.U. für Gesetze ergeben, die eine sofortige Vollgeltung ihres Regelungsinhaltes für die Zeit nach der Verkündung anordnen, die ex nunc Rechtsfolgen für Tatbestände anordnen, die in der Vergangenheit begonnen haben oder schon abgeschlossen sind, oder die sogar in dem Sinne ex tunc wirken, daß sie Rechtsfolgen für die Vergangenheit ändern, etwa durch Rückdatierung[374]. Denn in diesen Fällen wird regelmäßig das Vertrauen, das die Rechtsunterworfenen der Rechtsordnung entgegenbringen und das die Grundlage für Freiheitsbetätigungen ist, enttäuscht.

Daß die Enttäuschung des Vertrauens in eine bestehende Gesetzeslage konventionswidrig sei, vertraten auch die Beschwerdeführer im Fall James gegen das Vereinigte Königreich[375]. Gegenstand der Beschwerde war die um-

---

[369] GH, Fall Müller u.a., Serie A, Nr. 133, Ziff. 29.

[370] GH, Fall Olsson, Serie A, Nr. 130, Ziff. 62.

[371] Zur definitorischen Ungenauigkeit des Begriffs der „Rückwirkung" s. *Scheerbarth*, Die Anwendung von Gesetzen auf früher entstandene Sachverhalte, S. 5 ff.

[372] BVerfGE 72, 200, 243; *Jarass*, in: *Jarass/Pieroth*, Grundgesetz, Art. 20, Rn. 49.

[373] *Pieroth*, Rückwirkung und Übergangsrecht, S. 19.

[374] *Schneider*, Gesetzgebung, Rn. 530 ff.

[375] GH, Fall James u.a., Serie A, Nr. 98, S. 9 ff.

strittene Leasehold-Reformgesetzgebung, die das System der Langzeitpacht abgelöst hatte. Nach diesem, dem Common Law eigenen Rechtsinstitut[376] konnte der Pächter gegen Zahlung einer Kapitalsumme und danach eines entsprechend geringen Pachtzinses ein langfristiges Wohnrecht erwerben. Nach Ablauf des Pachtvertrages fielen die Gebäude einschließlich des Wertes der Nachbesserungen und Reparaturen dem Verpächter zu, ohne daß er dem Pächter eine Gegenleistung für etwa zu verzeichnende Wertsteigerungen hätte erbringen müssen. Durch den Leasehold Reform Act 1967 wurde nun dem Pächter unter bestimmten Voraussetzungen die Möglichkeit gegeben, das Eigentum an Gebäude und Liegenschaft durch zwangsweise Eigentumsübertragung zu erwerben. Insoweit wirkte das Gesetz auf Sachverhalte ein, die in der Vergangenheit begonnen hatten und im Zeitpunkt seines Inkrafttretens noch nicht abgeschlossen waren, wodurch Rechtspositionen der Verpächter nachträglich verschlechtert wurden. Die Beschwerdeführer, die aufgrund der geänderten Rechtslage einen Großteil ihres Grundbesitzes verloren hatten, rügten die Verletzung von Art. 1 ZP mit der Begründung, das Leasehold-Reformgesetz greife rückwirkend in die Vereinbarungen ein, die zwischen ihnen und den Pächtern frei ausgehandelt worden seien. Es mache damit das Vertrauen in die Erwartungen zunichte, mit denen die Beschwerdeführer in die Vereinbarungen eingetreten und auf die die Bestimmungen solcher Vereinbarungen gestützt waren[377]. Der Gerichtshof sah darin keinen Grund, an der Konventionsmäßigkeit des Gesetzes zu zweifeln. Er ist auch auf die die Rückwirkung des Gesetzes betreffenden Einwände der Beschwerdeführer in den Entscheidungsgründen nicht gesondert eingegangen, sondern hat sie im Rahmen der Verhältnismäßigkeit geprüft.

Die EMRK enthält in Art. 7 Abs. 1 das Verbot, jemanden wegen einer Tat zu verurteilen, die zur Zeit ihrer Begehung nach inländischem oder internationalem Recht nicht strafbar war. Die gleichen Gewährleistungen enthalten Art. 11 Abs. 2 AEMR und Art. 15 Abs. 1 IPbürgR sowie Art. 9 AMRK. Darin kommt zum Ausdruck, daß die Rechtsfolgen, die an ein Verhalten geknüpft werden, jedenfalls was die strafrechtliche Sanktionierung betrifft, vorher normiert worden sein müssen, damit das rechtserhebliche Verhalten zeitlich dem Normbefehl folgt.

Dafür, daß das nicht nur für Strafgesetze, sondern für alle freiheitsbeschränkenden Gesetze gilt, spricht das sowohl der EMRK als auch der Satzung des Europarates zu entnehmende Leitbild der sich frei entfaltenden Per-

---

[376] Seit Wilhelm dem Eroberer ist nominell der König als „Lord paramount" alleiniger Grundeigentümer. Deshalb gibt es kein absolutes Eigentumsrecht in Großbritannien. Stattdessen besteht ein höchst differenziertes System der „tenures", der vom Herrscher abgeleiteten eigentümerähnlichen Besitzstände am Grundbesitz. Dazu eingehend *Riedel*, in: *Schwartländer / Willoweit*, Das Recht des Menschen auf Eigentum, S. 129 ff.

[377] GH, Fall James u.a., Serie A, Nr. 98, Ziff. 34.

sönlichkeit[378]. Verstanden als die Möglichkeit zu sinnvoll planendem Handeln, setzt diese Vorgabe eine gewisse Stabilität der Rechtsordnung voraus[379], auf die sich der Einzelne verlassen kann. Ist aber dieses Vertrauen durch die Konvention geschützt, muß auch die Verfügungsmacht des Gesetzgebers über vergangene Tatsachen und Rechtsverhältnisse und möglicherweise sogar die Schaffung von Neuregelungen mit sofortiger Vollgeltung[380] beschränkt sein[381].

Auf der anderen Seite ist jedoch zu berücksichtigen, daß aufgrund der sich ständig ändernden gesellschaftlichen Wirklichkeit ein Interesse der Rechtsgemeinschaft und ihrer Glieder an anpassender Umformung der alten Rechtsordnung und ggf. der unter ihr begründeten Rechtspositionen besteht[382]. Soweit dieses Interesse rechtlich bzw. völkervertraglich unter den Mitgliedstaaten geschützt ist, kann es hinsichtlich der Frage, ab wann die durch ein neues Gesetz normierten Rechtsfolgen gelten sollen, mit dem Leitbild der freien Persönlichkeit kollidieren. Konventionsgemäß und daher als legitimes Interesse denkbar wäre insofern etwa der Schutz von Rechtsgütern der demokratischen Gesellschaft durch ein wie auch immer „rückwirkendes" Gesetz. Von besonderer Bedeutung für die Begründung eines Interesses an vergangenheitsbezogenen Regelungen ist dabei die der Satzung des Europarates zugrunde liegende Vorstellung der sozialen Gerechtigkeit, deren Erhalt als Schutzgut der demokratischen Gesellschaft i.S.d. EMRK aufgefaßt werden kann[383] und die aufgrund ihrer Bedeutung für die europäischen Staaten in der Europäischen Sozialcharta vom 18. Oktober 1961 Ausdruck gefunden hat. Zu einer Kollision mit dem ebenfalls durch die EMRK geschützten Vertrauen des Einzelnen kann es z.B. dann kommen, wenn die gesetzgeberische Bewältigung akuter sozialer Notsituationen eine übergangsweise Weitergeltung der alten Gesetzeslage nicht zuläßt.

Wo die Grenzen zwischen dem Vertrauensschutz einerseits und dem Interesse an vergangenheitsbezogener Anpassung andererseits liegen, ist schon aufgrund der Eigenarten der verschiedenen Rechtsgebiete rein begriffsjuristisch nicht zu lösen. Darüber hinaus ist auch der Grad an schützenswertem

---

378 Abs. 3 Präambel EuRat, wo ausdrücklich auf die persönliche und politische Freiheit als Grundvoraussetzung für jede wahre Demokratie hingewiesen wird, und Abs. 5 Präambel EMRK.

379 *Kisker*, Die Rückwirkung von Gesetzen, S. 1.

380 Dazu *Schneider*, Gesetzgebung, Rn. 531.

381 Allgemein zu diese Problematik *Kisker*, Die Rückwirkung von Gesetzen, S. 1 ff.; s.a. *Wade / Forsyth*, Administrative Law, S. 878.

382 *Kisker*, Die Rückwirkung von Gesetzen, S. 1 f.

383 GH, Fall James u.a., Serie A, Nr. 98, Ziff. 47, wonach die Beseitigung sozialer Ungerechtigkeiten eine der Funktionen eines demokratischen Gesetzgebers ist.

Vertrauen der Rechtsunterworfenen in den Bestand einer gesetzlichen Regelung von so vielen auch außerrechtlichen Faktoren abhängig, daß sich über das Verhältnis zwischen Vertrauensschutz und vergangenheitsbezogenem Gestaltungsinteresse allenfalls Leitlinien formulieren lassen. Ein Indiz für die Konventionswidrigkeit eines Gesetzes kann man annehmen, wenn es ex tunc Rechtsfolgen für die Vergangenheit ändert, weil der Einzelne sein Verhalten regelmäßig nicht auf die neue Regelung einstellen konnte, während in den Fällen, in denen ein Gesetz ex nunc neue Rechtsfolgen setzt, ein schützenswertes Vertrauen gerade bezogen darauf, daß in Zukunft keine gesetzlichen Änderungen erfolgen, i.d.R. nicht besteht.

Eine Rechtmäßigkeitsanforderung der EMRK in dem Sinne, daß der Erlaß vergangenheitsbezogener Gesetze über Art. 7 Abs. 1 EMRK hinaus generell konventionswidrig wäre, besteht mithin nicht. Sie ergibt sich vielmehr erst dann, wenn eine Abwägung zwischen dem Vertrauensschutz, den der Einzelne genießt, und dem Interesse der Rechtsgemeinschaft an einer vergangenheitsbezogenen Umformung des alten Rechts ergibt, daß der Vertrauensschutz das Gestaltungsinteresse überwiegt.

f) Verbot der Diskriminierung

Nach Art. 14 EMRK ist der Genuß der in der Konvention festgelegten Rechte und Freiheiten ohne Unterschied des Geschlechts, der Rasse, Hautfarbe usw. zu gewährleisten. Da der damit bezweckte Schutz des Einzelnen vor Diskriminierung jedoch nicht nur davon abhängt, daß das einmal gesetzte Recht durch die Staatsgewalt gleich angewandt wird, sondern schon vorher durch die materiell-rechtliche Ausgestaltung der Gesetze beeinträchtigt werden kann, wirkt sich das Diskriminierungsverbot in Art. 14 EMRK gleichermaßen auf die materielle Konventionsmäßigkeit eines Gesetzes aus[384].

Bereits aus dem Wortlaut ergibt sich allerdings, daß Art. 14 EMRK nicht im Sinne eines allgemeinen Gleichheitsgebots zu verstehen ist, sondern als Rechtmäßigkeitsvoraussetzung eines Gesetzes nur Wirkungen entfaltet, soweit die Ausübung der in der Konvention festgelegten Rechte und Freiheiten in Frage steht[385]. Das wird durch seine Entstehungsgeschichte bestätigt. Die Vereinbarung in Art. 14 EMRK geht auf Art. 2 Abs. 1 AEMR zurück, nach dem ebenfalls die dort verkündeten Rechte und Freiheiten ohne irgendeine Unterscheidung jedermann zustehen. Im Unterschied zur EMRK enthält aber die Allgemeine Erklärung der Menschenrechte in Art. 7 außerdem einen all-

---

[384] *Hoffmann-Remy*, Die Möglichkeiten der Grundrechtseinschränkung, S. 42.

[385] *Frowein*, in: *Frowein/Peukert*, EMRK-Kommentar, Art. 14, Rn. 1; *Hoffmann-Remy*, Die Möglichkeiten der Grundrechtseinschränkung, S. 41.

gemeinen Gleichheitssatz, was für eine restriktive Auslegung des Art. 2 Abs. 1 AEMR und damit auch des Art. 14 EMRK spricht.

In der Rechtsprechung wird diese Auslegung bestätigt. Der Gerichtshof hat darauf hingewiesen, daß das Diskriminierungsverbot unselbständigen Charakter habe und deshalb praktisch eine Ergänzung der übrigen materiellen Konventionsrechte darstelle[386].

Art. 14 EMRK bewirkt demgemäß, daß die in der Konvention gewährleisteten Freiheitsrechte um ein auf sie beschränktes Gleichheitselement erweitert werden.

Hinsichtlich der bei der Gesetzgebung zu beachtenden Differenzierungsverbote enthält Art. 14 EMRK entgegen dem Wortlaut der amtlichen deutschen Übersetzung[387] keinerlei Beschränkungen. Vielmehr geht sowohl aus der englischen als auch aus der französischen Textfassung hervor, daß es sich bei den dort aufgeführten Differenzierungskriterien um nicht abschließende Regelbeispiele handelt[388]. In der englischen Fassung kommt das durch die Formulierung „The enjoyment of the rights ... shall be secured without discrimination on any ground *such as* sex, race ..." zum Ausdruck, in der französischen Fassung durch die Worte „... sans distinction aucune, fondée *notamment* sur le sexe, la race ...". Demgemäß kann auch eine unterschiedliche Behandlung aufgrund anderer als in Art. 14 EMRK aufgeführter Kriterien einen Verstoß gegen das betreffende Freiheitsrecht i.V.m. Art. 14 EMRK darstellen.

Auf der anderen Seite bedeutet jedoch nicht schon jede Unterscheidung nach den genannten Kriterien einen Verstoß gegen ein Freiheitsrecht i.V.m. Art. 14 EMRK. Das ergibt sich bereits aus dem Wortlaut des Art. 14 EMRK. Zwar spricht der französische Text in Anlehnung an Art. 2 Abs. 1 AEMR von „distinction", in der endgültigen englischen Fassung wurde jedoch der dieser Formulierung entsprechende Ausdruck „without any distinction" durch den deutlicheren Begriff „discrimination" ersetzt[389].

Darüber hinaus sind in den Freiheitsgewährleistungen der EMRK selbst Differenzierungen nach Personengruppen enthalten, die apriori jedenfalls kei-

---

[386] GH, Belgischer Sprachenfall, Serie A, Nr. 6, Ziff. 9.

[387] „Der Genuß der ... Rechte ... muß ohne Unterschied des Geschlechts, der Rasse ... gewährleistet werden." — Deutlicher hingegen die Übersetzung bei *Frowein / Peukert*, EMRK-Kommentar, „Der Genuß der ... Rechte ... ist ohne Benachteiligung zu gewährleisten, die *insbesondere* im Geschlecht, in der Rasse ... begründet ist."

[388] So auch *Frowein*, in: *Frowein / Peukert*, EMRK-Kommentar, Art. 14, Rn. 25; *Guradze*, Die Europäische Menschenrechtskonvention, S. 188; *Hoffmann-Remy*, Die Möglichkeiten der Grundrechtseinschränkung, S. 42 f.

[389] *Hoffmann-Remy*, Die Möglichkeiten der Grundrechtseinschränkung, S. 45 FN 22.

ne nach Art. 14 EMRK verbotene Andersbehandlung wegen eines „anderen Status“ darstellen. So können z.B. die Rechte aus Art. 11 Abs. 1 EMRK für Mitglieder der Streitkräfte, der Polizei oder der Staatsverwaltung weitergehenden Beschränkungen unterworfen werden als für nicht zu dieser Gruppe zählende Personen[390]. Auch die Auslegung des Rechts auf Heirat ist gem. Art. 12 EMRK auf solche Personen beschränkt, die das heiratsfähige Alter erreicht haben. Unterschieden wird ferner in Art. 16 EMRK bei der Einschränkung politischer Tätigkeit von Ausländern.

Mit dem Nachweis eines der in Art. 14 EMRK exemplarisch aufgezählten Unterscheidungsmerkmale steht demnach noch nicht fest, daß eine Diskriminierung vorliegt[391], ebensowenig wie aus dem Fehlen solcher Kriterien darauf geschlossen werden kann, daß Art. 14 EMRK nicht verletzt sei.

Unter welchen Voraussetzungen nun ein Gesetz, das bestimmte Personen oder Personengruppen bei der Ausübung von Freiheitsrechten gegenüber anderen benachteiligt, noch konventionsmäßig ist, geht aus der EMRK nicht ausdrücklich hervor. Da aber der Zweck des Art. 14 EMRK nicht in der Herbeiführung einer rein formalen rechtlichen Gleichheit, sondern in der Herbeiführung eines tatsächlich gleich effektiven Menschenrechtsschutzes besteht, kann eine rechtliche Differenzierung wesentlich gleicher Sachverhalte jedenfalls dann nicht als Diskriminierung verstanden werden, wenn sie darauf abzielt, tatsächliche Ungleichheiten zu beseitigen[392]. Als Differenzierungsziele des Gesetzgebers kommen darüber hinaus Rechtsgüter der demokratischen Gesellschaft wie die nationale Sicherheit oder die Gesundheit in Betracht. Denn wie die Gewährung von Freiheitsrechten kann auch die absolute Wahrung des Gleichheitsgebots mit Rechtsgütern der demokratischen Gesellschaft kollidieren. Ähnlich wie bei Eingriffen in Freiheitssphären müssen in diesen Fällen das Interesse des Einzelnen an einem Schutz vor Benachteiligung und das Interesse der Gemeinschaft an der Wahrung der Rechtsgüter einer demokratischen Gesellschaft ausgeglichen werden. Wann ein solcher Ausgleich dabei zu Lasten des Gleichheitsgebots vorgenommen werden kann, ohne daß eine i.S.d. Art. 14 EMRK konventionswidrige und damit unzulässige Diskriminierung vorliegt, folgt dabei aus den prinzipiell gleichen Erwägungen, die sachlich eine Beschränkung von Freiheitsbereichen rechtfertigen. In diesem Sinne ist eine Ungleichbehandlung für sich genommen, d.h. unabhängig von der Frage, ob das Gesetz im übrigen die Rechtmäßigkeitsanforderungen erfüllt, konventionsmäßig, wenn sie tatsächlich einem legitimen Eingriffszweck

---

[390] *Frowein*, in: *Frowein / Peukert*, EMRK-Kommentar, Art. 11, Rn. 16.

[391] *Hoffmann-Remy*, Die Möglichkeiten der Grundrechtseinschränkung, S. 43; *Peukert*, in: *Frowein / Peukert*, EMRK-Kommentar, Art. 14, Rn. 17.

[392] GH, Belgischer Sprachenfall, Serie A, Nr. 6, Ziff. 10; *Peukert*, in: *Frowein / Peukert*, EMRK-Kommentar, Art. 14, Rn. 17.

dient[393], unter mehreren gleich geeigneten Mitteln das den Einzelnen am wenigsten belastende darstellt und in ihrer Intensität für den Betroffenen nicht außer Verhältnis zu dem damit verfolgten Ziel steht[394].

Auch nach der Ansicht des Gerichtshofs ist eine Diskriminierung erst dann ausgeschlossen, wenn das eingesetzte Mittel, die Ungleichbehandlung, gegenüber dem angestrebten Ziel verhältnismäßig ist[395]. Soweit er dazu nach der jeweiligen Fallgestaltung Gelegenheit hatte, legte er hier die gleichen Kriterien zugrunde, die er zur Verhältnismäßigkeit von Eingriffen in die von der Konvention geschützten Freiheitspositionen an sich entwickelt hat. Ebenso wie dort wies er darauf hin, daß bei der Abwägung die Grundsätze, die allgemein in den demokratischen Gesellschaften Vorrang hätten, zu berücksichtigen seien[396].

Trotz der formal gleichen Voraussetzungen hat Art. 14 EMRK eine gegenüber den Rechtmäßigkeitsanforderungen für Freiheitsbeschränkungen zusätzliche, eigenständige Bedeutung. Zwar ist der Gerichtshof, was den Stellenwert des Diskriminierungsverbots betrifft, der Auffassung, dieses gelte gegenüber den Freiheitsrechten nur subsidiär. Das ergibt sich nicht nur daraus, daß er bei den sich bietenden Gelegenheiten auf den unselbständigen Charakter des Art. 14 EMRK verwiesen hat, es kommt auch darin zum Ausdruck, daß er einen Verstoß gegen das Diskriminierungsverbot in den Fällen, in denen bereits die Konventionswidrigkeit des Gesetzes aus anderen Gründen festgestellt war, i.d.R. gar nicht mehr geprüft hat[397]. Es ist jedoch zu berücksichtigen, daß mit Art. 14 EMRK Eingriffe einer ganz anderen Dimension abgewehrt werden sollen als mit dem o.g. Rechtmäßigkeitsmerkmal der Notwendigkeit in einer demokratischen Gesellschaft. Während dieses sich auf die Bewertung der Freiheitsverkürzung als solche beschränkt, ergibt sich aus dem Diskriminierungsverbot die Notwendigkeit, Beeinträchtigungen nicht nur isoliert in der Beziehung Bürger–Staat, sondern gerade im Verhältnis zu anderen Personen oder Personengruppen in parallelen Menschenrechtssituationen zu rechtfertigen. Demgemäß kann eine Freiheitsbeschränkung durchaus für sich gesehen „in einer demokratischen Gesellschaft notwendig" sein und dennoch gegen das Diskriminierungsverbot verstoßen[398].

---

[393] Auf das Vorliegen eines sachlichen Differenzierungsgrundes abstellend: *Hoffmann-Remy*, Die Möglichkeiten der Grundrechtseinschränkung, S. 42 f.

[394] *Peukert*, in: *Frowein/Peukert*, EMRK-Kommentar, Art. 14, Rn. 22.

[395] GH, Fall Darby, Serie A, Nr. 187, Ziff. 31.

[396] GH, Belgischer Sprachenfall, Serie A, Nr. 6, Ziff. 10.

[397] GH, Fall Open Door, Serie A, Nr. 246, Ziff. 83; dieser Auslegung folgt auch *Peukert*, in: *Frowein/Peukert*, EMRK, Art. 14, Rn. 8, 15.

[398] *Hoffmann-Remy*, Die Möglichkeiten der Grundrechtseinschränkung, S. 46.

Für einen Beurteilungsspielraum der Mitgliedstaaten bei der Auswahl von Eingriffsmaßnahmen unter dem Gesichtspunkt der Gleichbehandlung sprechen zunächst der Erkenntnisvorsprung und die größere Sachnähe der nationalen Instanzen hinsichtlich der Frage, ob bestimmte Personen oder Personengruppen vergleichbar sind, Art. 14 EMRK also überhaupt anwendbar ist. Diese Prärogative setzt sich ebenso wie bei der Prüfung der Notwendigkeit einer Maßnahme in einer demokratischen Gesellschaft bei der Verhältnismäßigkeit fort. Auch der Gerichtshof hat unter Hinweis auf die Zweispurigkeit des Menschenrechtsschutzes in Europa ausgeführt, er könne sich weder bei der Auswahl eines geeigneten Mittels noch bei Einschätzung der Angemessenheit an die Stelle nationaler Instanzen setzen. Diese hätten daher einen Beurteilungsspielraum[399].

[399] GH, Belgischer Sprachenfall, Serie A, Nr. 6, Ziff. 9.

Zusammenfassung

Der Gesetzesbegriff hat an allen Stellen der Konvention, an denen er als Eingriffsvorbehalt verwendet wird, dieselbe Bedeutung. Das ergibt sich aus der mit der Vorherrschaft des Rechts untrennbar verbundenen Forderung nach Vorhersehbarkeit und Meßbarkeit staatlichen Handelns, der es widerspräche, den in den authentischen Fassungen durchgehend verwendeten Begriffen „law" und „loi" ohne einen auch für den Einzelnen ersichtlichen Grund eine unterschiedliche Bedeutung beizumessen. Ein solcher Grund, der allenfalls in einer unterschiedlichen Wertigkeit der materiell-rechtlichen Freiheitsgehalte bestehen könnte, läßt sich jedoch nicht nachweisen.

Erkenntnisquelle für die Ermittlung der Bedeutung des Gesetzesbegriffs ist allein die EMRK. Gegenüber dem jeweiligen nationalen Recht der Mitgliedstaaten ist der Gesetzesbegriff also autonom. Der Grund dafür liegt darin, daß die Konvention dem Zweck dient, über die Geltung des Willkürverbots allen Personen in ihrem Geltungsbereich den gleichen Menschenrechtsschutz zu verschaffen.

Hinsichtlich der Merkmale, die ein Rechtsetzungsakt erfüllen muß, um begrifflich als Gesetz i.S.d. EMRK zu gelten, ist nach allem festzustellen, daß apriori ein genereller Ausschluß bestimmter Rechtsetzungsinstanzen als taugliche „Gesetz-"geber nicht möglich ist. Die Untersuchung hat vielmehr ergeben, daß neben dem Parlament auch die Exekutive, die Judikative sowie intermediäre Gewalten unter bestimmten Voraussetzungen Gesetze i.S.d. Konvention erlassen können. Originäre Gesetzgebungsbefugnisse stehen dabei, jedenfalls was den in diesem Zusammenhang allein interessierenden Bereich der Freiheitsbeschränkungen angeht, kraft seiner unmittelbaren Legitimation durch das Volk allein dem Parlament zu. Die Exekutive kommt unter der Voraussetzung als Urheberin eines Gesetzes in Betracht, daß sie dazu durch ein tatbestandlich hinreichend bestimmtes Parlamentsgesetz ermächtigt worden ist. Denn die Anerkennung von Rechtsetzungsbefugnissen aus eigenem Recht ebenso wie die Verleihung solcher Befugnisse aufgrund von formell-gesetzlichen Generalermächtigungen würde dazu führen, daß der dem Grundsatz der Volkssouveränität entsprechende Vorrang des Parlamentsgesetzes unterlaufen würde. Auf die französische Rechtsordnung, in der der Exekutive von Verfassungs wegen originäre Gesetzgebungsbefugnisse eingeräumt sind, hat dieses Ergebnis dann keine nachteiligen Auswirkungen, wenn man die Kompetenzverteilungsregelung in Art. 34 Abs. 2 der französischen Verfassung so versteht, daß die Normierung von Menschenrechtsbeschränkungen vollständig, also nicht nur in bezug auf Rahmengesetze, in den dem Parlament reservierten Gesetzgebungsbereich fällt.

Was Richterrecht betrifft, so scheitert seine Gesetzesqualität nach allem jedenfalls nicht daran, daß gerade die Judikative tätig geworden ist, soweit man richterrechtliche Prinzipien als gegenüber Rechtsetzungsakten der Volksvertretung sekundäres Recht versteht. Denn da es bei dieser Auslegung nur im Fall der vom Gesetzgeber nicht beabsichtigten Unvollständigkeit kodifizierten Rechts Geltung beansprucht, ist eine Kollision mit dem in den Mitgliedstaaten vorherrschenden Demokratieverständnis als dem Primat der Volksvertretung vermieden. Den rechtsstaatlichen Forderungen nach Vorhersehbarkeit und Meßbarkeit staatlichen Handelns genügen gerade durch die Judikative entwickelte Rechtssätze jedenfalls dann, wenn sie in der Vergangenheit zur Schließung von Regelungslücken entwickelt worden sind. Soweit erstmalig eine Regelungslücke erscheint, kann dem sie ausfüllenden Richterspruch insoweit nur dann Gesetzesqualität zukommen, wenn die Ausfüllung der Lücke einem Verfahren folgt, das das Ergebnis für den Einzelnen vorhersehbar macht. Dieses Verfahren kann aufgrund der Geltung des Gleichheitsgrundsatzes nur darin bestehen, eine Lösung zu finden, die es ermöglicht, den nicht geregelten Fall und den in wesentlicher Hinsicht gleichen, jedoch geregelten Fall der gleichen Rechtsfolge zuzuführen.

Rechtsetzungsakte selbständiger Verbände und Körperschaften, die dem Staat eingegliedert sind, können Gesetze i.S.d. EMRK sein, wenn eine parlamentarische Ermächtigung, die die Grenzen der Autonomie in sachlicher und persönlicher Hinsicht erkennen läßt, vorhanden ist.

Die Schriftförmlichkeit eines Rechtsetzungsaktes ist keine unabdingbare Begriffsvoraussetzung des Gesetzes. Vielmehr kann auch ein ungeschriebener Rechtssatz ein Gesetz i.S.d. Konvention sein, wenn er den Beteiligten bekannt ist und diese von seiner Rechtswirksamkeit und Rechtmäßigkeit überzeugt sind.

Aus den rechtsstaatlichen Forderungen nach Vorhersehbarkeit und Meßbarkeit staatlichen Handelns ergibt sich dagegen die Notwendigkeit der Publizität. Ein Rechtsakt kann demnach nur dann ein Gesetz sein, wenn er ausreichend zugänglich ist.

Seinem Inhalt nach muß er darüber hinaus eine verbindliche Regelung enthalten. Die Verbindlichkeit ist menschenrechtsbeschränkenden Regelungen des Parlaments, der Exekutive sowie der Zwischengewalten immanent. Etwas anderes gilt für richterrechtliche Prinzipien, da sie grundsätzlich nur inter partes bindend sind und ihre behauptete Allgemeingültigkeit unter dem Vorbehalt steht, daß sie sich auch später für gleichgelagerte Fälle als zutreffend erweisen. Ihnen kann eine Bindungswirkung nur dann zukommen, wenn sie sich in einer Weise verselbständigt haben, daß sie nunmehr nicht kraft Richterspruchs, sondern aufgrund allgemeiner Akzeptanz als Gewohnheitsrecht gelten.

Eine inhaltlich allgemeine Regelung ist für die Gesetzesqualität nicht zwingend erforderlich. Vielmehr können konventionsmäßige Freiheitsbeschränkungen auch durch Individualregelungen erfolgen, wenn sachliche Gründe vorliegen, die die Normierung durch eine allgemeine Regelung gerade unter Wahrung des Gleichheitsgrundsatzes ausschließen.

Ein in Freiheitsrechte eingreifendes oder zu solchen Eingriffen ermächtigendes Gesetz i.S.d. Konvention kann nur ein rechtmäßiges Gesetz sein. Ebenso wie bei den Begriffsmerkmalen des Gesetzes sind die Rechtmäßigkeitsanforderungen nicht den jeweiligen nationalen Rechtsordnungen, sondern der EMRK zu entnehmen.

Die Geltung formeller Rechtmäßigkeitsvoraussetzungen kann sich mangels expliziter Aussagen der EMRK nur aus dem gemeinsamen Demokratie- und Rechtsstaatsverständnis der Mitgliedstaaten ergeben. Insoweit kann der Gerichtshof lediglich die Einhaltung des verfahrensmäßigen Grundsatzes des Mehrheitsprinzips überprüfen, nicht aber die Einhaltung nationalen Verfahrensrechts.

Hinsichtlich der materiellen Rechtmäßigkeit eines Gesetzes hat sich gezeigt, daß das Gesetz einen legitimen Eingriffszweck verfolgen muß. Die Eingriffszwecke sind entweder in der jeweiligen Menschenrechtsgewährleistung vorgegeben oder bestehen in dem öffentlichen Interesse an einer Freiheitsbeschränkung. Bei der Auslegung der einzelnen Eingriffszwecke haben die Mitgliedstaaten einen gewissen Spielraum, dessen Umfang davon abhängt, wie sehr das jeweilige Schutzgut von regional unterschiedlichen außerrechtlichen Auffassungen geprägt ist.

Das Gesetz muß über die Verfolgung eines legitimen Interesses hinaus „in einer demokratischen Gesellschaft erforderlich" sein. Das ist dann gegeben, wenn es geeignet ist, das Eingriffsziel zumindest zu fördern, und wenn es unter mehreren gleich geeigneten Mitteln das den Einzelnen am wenigsten belastende ist. Schließlich darf die Eingriffsintensität nicht außer Verhältnis zu dem mit der Regelung verfolgten Zweck stehen. Im Rahmen der dabei erforderlichen Güterabwägung kommt dem in der Konvention mehrfach genannten Leitbild der demokratischen Gesellschaft eine den nationalen Menschenrechtsschutz in das europäische System integrierende Funktion zu. Auch bei der Beurteilung der Notwendigkeit einer gesetzlichen Regelung in einer demokratischen Gesellschaft haben die Mitgliedstaaten einen vom Gerichtshof nur begrenzt nachprüfbaren Beurteilungsspielraum, soweit es um die Einschätzung von Gefahren für die in der Konvention genannten Schutzgüter und die Auswahl der Eingriffsmittel geht.

Eine absolute Sperre für Menschenrechtsbeschränkungen ergibt sich aus dem Rechtmäßigkeitsmerkmal der Wesensgehaltsgarantie.

Das rechtmäßige Gesetz muß inhaltlich so klar und bestimmt sein, daß der Einzelne sein Verhalten darauf einrichten kann. Die Bestimmtheit bezieht sich dabei sowohl auf die tatbestandlichen Voraussetzungen einer Menschenrechtsbeschränkung als auch auf die Rechtsfolgen.

Eine Rechtmäßigkeitsanforderung in dem Sinne, daß der Erlaß vergangenheitsbezogener Gesetze generell konventionswidrig wäre, existiert nicht. Sie ergibt sich jedoch dann, wenn eine Abwägung zwischen dem Vertrauensschutz, den der Einzelne genießt, und dem Interesse der Rechtsgemeinschaft an einer vergangenheitsbezogenen Umformung des alten Rechts ergibt, daß der Vertrauensschutz das Gestaltungsinteresse überwiegt.

Das Gesetz ist schließlich nur dann rechtmäßig, wenn es keine Diskriminierung bestimmter Personen oder Personengruppen enthält. Eine Diskriminierung kann insbesondere dann vorliegen, wenn das Gesetz nach einem der in Art. 14 EMRK genannten Kriterien differenziert, wobei die Aufzählung dieser Unterscheidungsmerkmale nicht abschließend ist. Andererseits bedeutet nicht schon jede Ungleichbehandlung eine Diskriminierung. Eine Ungleichbehandlung ist für sich genommen konventionsmäßig, wenn sie tatsächlich einem legitimen Eingriffszweck dient, unter mehreren gleich geeigneten Mitteln das den Einzelnen am wenigsten belastende darstellt und in ihrer Intensität für den Betroffenen nicht außer Verhältnis zu dem damit verfolgten Ziel steht. Insoweit ergeben sich auch hinsichtlich eines Beurteilungsspielraums der Mitgliedstaaten gegenüber der Notwendigkeit einer Menschenrechtsbeschränkung in einer demokratischen Gesellschaft keine Abweichungen.

Register der Entscheidungen des Europäischen Gerichtshofs für Menschenrechte

18.12.1986 — Johnston ./. Irland, Serie A Nr. 112 = EuGRZ 1987, 313

08.07.1987 — W. ./. V. K., Serie A Nr. 121 = EuGRZ 1990, 533

25.02.1988 — Olsson ./. Schweden, Serie A Nr. 130 = EuGRZ 1988, 591

24.05.1988 — Müller ./. Schweiz, Serie A Nr. 133 = EuGRZ 1988, 543

12.07.1988 — Schenk ./. Schweiz, Serie A Nr. 140 = EuGRZ 1988, 390

26.10.1988 — Norris ./. Irland, Serie A Nr. 142 = EuGRZ 1992, 477

07.07.1989 — Soering ./. Bundesrepublik Deutschland, Serie A Nr. 161 = EuGRZ 1989, 314

21.02.1990 — Hakansson und Sturesson ./. Schweden, Serie A Nr. 171 = EuGRZ 1992, 5

28.03.1990 — Groppera Radio AG ./. Schweiz, Serie A Nr. 173 = EuGRZ 1990, 255

22.05.1990 — Autronic AG ./. Schweiz, Serie A Nr. 178 = EuGRZ 1990, 261

22.05.1990 — Weber ./. Schweiz, Serie A Nr. 177 = EuGRZ 1990, 265

23.10.1990 — Darby ./. Schweden, Serie A Nr. 187 = EuGRZ 1990, 504

29.11.1991 — Vermeire ./. Belgien, Serie A Nr. 214 = EuGRZ 1992, 12

24.09.1992 — Herczegfalvy ./. Österreich, Serie A Nr. 242 = EuGRZ 1992, 535

29.10.1992 — Open Door und Dublin Well Woman . /. Irland, Serie A Nr. 246 = EuGRZ 1992, 484

16.12.1992 — Hadjianastassiou ./. Griechenland, Serie A Nr. 252 = EuGRZ 1993, 70

24.11.1993 — Informationsverein Lentia ./. Österreich, Serie A Nr. 276 = EuGRZ 1994, 549

Literaturverzeichnis

Bartsch, Hans-Jürgen: „Contempt of Court" und die Grenzen der Pressefreiheit, EuGRZ 1977, 474

Benedek, Wolfgang: Das System des Menschenrechtsschutzes in Afrika und Europa. Erfahrungen und Perspektiven, EuGRZ 1990, 340

Berka, Walter: Die Gesetzesvorbehalte der Europäischen Menschenrechtskonvention, ÖZöRV 1986, 71

Bernhardt, Rudolf: Die Auslegung völkerrechtlicher Verträge, Köln, Berlin 1963

— Internationaler Menschenrechtsschutz und nationaler Gestaltungsspielraum, in: Festschrift für Hermann Mosler (FS-Mosler), Berlin u.a. 1983, S. 75

Bertaux, F. / *Lepoint,* E.: Dictionnaire Français Allemand — Französisch-Deutsches Wörterbuch, Paris 1966

Bindschedler, Rudolf L.: Der Schutz der Menschenrechte und das Verbot der Einmischung, in: Festschrift für Hans-Jürgen Schlochauer (FS-Schlochauer), Berlin / New York 1981, S. 179

Blackstone, William: Commentaries on the Laws of England, 1st Book, 10. Aufl. London 1787

Bleckmann, Albert: Zur Entwicklung europäischer Grundrechte, DVBl. 1978, 457

— Staatsrecht II — Die Grundrechte, 3. Aufl. Köln u.a. 1989

Blum, Eugène: La Déclaration des Droits de l'Homme et du Citoyen, 3. Aufl. Paris 1906

Blum, Nikolaus: Die Gedanken-, Gewissens- und Religionsfreiheit nach Art. 9 der Europäischen Menschenrechtskonvention, Berlin 1990

Blumenwitz, Dieter: Einführung in das anglo-amerikanische Recht, 5. Aufl. München 1994

Böckenförde, Ernst-Wolfgang / *Grawert,* Rolf: Sonderverordnungen zur Regelung besonderer Gewaltverhältnisse, AöR 95 (1970), S. 1

Brändle, Dieter: Vorbehalte und auslegende Erklärungen zur europäischen Menschenrechtskonvention, Zürich 1978

Buergenthal, Thomas: Menschenrechtsschutz im inter-amerikanischen System, EuGRZ 1984, 169

— International Human Rights, St. Paul, Minnesota 1988

Buergenthal, Thomas / *Norris,* Robert E.: Human Rights. The Inter-American System, Bd. I (Basic Documents), New York 1983

Burdeau, Georges: Droit Constitutionnel, 21. Aufl. Paris 1988

Bydlinski, Franz: Hauptpositionen zum Richterrecht, JZ 1985, 149

— Juristische Methodenlehre und Rechtsbegriff, 2. Aufl. Wien / New York 1991

Canaris, Claus-Wilhelm: Systemdenken und Systembegriff in der Jurisprudenz, 2. Aufl. Berlin 1983

Clapham, Andrew: Human Rights in the Private Sphere, Oxford 1993

Crombach, Egon: Civil Liberties in England — Echte Freiheitsrechte oder Gnade des Gesetzgebers?, DVBl. 1973, 561

Dahm, Georg / *Delbrück*, Jost / *Wolfrum*, Rüdiger: Völkerrecht Band I / 1, 2. Aufl. Berlin / New York 1989

Darmstaedter, Friedrich: Der englische Staatsgedanke und die deutsche Theorie, in: Festschrift für Rudolf Laun (FS-Laun), Hamburg 1953, S. 537

David, René / *Grasmann*, Günther: Einführung in die großen Rechtssysteme der Gegenwart, 2. Aufl. München 1989

Delbrück, Jost: Menschenrechte im Schnittpunkt zwischen universalem Schutzanspruch und staatlicher Souveränität, GYIL 22 (1979), S. 384

Dietl, Clara-Erika / *Lorenz*, Egon: Wörterbuch für Recht, Wirtschaft und Politik. Teil I: Englisch – Deutsch, 5. Aufl. München 1990

Donnelly, Jack: International Human Rights, Boulder u.a. 1993

Duffy, P. J.: The Sunday Times Case: Freedom of Expression, Contempt of Court and the European Convention on Human Rights, Human Rights Review 5 (1980), S. 17

Enneccerus, Ludwig / *Nipperdey*, Hans Carl: Allgemeiner Teil des bürgerlichen Rechts, 1. Halbband, 15. Aufl. Tübingen 1959

Erichsen, Hans-Uwe / *Martens*, Wolfgang: Allgemeines Verwaltungsrecht, 9. Aufl. Berlin / New York 1992

Ermacora, Felix: Zu den Menschenrechtspakten der Vereinten Nationen, VN 1968, 133

— Richtungweisendes Handyside-Urteil? Anmerkung zum Urteil des europäischen Gerichtshofs für Menschenrechte vom 7.12.1976, EuGRZ 1977, 363

Ermacora, Felix / *Nowak*, Manfred / *Tretter*, Hannes: Die Europäische Menschenrechtskonvention in der Rechtsprechung der österreichischen Höchstgerichte, Wien 1983

Esser, Josef: Grundsatz und Norm in der richterlichen Fortbildung des Privatrechts, Tübingen 1956

Evers, Hans-Ulrich: Der Schutz des Privatlebens und das Grundrecht auf Datenschutz in Österreich, EuGRZ 1984, 281

Feger, Dieter: Die Grundrechte im Recht der Europäischen Gemeinschaften — Bestand und Entwicklung, Frankfurt a.M. u.a. 1984

Fischer, Robert: Die Weiterbildung des Rechts durch die Rechtsprechung, Karlsruhe 1971

Forsthoff, Ernst: Die öffentliche Körperschaft im Bundesstaat, Tübingen 1931

— Über Maßnahme-Gesetze, in: Gedächtnisschrift für Walter Jellinek (Jellinek-GS), München 1955, S. 221 ff.

— Lehrbuch des Verwaltungsrechts. Erster Band: Allgemeiner Teil, 10. Aufl. München 1973

Frowein, Jochen Abr.: Die Europäische und die Amerikanische Menschenrechtskonvention — Ein Vergleich, EuGRZ 1980, 442

— Diskussionsbeitrag zum Bericht von Ress, in: Irene Maier (Hrsg.), Europäischer Menschenrechtsschutz, Heidelberg 1982

Frowein, Jochen Abr. / *Peukert*, Wolfgang: Europäische Menschenrechtskonvention. EMRK-Kommentar, Kehl u.a. 1985

Geck, Wilhelm Karl: Internationaler Schutz von Freiheitsrechten und nationale Souveränität, JZ 1980, 73

Gény, François: Méthode d'interpretation et des sources en droit privé positif, 2. Aufl. Paris 1919

Germann, Oscar Adolf: Präjudizien als Rechtsquelle, Stockholm u.a. 1960

v. Gierke, Otto: Das Deutsche Genossenschaftsrecht, Bd. I, Berlin 1868

— Über die Geschichte des Majoritätsprinzips, Schmollers Jahrbuch 39 (1915), S. 565 (nachgedruckt in: Guggenberger / Offe, An den Grenzen der Mehrheitsdemokratie, Opladen 1984, S. 22)

Golsong, Heribert: Das Rechtsschutzsystem der Europäischen Menschenrechtskonvention, Karlsruhe 1958

Golsong, Heribert / *Karl*, Wolfram / *Miehsler*, Herbert / *Petzold*, Herbert / *Riedel*, Eibe H. / *Rogge*, Kersten / *Vogler*, Theo / *Wildhaber*, Luzius / *Breitenmoser*, Stephan: Internationaler Kommentar zur Europäischen Menschenrechtskonvention, Lbl. Köln u.a. Stand 1992

Golsong, Heribert / *Petzold*, Herbert / *Furrer*, Hans Peter: Entscheidungen des Europäischen Gerichtshofes für Menschenrechte, Bd. I, Köln u.a. 1970; Bd. III, ebd. 1976

Grawert, Rolf: Art. „Gesetz", in: Otto Brunner / Werner Conze / Reinhard Koselleck (Hrsg.), Geschichtliche Grundbegriffe, Bd. II, Stuttgart 1975, S. 863

— Gesetz und Gesetzgebung im modernen Staat, Jura 1982, 247

— Gesetzgebung zwischen Politik und Bürokratie, ZG 1991, 97

Guradze, Heinz: Die Europäische Menschenrechtskonvention, Berlin / Frankfurt a.M. 1968

Häberle, Peter: Die Wesensgehaltsgarantie des Art. 19 Abs. 2 Grundgesetz, 3. Aufl. Heidelberg 1983

— Verfassungsrechtliche Fragen im Prozeß der europäischen Einigung, EuGRZ 1992, 429

Hafner, Gerhard: Die Souveränität in Beziehung zur Einzelperson gemäß der sowjetischen Völkerrechtsdoktrin, EuGRZ 1977, 220

— Die Einschränkung von Grundrechten in einer demokratischen Gesellschaft, in: Festschrift für Hermann Mosler (FS-Mosler), Berlin u.a. 1983, S. 359

Hamann, Andreas: Autonome Satzungen und Verfassungsrecht, Heidelberg 1958

Hartung, Fritz: Die Entwicklung der Menschen- und Bürgerrechte von 1776 bis zur Gegenwart, 4. Aufl. Göttingen u.a. 1972

Hegel, Georg Wilhelm Friedrich: Grundlinien der Philosophie des Rechts, zit. nach: Johannes Hoffmeister (Hrsg.), Georg Wilhelm Friedrich Hegel, Grundlinien der Philosophie des Rechts, 4. Aufl. Hamburg 1955

Henkel, Heinrich: Einführung in die Rechtsphilosophie, München 1964

Herzog, Roman: Das Grundrecht auf Freiheit in der Europäischen Menschenrechtskonvention, AöR 86 (1961), S. 194

— Gesetz und Richter, in: Festschrift für Horst Sendler (FS-Sendler), München 1991, S. 17

Hesse, Konrad: Der Gleichheitsgrundsatz im Staatsrecht, AöR 77 (1951 / 52), S. 167

— Grundzüge des Verfassungsrechts der Bundesrepublik Deutschland, 19. Aufl. Heidelberg 1993

Heun, Werner: Das Mehrheitsprinzip in der Demokratie, Berlin 1983

Hoffmann-Remy, Ulrich: Die Möglichkeiten der Grundrechtseinschränkung nach den Art. 8–11 Abs. 2 der EMRK, Berlin 1976

Huber, Hans: Das Zusammentreffen der Europäischen Konvention zum Schutze der Menschenrechte und Grundfreiheiten mit den Grundrechten der Verfassungen, in: Gedächtnisschrift für Hans Peters (Peters-GS), Berlin u.a. 1967, S. 375

Imboden, Max: Rousseau und die Demokratie, Tübingen 1963

Ipsen, Knut: Völkerrecht, 3. Aufl. München 1991

Jakob, Wolfgang: Eingriff kommunaler Satzungen in „Freiheit und Eigentum“, DÖV 1970, 666

Jarass, Hans D. / *Pieroth,* Bodo: Grundgesetz für die Bundesrepublik Deutschland, 2. Aufl. München 1992

Jellinek, Georg: Gesetz und Verordnung, Freiburg 1887

— Allgemeine Staatslehre, 3. Aufl. Berlin 1914

Jesch, Dietrich: Zulässigkeit gesetzesvertretender Verwaltungsverordnungen?, AöR 84 (1959), S. 74

— Gesetz und Verwaltung, 2. Aufl. Tübingen 1968

Kant, Immanuel: Metaphysik der Sitten. Erster Teil: Metaphysische Anfangsgründe der Rechtslehre, zit. nach: Wilhelm Weischedel (Hrsg.), Immanuel Kant, Werke in zehn Bänden, Band VII, Darmstadt 1968

Kimminich, Otto: Einführung in das Völkerrecht, 5. Aufl. Tübingen / Basel 1992

— Das Völkerrecht der Jahrtausendwende, BayVBl. 1990, 1

Kirchhof, Paul: Verfassungsrechtlicher Schutz und internationaler Schutz der Menschenrechte: Konkurrenz oder Ergänzung?, EuGRZ 1994, 16

Kisker, Gunter: Die Rückwirkung von Gesetzen, Tübingen 1963

Klisch, Rupert: Gesetz und Verordnung in der Verfassung der 5. französischen Republik vom 4. Oktober 1958, Berlin 1971

Kloepfer, Michael: Der Vorbehalt des Gesetzes im Wandel, JZ 1984, 685

Koch, Michael H.W.: Zur Einführung eines Grundrechtskataloges im Vereinigten Königreich von Großbritannien und Nordirland, Berlin 1991

Kodjo, Edem: Die Afrikanische Charta der Rechte des Menschen und der Völker in ihrem historischen Zusammenhang, EuGRZ 1990, 306

Kokott, Juliane: Das interamerikanische System zum Schutz der Menschenrechte, Berlin u.a. 1986

Kriele, Martin: Theorie der Rechtsgewinnung, 2. Aufl. Berlin 1976

Laeuchli Bosshard, Irene: Die Meinungsäußerungsfreiheit gem. Art. 10 EMRK unter Berücksichtigung der neueren Entscheide und der neuen Medien, Bern u.a. 1989

Larenz, Karl: Der Richter als Gesetzgeber, in: Festschrift für Heinrich Henkel (FS-Henkel), Berlin / New York 1974, S. 31

— Methodenlehre der Rechtswissenschaft, 6. Aufl. Berlin u.a. 1991

Less, Günter: Von Wesen und Wert des Richterrechts, Erlangen 1954

Loewenstein, Karl: Staatsrecht und Staatspraxis von Großbritannien, Bd. I, Berlin u.a. 1967

v. Mangoldt, Hans: Universität und Staat, Tübingen 1979

v. Mangoldt, Hermann / *Klein*, Friedrich / *Frhr. von Campenhausen*, Axel: Das Bonner Grundgesetz. Bd. 14: Artikel 136–146, 3. Aufl. München 1991

Martens, Wolfgang: Öffentlich als Rechtsbegriff, Bad Homburg v.d.H. u.a. 1969

Maunz, Theodor / *Dürig*, Günter: Grundgesetz. Kommentar, Lbl. München Stand 1991

Maurer, Hartmut: Zweitbearbeitung der Kommentierung zu Art. 82 GG, in: Kommentar zum Bonner Grundgesetz (Bonner Kommentar), Lbl. Heidelberg Stand Juni 1988

— Allgemeines Verwaltungsrecht, 9. Aufl. München 1994

Mayer-Tasch, Peter Cornelius: Die Verfassungen der nicht-kommunistischen Staaten Europas, 2. Aufl. München 1975

Menger, Christian-Friedrich: Zweitbearbeitung der Kommentierung zu Art. 19 Abs. 1 GG, in: Kommentar zum Bonner Grundgesetz (Bonner Kommentar), Lbl. Heidelberg Stand Juni 1979

Meyer-Cording, Ulrich: Die Rechtsnormen, Tübingen 1971

v. Mohl, Robert: Die Geschichte und Literatur der Staatswissenschaften, Bd. I, Erlangen 1855

— Die Geschichte und Literatur der Staatswissenschaften, Bd. III, Erlangen 1858

Baron de Montesquieu, Charles: De l'Esprit des Loix, zit. nach: Jean Brethe de la Gressaye, Montesquieu, De l'Esprit des Loix, Tome I, Paris 1950; Tome II, Paris 1955

Morrisson Jr., Clovis C.: Margin of appreciation in European Human Rights Law, Human Rights Journal 6 (1973), S. 263 ff.

Mosler, Hermann: Der Europäische Gerichtshof für Menschenrechte nach zwanzig Jahren, in: Festschrift für Hans Huber (FS-Huber), Bern 1981, S. 595

Much, Christian: Die afrikanische Charta der Menschenrechte und der Rechte der Völker, EA 43 (1988 / 1), S. 17

Müller, Friedrich: Juristische Methodik und Politisches System, 3. Aufl. Berlin 1989

Nawiasky, Hans: Allgemeine Staatslehre, Dritter Teil, Einsiedeln u.a. 1956

Nguéma, Isaac: Perspektiven der Menschenrechte in Afrika, EuGRZ 1990, 301

Nowak, Manfred: Die Durchsetzung des Internationalen Paktes über bürgerliche und politische Rechte, EuGRZ 1980, 532

— UNO-Pakt über bürgerliche und politische Rechte und Fakultativprotokoll — CCPR-Kommentar, Kehl u.a. 1989

Partsch, Karl Josef: Die Rechte und Freiheiten der europäischen Menschenrechtskonvention, in: Karl August Bettermann u.a., Die Grundrechte, Bd. I, 1. Halbband, Berlin 1966, S. 235

— Menschenrechte, allgemein, in: Rüdiger Wolfrum (Hrsg.), Handbuch Vereinte Nationen, 2. Aufl. München 1992, S. 544

Phillips, O. Hood: Constitutional and Administrative Law, 7. Aufl. London 1987

Pieroth, Bodo: Rückwirkung und Übergangsrecht, Berlin 1981

Platon: Politeia, VI. Buch, zit. nach: Wilhelm Andreae, Platons Staatschriften. Zweiter Teil: Staat, Erster Halbband, Jena 1925

Prélot, Marcel / *Boulois,* Jean: Institutions politiques et droit constitutionnel, 11. Aufl. Paris 1990

Ress, Georg: Die Europäische Menschenrechtskonvention und die Vertragsstaaten: Die Wirkungen der Urteile des Europäischen Gerichtshofs für Menschenrechte im innerstaatlichen Recht und vor den innerstaatlichen Gerichten, in: Irene Maier (Hrsg.), Europäischer Menschenrechtsschutz, Heidelberg 1982, S. 227 ff.

Riedel, Eibe: Die Habeas Corpus-Akte, EuGRZ 1980, 192

— Die Eigentumsgarantie als Problem der allgemeinen Staatslehre und des Verfassungsrechts am Beispiel Großbritanniens, in: Johannes Schwartländer / Dietmar Willoweit (Hrsg.), Das Recht des Menschen auf Eigentum, Kehl u.a. 1983, S. 129 ff.

— Menschenrechte der dritten Dimension, EuGRZ 1989, 9

Riedel, Manfred: Bürgerliche Gesellschaft und Staat bei Hegel, Berlin 1970

Ritterband, Charles E.: Universeller Menschenrechtsschutz und völkerrechtliches Interventionsverbot, Bern / Stuttgart 1982

Robert, Jaques: Constitutional and International Protection of Human Rights, Competing or Complementary Systems?, Human Rights Law Journal 15 (1994), S. 1 ff.

Romain, Alfred: Wörterbuch der Rechts- und Wirtschaftssprache, Teil I, 4. Aufl. München 1989

Rottmann, Frank: Der Vorbehalt des Gesetzes und die grundrechtlichen Gesetzesvorbehalte, EuGRZ 1985, 277

Rousseau, Jean-Jacques: Du Contrat Social, zit. nach: Francois Bouchardy, J.-J. Rousseau, Du Contrat Social, Paris 1946

— Discours sur l'origine et les fondements de l'inégalité parmi les hommes — De la société générale du genre humaine, zit. nach: Kurt Weigand (Hrsg.), Jean Jacques Rousseau, Schriften zur Kulturkritik (Die zwei Diskurse von 1750 und 1755), Hamburg 1955, S. 284

Rüping, Heinrich: Zweitbearbeitung der Kommentierung zu Art. 103 GG, in: Kommentar zum Bonner Grundgesetz (Bonner Kommentar), Lbl. Heidelberg Stand März 1980

Rumpf, Christian: The Protection of Human Rights in Turkey and the Significance of International Human Rights Instruments, Human Rights Law Journal 14 (1994), S. 394 ff.

v. Savigny, Friedrich Carl: System des heutigen römischen Rechts, Bd. I, Berlin 1840

Scheerbarth, Hans Walter: Die Anwendung von Gesetzen auf früher entstandene Sachverhalte, Berlin 1961

Scheuner, Ulrich: Die Grundrechte der Europäischen Menschenrechts-Konvention in ihrer Anwendung durch die Organe der Konvention, in: Festschrift für Hermann Jahrreiß (FS-Jahrreiß), Köln u.a. 1964, S. 355

— Das Mehrheitsprinzip in der Demokratie, Opladen 1973

Schick, Walter: Art. „Selbstverwaltung", in: EvStL, Berlin 1966

Schlehofer, Horst: Juristische Methodologie und Methodik der Fallbearbeitung, JuS 1992, 572

Schneider, Hans: Gesetzgebung, 2. Aufl. Heidelberg 1991

Seidl-Hohenveldern, Ignaz: Völkerrecht, 7. Aufl. Köln u.a. 1992

Severin, Ursula: Das Bundesgesetzblatt, Bonn 1962

Simma, Bruno: Souveränität und Menschenrechtsschutz nach westlichem Völkerrechtsverständnis, EuGRZ 1977, 235

Starck, Christian: Der Gesetzesbegriff des Grundgesetzes, Baden-Baden 1969

— Ein Grundrechtskatalog für die Europäischen Gemeinschaften, EuGRZ 1981, 545

v. Staudinger, J. (Begr.): Kommentar zum Bürgerlichen Gesetzbuch mit Einführungsgesetz und Nebengesetzen, Erstes Buch, 12. Aufl. Berlin 1980

Stern, Klaus: Das Staatsrecht der Bundesrepublik Deutschland, Bd. I, 2. Aufl. München 1984

— Das Staatsrecht der Bundesrepublik Deutschland, Bd. III, 1. Halbband, München 1988

Struck, Walter: Montesquieu als Politiker. Eine Erläuterung zu den Büchern I–VIII und XI–XII des Geistes der Gesetze, Berlin 1933

Tettinger, Peter J.: Einführung in die juristische Arbeitstechnik, 2. Aufl. München 1992

de Tocqueville, Alexis: Über die Demokratie in Amerika, zit. nach: Hans Zbinden, Alexis de Toqueville, Über die Demokratie in Amerika, Erster Teil, Stuttgart 1959

Trechsel, Stefan: Die Garantie der persönlichen Freiheit (Art. 5 EMRK) in der Straßburger Rechtsprechung, EuGRZ 1980, 514

Vasak, Karel: La Convention Européenne des Droits de l'Homme, Paris 1964

Vegleris, Phédon Th.: Valeur et signification de la clause „dans une société démocratique" dans la Convention Européenne des Droits de l'Homme, Revue des Droits de l'Homme / Human Rights Journal 1 (1968), S. 219

Verdross, Alfred / *Simma*, Bruno: Universelles Völkerrecht, 3. Aufl. Berlin 1984

Vogel, Klaus: Gesetzgeber und Verwaltung, VVDStRL 24 (1966), S. 125 ff.

Wachsmann, Patrick: Les droits de l'homme, Paris 1992

Wade, E.C.S. / *Bradley*, A.W.: Constitutional and Administrative Law, 11. Aufl. London / New York 1993

Wade, Sir William / *Forsyth*, Christopher: Administrative Law, 7. Aufl. Oxford 1994

Welcker, Karl: Art. „Corporation", in: v. Rotteck / Welcker, Staats-Lexikon, Bd. IV, 3. Aufl. Leipzig 1860

Wolff, Hans J.: Die Rechtsgestalt der Universität, Köln / Opladen 1956

Wolff, Hans J. / *Bachof*, Otto: Verwaltungsrecht II, 5. Aufl. München 1987

Yardley, David C. M.: Introduction to British Constitutional Law, 7. Aufl. London u.a. 1990

Zitelmann, Ernst: Lücken im Recht, Leipzig 1903